하나님이
버린
사람들

신성민 지음

하나님이
버린
사람들

여로보암 ┃ 사울
삼손 ┃ 에서
유다

렛츠북

목차

3. 졸작 인생, 삼손

4. 세속주의자, 에서

5. 위선적인 활동가, 유다

하나님을 두려워하지 않는 세대에게

우리는 하나님을 점점 잊어갑니다. 세상에 잠식당해 말씀을 멀리하고, 정욕을 좇아 살아갑니다. 어느 때보다 많은 신성 모독 콘텐츠가 범람하고 있어 마치 롯과 노아의 시대를 방불케 합니다.

학교에서는 하나님을 부정하는 인본주의 이념을 주입합니다. 인터넷에는 예수님을 모독하고 복음을 조롱하는 영상이 가득합니다. 정치권은 하나님 법도에서 벗어난 법률을 입안하느라 여념이 없습니다. 교회에서도 '좋은 게 좋은 것'이라며 세상과 타협하는 신앙이 대세로 자리 잡고 있습니다.

성경을 있는 그대로 믿는 그리스도인의 숫자는 급격히 줄었습니다. 꾸준히 말씀을 읽는 사람도 사라지고 있습니다. '듣는 마음'이 사라지고 얄팍한 지성에 의지해 세상과 영합하며 살아갑니다. 이제 누구도 진화론과 유물사관의 덫에서 자유롭지 않습니다. 무엇보다 하나님을 경외하는 모습을 찾아보기 어렵습니다. 제멋대로 생각하고, 자기 소견에 옳은 대로 행동하는 사사 시대 같은 모습입니다.

하나님을 잊은 세대에 미래는 없습니다. 죄악이 넘쳐 저울이 기울면, 심판이 임하게 됩니다. 속히 여로보암의 길에서 돌이켜 하나님을 경외하는 마음을 회복해야 합니다.

> 온 땅은 여호와를 두려워하며 세상의 모든 거민들은 그를 경외할지어다
> (시 33:8)

저는 직분을 가진 성직자가 아닙니다. 때 묻고 남루한 일상을 살아가는 소시민이자, 평범한 성도입니다. 내세울 것도, 자랑할 것도 없습니다. 부족하고 허물 많은 인생입니다. 하지만 무시무시한 속도로 타락하는 시대를 지켜보며 미욱하나마 연필을 들게 되었습니다.

우리는 지극히 높으신 하나님을 두려워할 줄 알아야 합니다. 성경적 가치를 엄수하고, 죄를 멀리하도록 힘써 기도하며 늘 깨어있어야 합니다. 무엇보다 예수 그리스도의 보혈 외에는 구원받을 길이 없다는 변함없는 진리를 굳게 붙들어

야 합니다.

만군의 여호와는 전능하고 거룩하신 분입니다. 천지를 지으신 만유의 주재입니다. 우주의 시종(始終)을 주관하시며, 영존하는 참된 실재입니다. 이제도 있고 전에도 있었으며, 사망과 음부마저 불못에 던지우실 심판자입니다. 한 줌 흙덩이에 불과한 우리는 원래 그분의 이름을 부를 자격조차 없었습니다. 그럼에도 날마다 하나님을 경홀히 취급합니다. 세상에 영합하여 거룩하신 하나님을 업신여기고 가볍게 여기는 죄를 짓고 있습니다.

이 책은 신앙의 본보기가 되는 인물이 아니라 하나님이 버린 사람들에게 집중하고 있습니다. 이들은 경건한 믿음을 상실한 우리 세대의 자화상입니다.

하나님께 버림받은 사람들은 나름대로 뛰어난 능력을 지니고 있었습니다. 지략과 용기가 있었고, 리더십도 갖췄습니다. 심지어 초자연적 능력을 발휘하기도 했습니다. 처음 하나님 선택을 받았을 때는 은혜가 임하여 많은 복을 누렸습니다. 그러나 받은 은혜를 끝까지 지키는 데 실패했습니다. 그 결과 축복의 밥상을 뒤엎고 말았습니다. 어두운 곳에서 슬피 울며 이를 가는 존재가 된 것입니다. 이들에게는 한 가지 공통점이 있습니다. 하나님을 향한 경외심이 부족했다는 점입니다. 은혜를 박탈당한 삶을 통해 '우리도 버림받을 수 있다'는 경각심을 되새길 필요가 있습니다. 하나님께 외면받는 것, 나아가 버림을 받는 것은 세상의 그 어떤 저주보다 끔찍한 고통입니다. 우리가 진정으로 두려워할 대상은 권력도, 마귀도 아닙니다. 오직 하나님뿐입니다.

이 책을 내놓는 데 주저함이 많았습니다. 무엇보다 평신도에 불과한 제가 말씀을 곡해하는 죄를 저지르지는 않을까 하는 우려가 컸습니다. 하지만 드고아 출신 양치기 아모스에게도 하나님의 말씀이 임했던 적이 있습니다. 이 점을 떠올리며 어렵게 집필을 이어나갔습니다. 한 문장, 한 문장 쓸 때마다 미쁘신 하나님을 신뢰하고 의지하고자 노력했습니다. 장삼이사(張三李四)에 불과한 저는 오히려 학문에 얽매인 사람들이 보지 못하는 것을 볼 수 있었고, 제도에 갇힌 사람들이 말하지 못하는 것을 말할 수 있었습니다. 평범한 성도의 시각에서 바라본 악한 세상의 문제점과 마귀의 전략을 짚어낼 수 있었던 것 또한 큰 은혜입니다. 하지만 저의 부족함 때문에 오타 등 미흡한 부분이 있을 수 있습니다. 이점에 대해서는 독자분들의 너른 이해와 혜량을 구합니다.

이 책을 통해 단 한 사람이라도 하나님에 대한 경외심을 회복할 수 있다면 그보다 큰 기쁨은 없을 것입니다. 졸저를 펼치신 독자분들의 가정과 영혼에 거룩하신 주님의 은혜가 깃들기를 기원합니다.

> 여호와의 인자하심은 자기를 경외하는 자에게 영원부터 영원까지 이르며 그의 의는 자손의 자손에게 이르리니
>
> (시 103:17)

신성민

양 병 회

목사 / 백석대학교 실천신학대학원장

《하나님이 버린 사람들》은 그동안 우리가 크게 주목하지 않았던 성경 속의 인물을 집중적으로 조명하고 있습니다. 특히 신앙의 모범이 되는 익숙한 인물이 아닌, 하나님께서 버리신 사람들의 삶을 통해 성도가 가져야 할 올바른 믿음의 자세를 교훈하고 있는 점이 이색적입니다.

이 책에서 다루는 에서, 삼손, 사울, 여로보암, 유다는 현대 사회를 살고 있는 크리스천들이 반면교사(反面敎師)로 삼아야 하는 일생을 살았습니다. 하나님을 경외하지 않고 은혜를 망각하면, 한때 하나님께 쓰임을 받았더라도 버림을 받을 수 있다는 엄중한 경고 메시지가 담겨있습니다. 속도보다는 방향이 중요합니다. 빨리 가는 것만이 능사가 아닙니다. 하나님의 뜻을 따라 바른 길로 가야 합니다.

저자는 굳건한 성경적 가르침 아래, 평신도 시각에서 바람직한 성도의 길을 잔잔하게 풀어내고 있습니다. 하나님의 법도에서 어긋난 세속적 가치를 거부하고 믿음의 길을 걷기를 갈망하는 영적 목마름을 함께 공감하며 하나님을 향한 깊은 신뢰를 느낄 수 있습니다.

저자는 스스로 남루한 일상을 살고 있는 직장인이라고 말합니다. 하지만 말씀을 무겁게 받아들이고, 하나님 뜻을 따르고자 애쓰는 신실한 마음이 문장 곳곳에 배어있습니다. 평범한 양치기이자 농부로 살았던 선지자 아모스의 심령과 마음으로 우리 사회의 회개를 촉구하는 저자의 메시지는 분명 많은 성도들의 마음에 깊은 울림을 남길 것입니다.

쉬운 필치와 화법으로 설득력 있게 독자들에게 다가가고 있으며, 현학적인 담론을 지양하고 현실을 살아가는 성도들의 삶에 바로 적용할 수 있도록 짜임새 있게 구성한 점도 주목할 만합니다. 저자가 성경 말씀을 깊이 묵상하고 최선을 다하여 자기 삶에 적용하고자 하는 거룩한 영성의 흔적이 엿보입니다.

《하나님이 버린 사람들》을 읽는 모든 분들께 시대의 영적인 잠을 깨우는 하나님께서 주신 메시지라고 깨닫습니다. 이 책을 통해 하나님의 임재하시는 은혜를 누리시리라 확신하며, 기쁨으로 추천합니다.

이 상 원

전 총신대 교수 / 월드뷰 대표주간
한국기독교생명윤리협회 상임대표

《하나님이 버린 사람들》은 에서, 삼손, 사울, 여로보암, 유다 다섯 사람이 하나님의 거룩한 유업을 소홀히 여기고 세상과 물질에 대한 유물론적인 집착을 버리지 못하다가 비참한 삶의 결말을 맞이한 과정을 다룬 책입니다.

저자는 평신도임에도 불구하고 본문에 대한 바르고 깊이 있는 해석과 묵상을 전개하고 있으며, 무엇보다도 성경 말씀이 성령에 의해 영감 받은 말씀으로서 교리적으로나 역사적으로, 과학적으로 오류가 없다는 강력하고 확고한 성경관의 터 위에서 서술을 진행하고 있는 점이 돋보입니다. 저자는 성경에 대한 묵상과 해석을 한국을 비롯한 현대 사회의 관심사들에 적절하게 적용하여 설명하고 있는데 이 부분은 독자들에게 많은 도움을 줄 것으로 생각됩니다.

특별히 동성애가 정당화되고 차별금지법 논쟁이 뜨겁게

진행되고 있는 현실을 감안하여 저자의 성경 해석과 묵상을 동성애와 차별금지법 문제에 적절하게 적용하여 풀어낸 부분은 독자들에게 큰 도움이 될 것입니다. 문장이 유려하면서도 명쾌해서 평신도들이 쉽고 재미있게 읽을 수 있을 것입니다. 이에 흔쾌히 이 책을 추천합니다.

정 희 선

법무법인 아이앤에스 파트너 변호사

《하나님이 버린 사람들》은 성경을 있는 그대로 믿는다고 하면 광신도 보듯 무시하며 조롱하는 현세대의 문제점에 대한 해법으로 가장 '좁은 문'을 제시하고 있다. 저자는 왜 좁은 문을 제시할 수밖에 없었던 것일까?

저자는 이 책을 내놓는 데 주저함이 많았고, 영적인 공격이 심했다고 고백한다. 저자는 법률가인 나에게 문제 될만한 부분이 없는지 검토를 요청하였고, 세심히 살펴보았으나 법률적으로 명예훼손이나 모욕이 문제 될 만한 표현은 발견하지 못했다.

법률적인 측면에서 검토하기 위해 저자의 글을 읽어보게 되었으나, 하나님께서 저자에게 쓰게 하신 글이라는 것을 강력히 느낄 수 있었다. 그리고 읽으면서 많은 것을 생각하게 되었으며 또한 양심에도 많은 찔림이 있었다.

이제부터 독자들은 한 문장, 한 문장 쓸 때마다 미쁘신 하나님을 신뢰하고 의지하고자 노력한 저자의 글을 통해 악한 세상의 문제점과 마귀의 전략을 명명백백히 알게 될 것이다. 이 책을 통해 성경의 무오성, 오직 하나님에 대한 경외심의 진정한 의미를 알고, 행하게 되길 기대해 마지않는다.

> 사람이 하나님의 뜻을 행하려 하면 이 교훈이 하나님께로부터 왔는지 내가 스스로 말함인지 알리라
>
> (요 7:17)

1.

집단 배도를 주도한 혁명가,

여로보암

마귀는 당신이 망하기를 원합니다. 당신이 완벽한 패배자로 살기 바랍니다. 마귀만큼 인간을 미워하는 존재는 없습니다. 마귀는 덫을 놓아 죄를 짓게 만들고, 이를 근거로 당신을 참소합니다.

마귀는 당신이 무신론과 진화론을 교육받고, 하나님을 부정하기 원합니다. 당신이 하나님의 형상대로 창조된 귀한 존재가 아니라, 끓는 물과 번개 사이에서 어쩌다 생겨났다고 믿기 바랍니다.

마귀는 당신이 온갖 정크푸드(Junk food)와 알코올을 섭취하고 망가진 몸으로 비참하게 살기 원합니다. 정체를 알 수 없는 수십 가지 약을 달고 다니며, 쌀쌀맞은 의사에게 '죽음의 경고'를 듣기 원합니다. 만약 당신이 마약에 손댄다면 마귀 얼굴에는 웃음꽃이 활짝 필 것입니다. 이 좋은 기호식품을 나라에서 무슨 권리로 제한하는지 불평하라고 옆구리를 쿡쿡 찔러댑니다. 빨리 대마초 합법화를 위한 청원서를 국회에 넣으라고 할지도 모릅니다. 마귀는 화려한 셀럽과 인플루언서의 약물과 불륜 스캔들을 떠벌립니다. '쿨하고 잘나가는' 사람이라면 으레 한 번쯤 경험해 봐야 한다는 분위기를 조성합니다. 깨끗하고 순결한 삶은 인생을 즐길 줄 모르는 못난이들이나 선택하는 것이라며 야유를 보냅니다.

마귀는 당신이 성(性)에 탐닉하기 바랍니다. 포르노에 중독되고, 유흥업소와 클럽을 들락거리며 인생을 더럽히기 원합니다. 마귀는 음란하고 퇴폐적인 문화를 미화하고 조장합니다. 마귀는 인간이라면 자신이 원하는 것은 무엇이든 할 권리가 있다고 강변합니다. 그가 권하는 것은 마약, 음주, 난교, 동성애, 섹스, 낙태 따위입니다. 하나님 법도에서 최대한 멀리 떨어지는 것이 진정 인간다운, 그리고 진보적인 일이라고 부추깁니다.

마귀는 당신이 재물에 집착하기 바랍니다. 마귀는 당신이 부자가 되든, 거지가 되든 관심이 없습니다. 단지 망하기만 바랄 뿐입니다. 일확천금을 얻은 뒤 교만해져 몰락하던지, 가진 것을 다 잃고 낙담해 망하던지 어떤 방식으로든 엎어지기만 바라고 있습니다. 행여 힘든 순간에 성경책을 볼까 두려워, 서점과 도서관에 가짜 힐링과 치유, 성공과 번영에 관한 책들을 잔뜩 꽂아 놓았습니다. 가능한 모든 수단을 동원해 허망하고 가치 없는 삶을 살아가도록 꾀어냅니다.

마귀는 당신이 이웃을 질투하고 형제를 증오하기 원합니다. 친구가 중형차를 사면 당신은 대형차나 외제 자동차를 타야 한다고 부추깁니다. 형제가 40평 아파트를 사면 당신은 50평 아파트에서 살아야 한다고 열변을 토합니다. 마귀는 남에게 보여주기 위한 삶에 열중하라고 충고합니다. 명품, 학벌, 재력, 연애 등 과시할 수 있는 모든 위세재를 SNS에 올려 타인의 질투심을 자극하라고 권합니다. 허무한 마음은 쇼핑과 유흥을 통해 극복할 수 있다고 속삭입니다. 마귀는 당신이 소명을 외면한 채 짐승처럼 살다가 보잘것없이 죽기 원합니다.

이쯤 되면 마귀의 목적을 눈치챘을 것입니다. 마귀는 하나님과 당신의 관계를 끊고 싶어 합니다. 이것이 태초부터 그가 가진 욕망이었습니다. 그리고 마지막 순간에 자기와 함께 있기를 바랍니다. 그곳은 영원히 불타는 지옥입니다(마 25:41). 마귀가 당신을 무너뜨리려 하는 이유는 하나입니다. 하나님이 당신을 사랑하시기 때문입니다(요일 4:10). 마귀는 하나님의 영광을 가로채기 위해 혈안이 되어있습니다. 모든 수단을 동원해 그분이 받기에 합당한 영광을 떨어뜨리려 합니다. 하나님이 사랑하는 자녀들을 망가뜨리는 일보다 하나님을 더 괴롭게 하는 일은 없습니다. 부모는 자식이 고통스러워하는 것을 못 견뎌 합니다. 자식이 짓밟히고, 모욕당하는 모습을 지켜보는 일은 상상만 해도 끔찍합니다. 마귀는 지금 인간을 볼모로 잡고 이런 짓을 저지르고 있습니다.

최근에는 더 공격적인 방법을 사용합니다. 아예 법과 제도를 바꿔 집단 배도를 이끌어 내려 합니다. 사람은 군중으로 묶이면 이기적이고 몽매하게 변합니다. 개인적으로는 선한 사람도 공동체 차원에서는 쉽게 악을 저지를 수 있습니다. 군중심리가 마음 부담을 덜어주기 때문입니다. 이처럼 동류집단의 압력에 취약한 인간의 특성을 마귀도 잘 알고 있습니다.

그래서 마귀는 하나님을 멀리하는 배도 시스템을 공동체에 심고자 합니다. 사람들은 본 대로 생각하고, 배운 대로 행동합니다. 따라서 무엇을 보고 배우는지가 중요합니다. 교육현장에서 마귀에게 주도권을 빼앗기면, 우리 사회는 동성애자, 마약중독자, 주정뱅이, 물신숭배자, 유물론자를 길러내게 됩니다. 그리고 이런 우려는 이미 현실이 되었습니다.

1970년대 미국 케네디 정부는 모든 공립학교에서 성경교육과 주기도문을 금지했습니다. 아이들을 양육하는 교육현장에서 선한 말씀의 영향력을 없애버린 것입니다. 그 결과 공공 영역에서 하나님의 존재는 서서히 잊혀 갔습니다. 그 빈자리는 인본주의 이데올로기가 차지했습니다.

청교도 정신과 기독교 문화가 쇠퇴한 지금, 미국은 역대 최악의 영적 위기를 맞고 있습니다. 경건의 능력은 고사하고, 그 모양조차 찾기 힘듭니다. 더 이상 하나님을 경외하는 모습을 찾아보기 어렵습니다. 모두가 작은 신(神)이라도 된 양 착각하며 목을 뻣뻣하게 세우고 살아갑니다. 한 줌 흙덩이에 불과하다는 겸손은 사라진 지 오래입니다. 저마다 마음속에 바벨탑을 쌓으며, 교만의 벽돌을 굽고 있습니다.

할리우드가 중심이 된 미국 대중문화도 크게 변질되었습니다. 동성애와 물신숭배, 애니미즘, 그리고 기독교 혐오를 바탕으로 한 기괴한 PC(Political Correctness, 정치적 올바름)주의를 확산하는 숙주가 되었습니다. 그 죄악이 넘쳐 하나님 앞에 상달될 지경입니다. 속히 회개하지 않으면 머지않아 이집트, 바빌로니아, 앗수르, 페르시아, 로마가 그랬던 것처럼 심판을 받고 쇠락의 길을 걷게 될 것입니다. 나라의 문을 여닫을 권세는 하나님께 있습니다. 하나님의 저울에 달렸을 때 부족함이 있어서는 안 됩니다.

기록된 글자는 이것이니 곧 메네 메네 데겔 우바르신이라 / 그 글을 해

> 석하건대 메네는 하나님이 이미 왕의 나라의 시대를 세어서 그것을 끝
> 나게 하셨다 함이요 / 데겔은 왕을 저울에 달아 보니 부족함이 보였다
> 함이요
>
> (단 5:25-27)

마귀는 권력과 미디어를 중시합니다. 사회를 잠식하고 있는 악(惡)은 대부분 여기서 움터 화려하게 꽃피웁니다. 하나님을 배격하는 콘텐츠를 나팔수 미디어가 광범하게 살포하면, 정권은 여론을 반영한다며 최대한 반기독교적 정책과 법률을 입안하는 데 몰두합니다. 마치 바늘과 실처럼 연합해 견고한 사탄의 진을 만들어 냅니다. 사회가 앞서거니 뒤서거니 하며 사악해지고 있는 것은 우연이 아닙니다. 이러한 현상 너머에는 마귀의 악한 영이 자리하고 있습니다.

> 우리의 씨름은 혈과 육을 상대하는 것이 아니요 통치자들과 권세들과
> 이 어둠의 세상 주관자들과 하늘에 있는 악의 영들을 상대함이라
>
> (엡 6:12)

영적 분별력을 갖춰야 합니다. 세상이 내놓는 '보암직한' 대안을 덥석 물어서는 안 됩니다. 사람의 눈에는 옳게 보여

도, 장차 사망의 길로 인도할 수 있습니다(잠 16:25). 사탄은 광명의 천사로 위장해 나타납니다. 자신이야말로 인류를 진심으로 위하는 존재라고 말합니다. 태초부터 마귀는 '너를 위해서', '인간을 위해서'라고 주장하며 사람들을 속였습니다(창 3:5). 새빨간 거짓말입니다. 마귀가 말하는 인권은 오직 하나님과의 관계를 끊는 도구로만 활용됩니다. 뱀의 말을 좇아 하나님을 떠나면 지상에서는 허무와 고통이, 죽어서는 지옥이 기다리고 있습니다.

사탄은 거짓말의 명수입니다. 본래 거짓의 아비이기 때문입니다(요 8:44). 작정하고 속이려 하면 누구든지 그 꾐에 넘어갈 수 있습니다. 마귀는 인간이 속을 만큼 적당한 수준으로 선(善)을 가장하기 때문입니다. 겉으로는 인권과 평화를 내세우고, 공존과 연대를 추구한다고 말합니다. 지극히 악한 적그리스도 어젠다를 사회정의로 포장하여 전달합니다. 마치 금으로 만든 잔에 가득 부어놓은 독약과 같습니다.

> 이것은 이상한 일이 아니니라 사탄도 자기를 광명의 천사로 가장하나니 / 그러므로 사탄의 일꾼들도 자기를 의의 일꾼으로 가장하는 것이 또한 대단한 일이 아니니라 그들의 마지막은 그 행위대로 되리라
>
> (고후 11:14-15)

군중이 두 팔 벌려 환호하는 이슈일수록 유심히 살펴봐야 합니다. '차별 금지', '혐오 방지'라는 수식어 이면에는 하나님에 대한 적개심이 깔려있습니다. 만일 '기독교 포교 금지법'이라는 명칭으로 법안을 발의하면 통과하기 어렵습니다. 그러나 '차별금지법'이라는 이름을 붙이면 쉽게 명분을 얻습니다. 그러나 본질은 같습니다. 마귀는 이런 방식으로 사회 곳곳에 여로보암의 길(The way of Jeroboam)을 닦아놓으려 합니다.

성경에는 '느밧의 아들, 여로보암의 길'이 반복적으로 등장합니다. 그 이름은 배도와 불순종의 대명사입니다. 여로보암의 길을 걸어갔다는 표현은 하나님 법도에서 벗어났다는 강한 책망입니다. 특히 아홉 왕조, 열아홉 왕이 들어섰던 북이스라엘 왕들에 대한 평가에 자주 등장합니다. 북녘에서는 하나님 앞에서 선한 왕이 나오지 않았습니다. 남녘에서는 아사, 여호사밧, 히스기야, 요시야처럼 하나님께 인정받은 왕들이 등장했습니다. 그러나 북쪽 왕들에 대한 성경의 평가는 대체로 박합니다. 원인은 하나입니다. 북이스라엘 시조(始祖)인 여로보암이 극악무도한 배도의 기틀을 닦아놓았기 때문입니다. 쇠말뚝처럼 꽂힌 악한 제도 때문에 후대 왕들이 줄줄이 망했습니다.

개인적 잘못만 따지자면 다른 왕들도 만만치 않았습니다. 그런데 성경은 누차에 걸쳐 '여로보암의 길'을 꼭 집어 말합니다. 여로보암의 이름이 반복적으로 언급되며 저주를 받는 이유가 있습니다. 여로보암의 죄는 다른 범죄들과 층위를 달리합니다. 여로보암은 하나님께 범죄하게 만드는 사회 시스템을 구축했습니다. 지옥으로 가는 길을 평평히 닦아놓고, 거기에 온 백성을 밀어 넣은 것입니다.

> 이에 계획하고 두 금송아지를 만들고 무리에게 말하기를 너희가 다시는 예루살렘에 올라갈 것이 없도다 이스라엘아 이는 너희를 애굽 땅에서 인도하여 올린 너희의 신들이라 하고 / 하나는 벧엘에 두고 하나는 단에 둔지라 / 이 일이 죄가 되었으니 이는 백성들이 단까지 가서 그 하나에게 경배함이더라
>
> (왕상 12:28-30)

여로보암은 이스라엘 백성이 예루살렘 성전을 방문하는 것을 차단했습니다. 예루살렘은 남유다 왕국의 수도이자 중심지입니다. 만일 백성들이 예루살렘을 주기적으로 방문하면, 자신의 입지가 흔들릴까 염려했습니다. 그래서 벧엘과 단에 제단을 쌓고, 금송아지를 세워 그것을 하나님으로 숭

배하게 했습니다. 제사장도 자기 멋대로 아무나 임명했습니다(대하 11:15).

이를 통해 북이스라엘은 역사상 유례없는 국가 차원의 배교(背敎)를 저지르고 말았습니다. 여로보암의 그릇된 종교 정책에 따라 북녘 백성들은 예루살렘이 아닌, 가짜 신이 있는 벧엘과 단으로 향했습니다. 배도와 불순종이 너무나 자연스레 이뤄졌습니다. 이 같은 시스템을 고안하고 정착시킨 죄는 개인적 일탈이나 비행에 비할 수 없습니다. 지도자 한 명의 잘못으로 온 백성이 다 함께 망하게 된 것입니다.

여로보암은 정치적 목적을 위해 예배를 봉쇄하고, 백성들의 소박한 신앙을 훼손하였습니다. 이를 통해 정치인으로서 저지를 수 있는 가장 큰 죄악을 범했습니다. 이것이 '여로보암의 길'이 누차에 걸쳐 성경에 언급되는 이유입니다.

> 느밧의 아들 여로보암의 모든 길로 행하며 그가 이스라엘에게 죄를 범하게 한 그 죄 중에 행하여 그들의 헛된 것들로 이스라엘의 하나님 여호와를 노하시게 하였더라
>
> (왕상 16:26)

—— 솔로몬의 실정

여로보암은 유능한 인물입니다. 열왕기의 기록을 살펴보면 여로보암은 뛰어난 지략과 야심을 갖춘 전도유망한 청년이었습니다. 솔로몬은 일 처리가 깔끔하고 성실한 여로보암을 눈여겨보고 그를 요셉 족속의 감독관에 발탁합니다.

> 이 사람 여로보암은 큰 용사라 솔로몬이 이 청년의 부지런함을 보고
> 세워 요셉 족속의 일을 감독하게 하였더니
>
> (왕상 11:28)

요셉 족속(House of Joseph)은 요셉의 두 아들, 에브라임과 므낫세 지파를 가리킵니다. 솔로몬은 두 지파의 땅에 있는 하솔(Hazor), 게셀(Gezer), 므깃도(Megiddo)에 성읍을 쌓았습니다(왕상 9:15). 이 도시들은 가나안의 내륙과 외부를 관통하

는 상업과 군사 요충지였습니다. 갈멜산 남쪽의 므깃도에는 솔로몬의 정예부대인 1만 2천 명의 기병이 주둔하고 있었습니다(대하 9:25). 또 바락 장군이 사사 드보라와 함께 하솔왕 야빈의 군대장관 시스라를 격파한 곳이자(삿 4:15), 훗날 아하시야 왕과 요시야 왕이 전사하는(대하 35:22) 지역입니다. 여로보암은 젊은 나이에 이처럼 중요한 거점 요새를 건설하는 중책을 맡았습니다.

여로보암의 뛰어난 수완은 훗날 이스라엘 북쪽의 열 지파를 규합하는 과정에서 빛을 발합니다(대하 10:3). 어느 날 그는 선지자 아히야에게 하나님이 이스라엘 열 지파를 자신에게 나눠줄 것이라는 예언을 듣게 됩니다. 이처럼 이스라엘이 나뉘게 된 이유는 솔로몬의 우상숭배와 불순종 때문이었습니다.

이는 그들이 나를 버리고 시돈 사람의 여신 아스다롯과 모압의 신 그모스와 암몬 자손의 신 밀곰을 경배하며 그의 아버지 다윗이 행함 같지 아니하여 내 길로 행하지 아니하며 나 보기에 정직한 일과 내 법도와 내 율례를 행하지 아니함이니라 / 그러나 내가 택한 내 종 다윗이 내 명령과 내 법도를 지켰으므로 내가 그를 위하여 솔로몬의 생전에는 온 나라를 그의 손에서 빼앗지 아니하고 주관하게 하려니와 / 내가 그

의 아들의 손에서 나라를 빼앗아 그 열 지파를 네게 줄 것이요

지혜의 왕 솔로몬은 말년에 크게 망가졌습니다. 솔로몬은 하나님이 명령하신 '이스라엘 왕이 해선 안 될 금기사항'을 조목조목 어기며 하나님 분노에 불을 지폈습니다.

그는(왕은) 병마를 많이 두지 말 것이요 병마를 많이 얻으려고 그 백성을 애굽으로 돌아가게 하지 말 것이니 이는 여호와께서 너희에게 이르시기를 너희가 이후에는 그 길로 다시 돌아가지 말 것이라 하셨음이며 / 그에게 아내를 많이 두어 그의 마음이 미혹되게 하지 말 것이며 자기를 위하여 은금을 많이 쌓지 말 것이니라

(신 17:16-17)

이스라엘을 지키시는 이는 여호와 하나님입니다. 병마가 많으면 하나님을 의지하지 않고 군사력을 믿게 됩니다. 또 넘치는 힘을 주체하지 못해 불필요한 분쟁과 전란을 일으킬 가능성도 있습니다. 국방에 필요한 만큼의 적정 군세를 유지하는 것은, 무리한 팽창 욕구를 억제해 나라 안팎을 평화롭게 만듭니다.

이집트의 말은 군마(軍馬)의 상징입니다. 이집트는 전차 부대를 주력으로 삼고 있었습니다. 이집트에서 말을 사오는 행위는 요즘으로 치면 최신예 탱크를 도입하는 것과 마찬가지입니다. 이집트는 한때 이스라엘 백성이 노예 생활을 했던 곳입니다. 그곳에서 탈출시켜 주신 분이 바로 하나님입니다. 하나님은 출애굽 백성을 추격하던 파라오 군대를 홍해에서 쓸어버리셨습니다. 이집트 군대는 하나님의 절대적인 권능 앞에서 아무것도 아니었습니다. 그런데 이들의 군마와 병거를 구하기 위해 이집트로 다시 돌아가면, 하나님보다 이집트의 군사력을 더 신뢰하는 모양새가 됩니다. 이는 불신앙의 한 형태로 해석할 수 있습니다.

고대 이집트 병거 ©alamy stock Photo

그런데 솔로몬은 병거를 1천 400대, 마병을 1만 2천 명이나 두었습니다(왕상 10:26). 그리고 이집트에서 전차와 말을 들여왔는데(왕상 10:28), 병거는 한 대에 600세겔, 말은 한 필에 150세겔을 주고 사왔습니다(왕상 10:29). 이로써 하나님 명령을 완벽하게 어겼습니다.

하나님은 왕이 처첩을 많이 두어서도 안 된다고 경고하셨습니다. 이 명령은 정략결혼의 문제점과 연계해서 생각할 필요가 있습니다. 실패한 왕의 궁궐에는 어김없이 이방인 출신 아내나 어머니가 있었습니다. 우상을 섬기는 왕비나 태후는 영적으로 대단히 위협적입니다. 아내를 많이 두지 말라는 말씀은 단순히 여색에 빠지지 말라는 취지를 넘어, 이방혼을 통한 우상숭배 유입을 경고하신 것으로 볼 수 있습니다.

> 아하시야도 아합의 집 길로 행하였으니 이는 그의 어머니가 꾀어 악을 행하게 하였음이라
>
> (대하 22:3)

말년에 솔로몬을 타락시킨 존재도 바로 이방 여인들입니다. 그는 후궁을 700명, 첩을 300명이나 두었습니다(왕상

11:3). 이들은 솔로몬의 마음을 돌이켜 시돈의 아스다롯 여신과 암몬의 밀곰, 모압의 그모스를 섬기게 했습니다(왕상 11:4-7). 아무리 지혜가 많아도 그 또한 남성의 한계를 극복하지 못했습니다.

은금을 많이 쌓지 말라는 말씀도 중요합니다. 고대 사회의 왕은 현대와 비교할 수 없을 정도로 막강한 권세를 누렸습니다. 절대 권력을 쥔 존재가 물욕을 내면 가혹한 수탈로 이어질 수 있습니다. 백성들의 고혈을 쥐어짜 치부(致富)하기 시작하면, 민심이 떠나고 나라의 기틀이 무너지게 됩니다. 솔로몬 사후에 백성들이 들고일어난 이유도 그가 백성들에게 너무 많은 부담을 지웠기 때문입니다(왕상 12:4).

솔로몬은 어느 왕보다 많은 축재(蓄財)를 했습니다. 그의 세입금은 연간 금 666달란트에 달했고(왕상 10:14), 다시스의 배로 삼 년에 한 번씩 금과 은, 상아와 원숭이와 공작을 실어왔습니다(왕상 10:22). 당시에는 은을 귀하게 여기지 않을 정도였습니다. 솔로몬의 통치 시절에 이스라엘은 눈부신 경제 번영을 구가했습니다. 하지만 그 이면에는 백성들에 대한 심각한 착취가 자리하고 있었습니다(왕상 12:4).

표면적으로 보면 솔로몬은 수많은 정략결혼을 통해 나라 안팎을 안정시키고, 상업과 문물을 발전시켰습니다. 막강한 군사력도 갖췄습니다. 인간적으로는 탁월했지만 하나님 명령을 정면으로 거스르는 죄를 범하고 말았습니다. 이러한 죄의 대가로 이스라엘은 그의 사후 남과 북으로 찢겨 분열되었습니다.

—— 힘들이지 않고 권력을 얻다

여로보암이 열 지파를 이끌 왕이 된다는 예언을 받은 뒤, 솔로몬은 여로보암을 죽이려 합니다(왕상 11:40). 이에 여로보암은 이집트로 몸을 피했다가, 솔로몬이 죽은 후 이스라엘로 돌아옵니다. 그리고 '애송이' 르호보암을 실각시키고 민중의 요청을 수락하는 방식으로 왕위에 오릅니다. 백성들이 르호보암과 협상할 당시 여로보암은 각 지파의 대표 자격으로 무리를 이끌었습니다. 이런 일은 아무나 할 수 없습니다.

백성들이 여로보암을 신임하고 대표로 세웠다는 사실은, 당시 그의 명성이 무시할 수 없을 정도로 컸다는 사실을 방증합니다. 솔로몬을 향한 원망이 치솟을수록 국외로 망명한 인사에게 백성들의 시각이 쏠리는 것은 당연합니다. 어쩌면 "너를 이스라엘의 왕으로 삼고 열 지파를 넘겨주겠다"는 아히야의 예언이(왕상 11: 35) 민간에 퍼져있었을지도 모릅니다. 그렇다면 여로보암이 직접 소문을 냈을 가능성이 높습니다. 머리 좋은 여로보암이 망명지에서 한가롭게 놀고 있었을 리 만무합니다. 인터넷이 없던 고대 사회에서는 여론을 형성하기 위해 노랫말을 지어 퍼뜨리는 일이 흔했습니다. 주로 왕조 교체기나 혁명 시기에 새 시대를 염원하는 노래나 예언이 퍼지곤 합니다. 이러한 작업은 신흥세력의 활동에 정당성을 부여하는 기능을 수행합니다.

"하나님이 새롭게 점찍은 사람은 바로 나, 여로보암이다!"

여로보암은 기회를 엿보며 백성들에게 자신의 존재를 각인시켰습니다. 솔로몬의 권위적인 통치에 지친 이스라엘 백성은 여로보암을 새로운 희망으로 인식했습니다. 그리고 그의 집권을 바라기 시작했습니다.

여로보암은 타고난 전략가입니다. 때가 무르익지 않았을 무렵에는 자세를 낮추며 타이밍을 기다렸습니다. 그리고 기회가 왔을 때 과감하게 밀어붙였습니다. 하나님은 다윗을 생각해 솔로몬 생전에는 왕국을 무너뜨리지 않겠다고 말씀하셨습니다. 여로보암도 솔로몬이 건재하던 시기에는 무모

한 행동을 하지 않았습니다.

여로보암의 행보는 신중하고 지혜로웠습니다. 큰일은 완력으로만 달성할 수 없습니다. 때가 무르익어야 합니다. 때가 여물기도 전에 의욕만 앞세우면 일을 그르치게 됩니다. 예수님도 자신의 때가 임하지 않았던 시기에는 메시아 사역에 착수하지 않았습니다. 그 대신 평범한 목수로 일하며 하나님의 타이밍을 기다렸습니다. 큰 꿈을 꾸고 있다면 이처럼 하나님의 때를 기다려야 합니다. 여로보암은 적어도 시기의 중요성을 아는 사람이었습니다.

> 범사에 기한이 있고 천하 만사가 다 때가 있나니 / 날 때가 있고 죽을 때가 있으며 심을 때가 있고 심은 것을 뽑을 때가 있으며 / 죽일 때가 있고 치료할 때가 있으며 헐 때가 있고 세울 때가 있으며 / 울 때가 있고 웃을 때가 있으며 슬퍼할 때가 있고 춤출 때가 있으며 / 돌을 던져 버릴 때가 있고 돌을 거둘 때가 있으며 안을 때가 있고 안는 일을 멀리할 때가 있으며 / 찾을 때가 있고 잃을 때가 있으며 지킬 때가 있고 버릴 때가 있으며 / 찢을 때가 있고 꿰맬 때가 있으며 잠잠할 때가 있고 말할 때가 있으며 / 사랑할 때가 있고 미워할 때가 있으며 전쟁할 때가 있고 평화할 때가 있느니라
>
> (전 3:1-8)

마침내 솔로몬이 세상을 떠나자 여로보암은 자신이 움직일 때가 왔다고 판단했습니다. 하지만 서두르지 않았습니다. 그는 먼저 장로들과 함께 르호보암을 찾아갔습니다. 정치적 야심을 숨기고 르호보암에게 '백성의 뜻'을 전달했습니다. 노련함이 엿보이는 대목입니다. 여로보암은 민의를 흡수하면서 '백성의 대리자'라는 정치적 입지를 착실하게 쌓아나갔습니다. 그러면서 자신의 목소리를 점점 전체의 의사로 치환해 나갔습니다.

처음에는 그도 르호보암의 정통성을 완전히 부인하기 어려웠습니다. 귀국하자마자 대뜸 왕위를 요구하는 것은 무리입니다. 하나님께서 여로보암을 왕으로 삼을 것이란 예언이 있었지만, 이를 공개적으로 입증하기는 어려웠습니다. 명분 없이 왕권을 주장하면 반역자로 몰리게 됩니다. 자칫 대업을 이루기 전에 초라한 죽음을 맞을 수도 있습니다. 따라서 여로보암은 백성들이 돌아설 때까지 자중했습니다.

여로보암은 성질 급한 르호보암의 성정을 간파하고 있었습니다. 여우 같은 그는 르호보암이 백성들의 요구를 들어주지 않을 것이라고 확신했습니다. 대신 '망나니 왕자님'의 어리석음을 이용해 사람들의 분노에 불을 지펴놓을 계략을 짜놓았습니다. 아니나 다를까, 르호보암은 즉위하자마자 미숙한 행동을 일삼았습니다. 그는 경륜 있는 신하들의 의견을 무시하고 천방지축 젊은이들의 목소리를 따랐습니다(왕상12:6-11). 여로보암이 기다렸던 순간입니다.

오늘날에도 많은 재벌 2세와 3세들이 어리석게 행동하다 선대가 힘겹게 쌓아 올린 기업을 무너뜨립니다. 리더의 역할은 정확한 타이밍에 올바른 판단을 내리는 것입니다. 구중궁궐에서 귀한 대접만 받으면 현장 감각이 무뎌지고, 상황판단 능력이 떨어지게 됩니다. 자원을 적재적소에 배치하지 못하고, 비본질적인 부문에 집착하다 조직을 망하게 합니다. 준비되지 않은 리더는 화근덩어리입니다.

그래도 노련한 참모들이 차분하게 권력 승계를 도우면 위기를 극복할 수 있습니다. 하지만 르호보암처럼 고만고만한 무리의 말을 따르면 몰락을 면하기 어렵습니다. 특히 어린 나이에 권력을 잡으면, 무시 받기 싫은 마음에 앞뒤 가리지 않고 일을 저지르는 경향이 있습니다.

> 왕은 어리고 대신들은 아침부터 잔치하는 나라여 네게 화가 있도다
>
> (전 10:16)

르호보암도 마찬가지였습니다. 그는 현숙한 원로들의 조

언을 듣지 않았습니다. 그 대신 철부지들의 여물지 않은 주장을 따랐고, 이스라엘 열 지파를 잃음으로써 어리석음에 따른 대가를 치렀습니다.

> 어린 사람들의 자문을 따라 그들에게 말하여 이르되 내 아버지는 너희의 멍에를 무겁게 하였으나 나는 너희의 멍에를 더욱 무겁게 할지라 내 아버지는 채찍으로 너희를 징계하였으나 나는 전갈 채찍으로 너희를 징치하리라 하니라
>
> (왕상 12:14)

새로 등극한 르호보암이 전갈 채찍을 운운하며 압제를 강화하겠다고 하자, 백성들은 크게 실망했습니다. 성경은 르호보암의 발언을 "포학하다"고 평가합니다(왕상 12:13). 몹시 잔인하고 난폭하다는 의미입니다. 그리고 이 같은 언사가 나오게 된 배경에 솔로몬의 죄악을 심판하기 위한 하나님의 뜻이 있었다고 설명합니다. 왕국의 분열은 이제 시간문제였습니다. 화난 백성들은 더 이상 르호보암을 따르지 않겠다고 맹세하고, 다윗 왕조에 등을 돌렸습니다.

> 온 이스라엘이 자기들의 말을 왕이 듣지 아니함을 보고 왕에게 대답

하여 이르되 우리가 다윗과 무슨 관계가 있느냐 이새의 아들에게서 받을 유산이 없도다 이스라엘아 너희의 장막으로 돌아가라 다윗이여 이제 너는 네 집이나 돌아보라 하고 이스라엘이 그 장막으로 돌아가니라

(왕상 12:16)

당황한 르호보암은 감독관 아도니람을 보내 사태를 수습하려 했습니다. 하지만 백성들은 아도니람을 돌로 쳐서 죽였습니다. 경험이 부족한 르호보암은 상상하지 못했던 결과입니다. 그저 만만하게 보이기 싫어 세게 나간 것일 뿐인데, 막상 백성들이 벌떼같이 일어나 반란을 일으키니 어찌할 줄 몰랐습니다. 르호보암은 황급히 수레에 올라타 예루살렘으로 도망쳤습니다. 이렇게 그는 북쪽 열 지파에 대한 권위를 상실하고 말았습니다.

마침내 여로보암은 크게 힘들이지 않고 왕좌에 앉을 수 있었습니다. 경쟁자에 대한 인물 분석을 바탕으로, 상대의 실책을 유도해 목적을 달성했던 것입니다. 물실호기(勿失好機)로 민심을 집어삼킨 여로보암은 그야말로 네거티브와 레버리지 전략의 '끝판왕'이라고 볼 수 있습니다.

온 이스라엘이 여로보암이 돌아왔다 함을 듣고 사람을 보내 그를 공회로 청하여 온 이스라엘의 왕으로 삼았으니 유다 지파 외에는 다윗의 집을 따르는 자가 없으니라

(왕상 12:20)

—— 미숙한 2세 지도자, 르호보암

솔로몬의 후계자 르호보암은 여러모로 미숙한 왕이었습니다. 열왕기상 14장은 21절부터 31절까지 르호보암의 즉위와 사망을 다루고 있습니다. 그런데 한 가지 눈길을 끄는 대목이 있습니다. 성경은 르호보암의 생애를 압축적으로 서술하면서, 그의 어머니가 '암몬 사람'이었다는 사실을 수미쌍관(首尾雙關) 형태로 전달하고 있습니다.

> 솔로몬의 아들 르호보암은 유다 왕이 되었으니 르호보암이 왕위에 오를 때에 나이가 사십일 세라 여호와께서 자기 이름을 두시려고 이스라엘 모든 지파 가운데에서 택하신 성읍 예루살렘에서 십칠 년 동안 다스리니라 그의 어머니의 이름은 나아마요 암몬 사람이더라
>
> (왕상 14:21)

르호보암이 그의 조상들과 함께 자니 그의 조상들과 함께 다윗 성에 장사되니라 그의 어머니의 이름은 나아마요 암몬 사람이더라 그의 아들 아비얌이 대신하여 왕이 되니라

(왕상 14:31)

성경은 객관적 사실을 건조하게 서술하되, 이를 반복적으로 언급하면서 메시지를 강조하곤 합니다. 주관적 평가를 드러내지 않고 사실을 있는 그대로 말하며 숨은 의미를 부각하는 방식입니다. 이러한 기법은 현대의 다큐멘터리에서도 자주 활용됩니다. 실력 있는 다큐멘터리 감독은 해양 사고를 다룰 때 기름을 흠뻑 뒤집어쓴 바닷새를 말없이 비춰 줍니다. 주관적 논평이나 멘트가 없는 이 장면은 시청자의 비극적 감정을 극대화합니다. 이를 통해 구구한 말보다 더 큰 설득력을 얻게 됩니다.

암몬 족속이 섬기던 신은 몰록(Moloch), 혹은 밀곰(Milkam)으로, 둘은 같은 존재입니다. 명칭은 왕을 의미하는 아카드어 멜렉(Melek)에서 유래했습니다. 몰록은 황소 머리에 인간의 몸을 가진 반인반수로 묘사됩니다. 주로 가나안과 페니키아 지방에서 널리 숭배됐습니다.

몰록 숭배자들은 어린아이를 산 채로 불태우는 인신공양

제의를 시행했습니다. 이 같은 풍습은 지극히 흉악합니다. 하나님은 인신공양을 철저하게 금지하셨지만(신 18:10), 몰록 신앙은 유다와 이스라엘에서 꽤 번성했던 것으로 보입니다. 심지어 왕들이 나서서 자녀를 바치기도 했습니다. 이러한 악행이 벌어진 곳이 그 유명한 힌놈의 골짜기입니다.

> 또 힌놈의 아들 골짜기에서 분향하고 여호와께서 이스라엘 자손 앞에서 쫓아내신 이방사람들의 가증한 일을 본받아 그의 자녀들을 불사르고
>
> (대하 28:3)

몰록의 제사장들은 인신공양이 진행되는 동안 북을 치면서 일부러 큰 소리를 냈습니다. 이는 아이들이 지르는 비명을 부모가 듣지 못하게 하기 위해서입니다. 20세기 이뤄진 가나안 지역의 고고학적 발굴은 당시 유아살해 및 인신공양 제의가 성행했다는 점을 입증합니다. 레바논과 스페인의 고고학 발굴팀은 과거 카르타고가 있던 지역에서 불에 탄 어린이 뼈가 담긴 항아리들을 다수 발견했는데, 그 숫자는 희생제물로 쓰이던 양이나 염소의 뼈보다 많았습니다. 카르타고는 바알을 주신으로 섬겼습니다. 코끼리 부대를 이끌고

알프스 산맥을 넘은 카르타고의 명장 한니발(Hannibal)의 이름도 '바알신(ba'al)의 은총(hanni-)'이라는 뜻입니다. 바알을 섬기던 이곳에서도 인신공양이 수없이 행해졌습니다. 악신의 모습과 이름은 지역마다 조금씩 달랐지만, 그 행태와 열매는 늘 같습니다.

> 너는 이스라엘 자손에게 또 이르라 그가 이스라엘 자손이든지 이스라엘에 거류하는 거류민이든지 그의 자식을 몰렉에게 주면 반드시 죽이되 그 지방 사람들이 돌로 칠 것이요 / 나도 그 사람에게 진노하여 그를 그의 백성 중에서 끊으리니 이는 그가 그의 자식을 몰렉에게 주어서 내 성소를 더럽히고 내 성호를 욕되게 하였음이라
>
> (레 20:2-3)

성경은 르호보암의 어머니가 몰록 신앙의 근거지인 암몬 출신이라는 점을 두 번이나 언급함으로써 르호보암이 온전치 않았던 이유를 간접적으로 밝히고 있습니다. 물론 근본적인 책임은 말씀을 거스른 솔로몬에게 있습니다. 솔로몬은 나아마 같은 이방인 출신 아내를 위해 암몬과 모압의 악신을 숭배하는 산당을 예루살렘 성내에 세웠습니다.

모압의 가증한 그모스를 위하여 예루살렘 앞 산에 산당을 지었고 또 암몬 자손의 가증한 몰록을 위하여 그와 같이 하였으며 / 그가 또 그의 이방 여인들을 위하여 다 그와 같이 한지라 그들이 자기의 신들에게 분향하며 제사하였더라

(왕상 11:7-8)

솔로몬은 후세에 대한 교육도 소홀히 했습니다. 다윗은 죽기 전 솔로몬에게 "오로지 하나님 여호와의 명령을 지켜 그 길로 행하고, 그 법률과 계명과 율례와 증거를 지킬 것"을 당부했습니다(왕상 2:3). 다윗은 인간적인 한계가 많았던 인물입니다. 하지만 마지막 숨을 몰아쉬는 순간까지 하나님을 경외했고, 그 곁을 떠나지 않았습니다. 그는 온 마음을 다해 주 여호와 하나님을 섬기라는 유훈을 남겼습니다.

다윗과 달리 솔로몬은 끝이 좋지 않았습니다. 전무후무한 지혜를 통해 세상의 모든 영화를 다 누렸지만(전 2:1-9), 말년에는 종교 다원주의 정책을 실시하는 등 하나님을 배역했습니다. 결국 아버지 다윗보다 단명하였고, 화려한 치세는 용두사미로 끝나고 말았습니다. 솔로몬이 르호보암에게 어떤 유언을 남겼는지는 전해지지 않습니다. 하지만 르호보암이 젊은 귀족 패거리와 어울리며 '보헤미안'같이 살아온 것으

로 보아 신앙교육에 힘을 쓴 것으로 보이지는 않습니다.

르호보암은 할아버지 다윗보다 어머니 나아마의 영향을 더 많이 받았습니다. 그 결과 르호보암 통치기에는 동성애와 우상숭배가 유다에 만연했습니다. 느슨한 신앙을 가진 집안에서 자란 현대의 젊은이가 "동성애는 죄"라는 성경의 가르침을 거부하고, "개인의 선택과 취향 문제"라고 대수롭지 않게 여기는 것과 비슷한 모습입니다.

> 유다가 여호와 보시기에 악을 행하되 그의 조상들이 행한 모든 일보다 뛰어나게 하여 그 범한 죄로 여호와를 노엽게 하였으니 / 이는 그들도 산 위에와 모든 푸른 나무 아래에 산당과 우상과 아세라 상을 세웠음이라 / 그 땅에 또 남색하는 자가 있었고 여호와께서 이스라엘 자손 앞에서 쫓아내신 국민의 모든 가증한 일을 무리가 본받아 행하였더라 (왕상 14:22-24)

르호보암은 또 쉽게 자만하는 성격을 가졌습니다. 북녘의 여로보암이 신앙인들을 탄압하기 시작하자, 많은 제사장과 레위인들이 유다로 건너옵니다(대하 11:13). 남쪽으로 넘어온 현숙한 인재들은 유다에 적극 협력하여 삼 년 동안 나라를 부강하게 만듭니다. 르호보암이 잘해서가 아닙니다. 하나님께 충성하는 사람들로 인해 복을 받았습니다(대하 11:17).

나라가 어느 정도 안정되자 르호보암은 교만한 마음이 들었습니다. 그는 말씀을 떠나 하나님 앞에서 범죄하기 시작했습니다(대하 12:1). 그러자 하나님은 이집트 군대를 일으켜 유다를 침공하게 하셨습니다. 파라오 시삭(셰숑크)은 유다 성읍들을 정복하고 예루살렘까지 쳐들어와 성전과 왕궁의 보물을 약탈해 갔습니다. 이때 솔로몬이 만든 금 방패도 모조리 빼앗겼습니다(대하 12:9).

위기가 닥치자 르호보암은 언제 그랬냐는 듯 다시 겸손해져 하나님께 간절히 도움을 구했습니다. 하나님은 르호보암의 겸비함을 보시고, 이집트 군대를 물러가게 하셨습니다.

> 르호보암이 스스로 겸비하였고 유다에 선한 일도 있으므로 여호와께서 노를 돌이키사 다 멸하지 아니하셨더라
>
> (대하 12:12)

르호보암은 사람됨이 가볍고 우둔했습니다. 경솔한 언행으로 백성들을 분노케 했으며, 온 나라에 우상숭배와 동성애가 만연하도록 방치했습니다. 충신들의 도움으로 힘을 회복하자, 쉽게 자만하여 다시 하나님을 떠났습니다. 외국과의

전쟁에서도 줄줄이 패해 다윗과 솔로몬 시대의 영화를 완전히 끝장내고 말았습니다.

르호보암의 어리석음은 하나님을 구하지 않는 마음에서 비롯됐습니다. 누구든지 지혜가 부족하면 하나님께 구해야 합니다. 그러면 꾸짖지 아니하시고 후히 주십니다(약 1:5). 자신의 능력을 의지하면 반드시 망합니다. 하나님께 도움을 구하지 않으면 르호보암과 같은 신세를 면할 수 없습니다.

> 르호보암이 악을 행하였으니 이는 그가 여호와를 구하는 마음을 굳게 하지 아니함이었더라
>
> (대하 12:14)

── 말씀을 거스르다

왕위에 오른 여로보암은 깊은 고민에 빠졌습니다. 이스라엘 백성이 하나님께 제사를 드리기 위해서는 율법에 따라 예루살렘 성전을 방문해야 합니다. 성전은 남유다 왕국의 수도 중심에 있었습니다. 여로보암은 백성들이 성전을 찾을 때마다 정통성이 유다와 다윗 왕조에 있다는 사실을 떠올릴

까 봐 염려했습니다.

> 만일 이 백성이 예루살렘에 있는 여호와의 전에 제사를 드리고자 하여
> 올라가면 이 백성의 마음이 유다 왕 된 그 주 르호보암에게로 돌아가
> 서 나를 죽이고 유다 왕 르호보암에게로 돌아가리로다 하고
>
> (왕상 12:27)

시간이 지날수록 두려운 마음이 점점 커졌습니다. 예루살렘 성전의 존재가 그의 불안감을 자극한 것입니다. 비록 열지파가 여로보암에게 돌아섰지만, 사람들은 여전히 주 여호와 하나님을 섬겼습니다. 그리고 절기에 맞춰 주기적으로 성전을 찾았습니다. 여로보암은 이 같은 성전 방문이 자신의 정치적 입지 약화로 이어질까 봐 전전긍긍했습니다.

남북으로 분열된 후 여로보암과 르호보암 사이에는 분쟁이 끊이지 않았습니다. 하지만 둘 중 누구도 확실한 우위를 서지 못했습니다. 이런 상황에서 여로보암이 강압적으로 순례길을 막는다면, 오히려 민심을 잃을 우려가 있었습니다.

고심하던 여로보암은 한 가지 묘책을 떠올렸습니다. 백성들이 예루살렘 성전을 방문하지 않도록 북이스라엘 영토에 있는 벧엘과 단에 각각 금송아지 우상을 세우고, 그것을 하나님이라고 주장하여 숭배하게 했습니다. 제사장도 자기 멋대로 임명했습니다. 율법에 따르면 제사장 직분은 아론의 후손들이 맡아야 합니다(출 29:9). 하지만 여로보암은 수송아지 한 마리와 숫양 일곱 마리만 바치면 누구든 제사장에 임명했습니다. 이에 반발하는 사람들은 모조리 내쫓았습니다.

> 너희가 아론 자손인 여호와의 제사장들과 레위 사람들을 쫓아내고 이방 백성들의 풍속을 따라 제사장을 삼지 아니하였느냐 누구를 막론하고 어린 수송아지 한 마리와 숫양 일곱 마리를 끌고 와서 장립을 받고자 하는 자마다 허무한 신들의 제사장이 될 수 있도다
>
> (대하 13:9)

예배는 목적이지 수단이 아닙니다. 하지만 여로보암은 정치적 목적을 위해 예배의 형식은 물론, 경배 대상까지 바꿔 버렸습니다. 목적에 맞게 수단을 선택하는 것이 아니라, 목적을 수단에 맞춘 것입니다. 북이스라엘에 가짜 성소를 만들면 백성들이 더는 예루살렘을 찾지 않아도 되고, 나아가

국가의 종교적 위상도 높아질 수 있다는 계산이었습니다.

인간적 시각에서는 여로보암의 역발상에 무릎을 칠 수 있습니다. 하지만 영적으로는 하나님을 배반하는 끔찍한 행동이었습니다. 전략은 목표를 달성하는 수단에 불과합니다. 그런데 어떠한 경우에도 타협할 수 없는 본질적인 영역이 존재합니다. 바로 믿음과 관련된 사항입니다. 인생은 불완전합니다. 살다 보면 쾌락에 빠질 수도 있고, 이런저런 실수도 저지를 수 있습니다. 하지만 누군가 헛된 종교를 권유하거나, 하나님이 배격하는 일에 참여하자고 하면 단호하게 거절해야 합니다. 그 순간만큼은 목숨을 걸어도 좋습니다. 가진 재산과 명성이 모두 날아간다고 해도 감수할 만한 가치가 있습니다. 신앙을 지키는 일로 재산을 잃거나, 직장에서 쫓겨나는 일은 핍박이 아니라 큰 영광입니다(행 5:41). 이러한 기회는 아무에게나 주어지지 않습니다. 그러나 많은 크리스천이 세상과 적당히 타협하느라 하늘나라의 유업을 날려버리는 줄 깨닫지 못합니다. 지상에서의 삶은 짧습니다. 길어야 칠십이요, 강건하면 팔십입니다(시 90:10). 하지만 부활하여 살아갈 그곳의 삶은 영원합니다. 이 사실을 잊어서는 안 됩니다. 세상 영광은 해변에 지은 모래성과 같습니다. 한시적이고 불안합니다. 파도가 밀려오면 쓸려가 사라집니다. 천국은 그렇지 않습니다. 지상의 어떤 영광과도 비교할 수 없이 찬란하며, 영원합니다.

> 내가 그리스도 안에 있는 한 사람을 아노니 그는 십사 년 전에 셋째 하늘에 이끌려 간 자라(그가 몸 안에 있었는지 몸 밖에 있었는지 나는 모르거니와 하나님은 아시느니라) / 내가 이런 사람을 아노니(그가 몸 안에 있었는지 몸 밖에 있었는지 나는 모르거니와 하나님은 아시느니라) / 그가 낙원으로 이끌려 가서 말로 표현할 수 없는 말을 들었으니 사람이 가히 이르지 못할 말이로다
>
> (고후 12:2-4)

헛똑똑이 여로보암은 자신의 전략적 판단을 과신한 나머지 하나님 앞에서 가증한 범죄를 저지르고 말았습니다. 자기 꾀에 걸려 넘어진 셈입니다. 그의 죄가 얼마나 무거웠던지 '느밧의 아들, 여로보암의 길'은 지금까지 배도와 악행의 상징으로 언급됩니다.

여로보암이 벧엘과 단에 세운 금송아지는 이스라엘 민족이 아라비아 광야에서 만든 금송아지 우상의 재탕에 불과했습니다. 여로보암은 솔로몬을 피해 달아나 이집트의 시삭에게 몸을 의탁한 적이 있습니다(왕상 11:40). 그때 목격한 이

집트 우상의 모습을 자연스레 카피했을 가능성도 있습니다. 이집트는 소의 형상을 가진 아피스(Apis)를 섬겼습니다. 여로보암은 직접 숫염소 우상을 세워 숭배하게도 했는데, 지금도 '바포멧'이라 불리는 숫염소 우상은 사탄과 마귀의 상징으로 사용됩니다.

> 여로보암이 여러 산당과 숫염소 우상과 자기가 만든 송아지 우상을 위하여 친히 제사장들을 세움이라
>
> (대하 11:15)

일각에서는 여로보암이 만든 금송아지가 성전 제단을 받치는 소의 형상이었다고 주장합니다. 하지만 이 말이 사실이라고 해도 결론이 달라지지는 않습니다. 성경은 그것을 우상으로 규정했습니다. 벧엘과 단의 금송아지가 아피스의 재현이었든, 성전에서 놋 바다를 받치던 송아지였든 백성들은 그것을 숭배했습니다. 그리고 하나님은 이를 가증스럽게 여기셨습니다. 하나님 외에 다른 경배의 대상은 있을 수 없습니다.

여로보암은 자신만 죄를 저지르는 데 그치지 않았습니다. 온 백성이 우상숭배의 죄악에 빠지게 했습니다. 범죄가 확

산하고 지속할 수 있도록 제도화했다는 점에서 여로보암의 죄는 훨씬 무거웠습니다. 마귀가 그토록 바라던 '제도적 악'이 자리를 잡게 된 것입니다. 처음에는 은혜를 입었으나, 부질없는 걱정과 두려움 때문에 하나님께 등을 돌린 여로보암이 안타깝습니다.

> 이 일이 죄가 되었으니 이는 백성들이 단까지 가서 그 하나에게 숭배함이었더라
>
> (왕상 12:30)

인류 역사에는 여로보암이 저지른 범죄와 유사한 행위가 반복해서 등장합니다. 1789년 프랑스 혁명 이후에도 창조 섭리를 거스르는 '여로보암의 길'이 재현되었습니다.

프랑스 혁명 당시 급진 세력의 일원이었던 정치인 로베스피에르Maximilien de Robespierre, 1758~1794는 권력을 얻기 전까지 언론의 자유를 강하게 옹호했습니다. 작가로 활약하던 그는 왕당파 등 반대 세력을 날카롭게 비판해 명성을 얻었습니다. 하지만 정작 자신이 집권한 뒤에는 비판적 언론을 가혹하게 탄압했습니다. 이 같은 선동 세력은 완장을 차는 순간 구체제의 군주들보다 훨씬 더 강하게 백성들을 억압합니다.

소의 형상의 한 이집트의 아피스(Apis)　©alamy stock Photo

급진 세력인 자코뱅파가 권력을 얻은 뒤 프랑스 혁명정부는 공포정치를 펼치며 노골적으로 반기독교 선동과 폭력을 일삼았습니다. 역사가들은 이 시기 벌어진 기독교 배격 현상을 탈기독교 운동(Dechristianisation)이라 부릅니다.

Fontaine de la Régénération elevée sur les Ruine de la Bastille.

혁명정부는 에베르파와 파리 코뮌의 지지 아래 교회를 파괴하고 성직자들을 박해했습니다. 그들은 기독교 문화와 교리를 조롱하면서 공공연하게 모욕했습니다. 성당과 교회를 부수고 그 자리에 '이성의 전당'이라 새겨놓기도 했습니다. 1793년에는 바스티유 감옥이 있던 곳에 이집트의 이시스 여신을 닮은 신상을 세웠습니다. 탈기독교 운동의 영적 배후가 누구인지 짐작하게 만드는 대목입니다. 한술 더 떠 혁명정부는 달력과 절기도 변개하였습니다.

하나님은 여섯 날 동안 천지를 창조하시고 일곱째 날에 휴식을 취하셨습니다. 이러한 창조 섭리 아래 지구와 인류는 7일을 한 주로 삼아 살아갑니다. 하나님과 연관된 것이면 거품을 물고 적대하던 세력들이 이를 가만히 둘 리 없었습니다. 혁명정부는 달력조차 구체제의 산물이라고 생각했습니다. 이들은 1792년 그레고리력을 폐지하고 10일을 한 주, 3주를 한 달로 하는 이른바 '혁명력(曆)'을 창시했습니다. 계절의 이름도 농업 절기에 맞춰 새롭게 지었습니다. 하지만 순리를 역리로 바꾸는 정책이 제대로 정착할 리 없었습니다. 인간의 생체리듬과 잘 맞지 않는 혁명력은 일상생활에 많은 지장을 초래했습니다. 외국과의 교류나 대외 협력에 있어서도 어려움이 많았습니다. 결국 혁명력은 1806년 1월 폐지되고 말았습니다.

달력을 바꾸려는 시도는 소련에서도 반복됐습니다. 1929년 소비에트 정부는 종교적 색채를 지운다며 5일을 한 주로, 6주를 한 달로 하는 달력을 만들어 배포했지만 역시나 실패하였습니다.

달력과 절기 변개의 원조가 바로 여로보암입니다. 그는 벧엘과 단에 우상을 세운 뒤, 기존 절기를 모방해 슬쩍 날짜를 바꾸었습니다. 사이비와 모조품을 만들어 진리를 감추는 마귀의 수법은 시대를 막론하고 비슷한 양상을 보입니다.

어덟째 달 곧 그 달 열다섯째 날로 절기를 정하여 유다의 절기와 비슷하게 하고 제단에 올라가되 벧엘에서 그와 같이 행하여 그가 만든 송

아지에게 제사를 드렸으며 그가 지은 산당의 제사장을 벧엘에서 세웠
더라 / 그가 자기 마음대로 정한 달 곧 여덟째 달 열다섯째 날로 이스
라엘 자손을 위하여 절기로 정하고 벧엘에 쌓은 제단에 올라가서 분
향하였더라

(왕상 12:32-33)

혁명의 피날레는 이른바 '최고존재 숭배'입니다. 프랑스
공안위원회는 1794년 6월 8일 기독교 신앙을 이성숭배와
공화국에 대한 충성으로 대체하는 국가 제전을 시행합니다.
국민공회 의장이었던 로베스피에르는 제사장 옷을 입고 인
공산에서 내려와 '최고존재'를 찬양하는 역할을 맡았습니다.
이 괴상한 오컬트 행사에서 사람들이 경배한 최고존재는 당
연히 아브라함과 이삭과 야곱의 하나님이 아니었습니다.

배도 세력의 말로는 정해져 있습니다. 이들도 얼마 지나
지 않아 파멸하고 말았습니다. 툭하면 '반동' 딱지를 붙여 사
람들을 학살하던 로베스피에르는 최고존재 제전을 개최한
지 두 달 만에 국민공회에서 체포당했습니다. 간신히 파리
시청으로 도망친 로베스피에르는 지지 세력을 향해 도움을
간청했습니다. 하지만 잔혹한 정치에 신물이 난 시민들은
로베스피에르에 등을 돌렸습니다. 헌병대가 그를 잡기 위해

들이닥쳤고, 로베스피에르는 총알이 턱을 관통해 얼굴이 반쯤 뭉개진 상태로 붙잡혔습니다. 그는 자신이 반대파를 숙청할 때 했던 것처럼, 지지자들과 함께 재판 없이 처형되었습니다. 이로써 혁명정부는 무너졌고 권력은 나폴레옹의 손아귀로 넘어갔습니다. 이후 프랑스는 제정 시대를 맞이합니다. 로베스피에르와 그 추종자들이 보여준 일단의 행각은 프랑스판 '여로보암의 길'로 평가받아도 손색이 없습니다.

—— 넘치는 신들과 쇠락하는 영성

신(神)이 넘치는 사회입니다. 공부를 잘하면 공부의 신, 요리를 잘하면 요리의 신, 축구를 잘하면 축구의 신이 됩니다. 심지어 '하나님'과 사람의 이름을 섞어 'ㅇ느님'이라 부르거나, 'God'과 유명인 이름을 합성해 '갓ㅇㅇ'으로 부르는 일도 많습니다. 이처럼 사회에 온통 신이 넘칩니다. 그러나 이러한 용어를 남발하는 것은 바람직하지 않습니다. 피조물에 '신'을 형용사처럼 붙여 격을 높이는 행위는 신성모독에 해당합니다.

> 너는 네 하나님 여호와의 이름을 망령되게 부르지 말라 여호와는 그의
>
> 이름을 망령되게 부르는 자를 죄 없다 하지 아니하리라
>
> (출 20:7)

그리스도인 중에서도 심각성을 모르고 이런 말을 함부로 따라 하는 사람들이 있습니다. 이들은 장난스럽게 사용한 '신'이 거룩하신 하나님을 가리키는 게 아니라고 말합니다. 하지만 이러한 행동은 용납할 수 없습니다. 참된 신은 오직 여호와 하나님뿐이기 때문입니다. 자신이 사용한 '신'이 하나님이 아니라면 이는 다른 우상의 이름을 부른 것입니다. 만일 하나님의 이름을 빌려 사용한 것이라면, 여호와의 이름을 망령되이 일컬은 것입니다.

우리나라는 원래 '신'이라는 명사를 함부로 사용하지 않았습니다. 어떤 분야에 능통한 사람을 지칭하는 말로 '~왕', '~달인'이라는 말은 사용했어도, '신'으로 표현하는 일은 드물었습니다. 사람을 형용할 때 '신'을 자주 사용하는 나라는 일본입니다. 일본과 같은 비기독교 문화권에서는 뛰어난 인물을 신으로 지칭하는 일이 비교적 흔합니다.

일본에는 600만이 넘는 신이 있다고 합니다. 가짓수나 형태가 굉장히 다양합니다. 불교와 신토(神道)의 신뿐만 아니라 죽은 사람의 혼령이나 동물, 심지어 사물까지 신으로 추앙합니다. 사람과 사물을 신격화하는 행동은 우상 문화가 만연한 지역의 공통적인 습속입니다.

그런데 어느 순간부터 우리나라에도 신으로 불리는 존재

들이 넘치기 시작했습니다. 이러한 언어습관은 영적 혼란과 궤를 같이합니다. 온 나라에 거짓 신들이 들끓지만, 사회는 더 각박하고 혼란스러워졌습니다. 잡신들이 늘어날수록 국운(國運)은 내리막길을 걷습니다. '여로보암의 길'로 향하고 있다는 징조입니다. 여로보암이 벧엘과 단에 세워둔 신들처럼 우리는 곳곳에서 우상을 만들어 내고, 그것을 숭배하고 있습니다. 여로보암은 금송아지를 다듬어 우상으로 만들었습니다. 이제는 수많은 예능 프로그램과 인터넷이 이를 대신하고 있습니다.

여로보암이 범죄한 이유는 사울과 유사합니다. 둘 다 하나님이 아닌 대중의 눈치를 보았습니다. 여로보암은 뿌리 깊은 '정통성 콤플렉스'를 갖고 있었습니다. 갑작스레 왕이 된 그는 자신의 정치 기반이 확고하지 못하다고 판단했습니다. 그래서 대중의 시선을 강하게 의식했고, 거기에 온 마음을 빼앗기고 말았습니다.

> 모든 지킬 만한 것 중에 더욱 네 마음을 지키라 생명의 근원이 이에서
> 남이니라
>
> (잠 4:23)

만일 여로보암이 하나님을 향한 굳건한 신뢰를 가졌다면, 이런 걱정은 기우에 불과했을 것입니다. 하나님께 충실하면 여로보암의 집을 견고하게 해주겠다는 말씀이 있었기 때문입니다(왕상 11:37-38). 하지만 이 무렵 여로보암은 예언의 말씀을 까맣게 잊고 있었습니다. 자신이 이룬 성취가 하나님에게서 온 것이 아닌, 스스로 얻은 것이라는 착각에 빠졌기 때문입니다.

여로보암은 하나님 말씀보다 국제 정세와 민심을 바라보는 자신의 안목을 믿었습니다. 마귀 역시 기회를 놓치지 않았습니다. 교만과 불안이 교차하는 여로보암의 마음을 비집고 들어가 악한 제도와 법률을 시행하라고 미혹했고, 자신의 목적을 이뤘습니다.

여로보암이 이 일 후에도 그의 악한 길에서 떠나 돌이키지 아니하고 다시 일반 백성을 산당의 제사장으로 삼되 누구든지 자원하면 그 사람을 산당의 제사장으로 삼았으므로 / 이 일이 여로보암 집에 죄가 되어 그 집이 땅 위에서 끊어져 멸망하게 되리라

(왕상 13:33-34)

—— 불신앙의 늪

목자의 목소리를 듣지 않으면 양이 아닙니다. 염소입니다. 양은 말씀에 순종하여 하나님의 문에 이르지만, 염소는 자기 멋대로 행동하다 스스로 엎어집니다. 여호와의 말씀에 청종했던 다윗과 달리, 자신의 목소리에 귀 기울였던 여로보암은 멸망하고 말았습니다. 하나님의 음성을 듣고, 순종하는 노력을 게을리해서는 안 됩니다. 말씀에 순종하는 백성은 흥하고, 말씀을 잊어버리는 백성은 망합니다.

이스라엘아 들으라 우리 하나님 여호와는 오직 유일한 여호와시니 / 너는 마음을 다하고 뜻을 다하고 힘을 다하여 네 하나님 여호와를 사랑하라 / 오늘 내가 네게 명하는 이 말씀을 너는 마음에 새기고 / 네 자녀에게 부지런히 가르치며 집에 앉았을 때에든지 길을 갈 때에든지 누워 있을 때에든지 일어날 때에든지 이 말씀을 강론할 것이며 / 너는 또 그것을 네 손목에 매어 기호를 삼으며 네 미간에 붙여 표를 삼고 / 또 네 집 문설주와 바깥 문에 기록할지니라

(신 6:4-9)

130여 년 전 이 땅에 처음 복음이 전파되고, 1950~60년 대에 이르러 시민들의 생활 신앙이 무속에서 기독교로 상당 부분 대체됐습니다. 부흥의 핵심적인 역할을 한 계층은 여성이었습니다. 교조적 유교 이데올로기가 남아있던 시절 수많은 며느리와 부인들이 제사를 거부하며 인습에 저항했습니다. "예수쟁이가 들어와 집안을 망친다"는 구박을 당하면서도, 눈물을 삼키며 남편과 가정을 위해 기도했습니다. 그러한 노력 끝에 이 땅의 많은 가정이 구원을 받게 됐습니다.

마침내 영적 부흥이 일어났습니다. 1973년 5월 30일부터 6월 3일까지 여의도 광장에서 빌리 그래함 목사가 초교파 집회를 열었을 때 운집한 인파는 320만 명에 달했습니다. 동시에 대한민국은 한강의 기적을 일으켰습니다. 반만년 역사 동안 우리 민족은 "가난은 나랏님도 구제 못 한다"고 자조하며 살았습니다. 굶주림과 빈곤을 천형(天刑)처럼 여겼습니다. "식사하셨습니까?"가 평소 건네는 인사말이 될 정도로 가난에 시달렸습니다. 그 굴레에서 벗어날 수 있었던 것은 말씀에 순종하는 백성이 늘어나면서 하나님께서 복을 주셨기 때문이라고 믿습니다.

네가 네 하나님 여호와의 말씀을 청종하면 이 모든 복이 네게 임하며 네게 이르리니 / 성읍에서도 복을 받고 들에서도 복을 받을 것이며 / 네 몸의 자녀와 네 토지의 소산과 네 짐승의 새끼와 소와 양의 새끼가 복을 받을 것이며 / 네 광주리와 떡 반죽 그릇이 복을 받을 것이며 / 네가 들어와도 복을 받고 나가도 복을 받을 것이니라

(신 28:2-6)

그런데 지금은 말씀이 아닌 여로보암의 길을 따르라는 가르침이 넘쳐납니다. 인간적인 술수와 전략을 의지하고, 못된 꾀를 현명한 전략이라고 치켜세웁니다. 두로와 시돈의 모습입니다. 그 길의 끝에는 멸망과 지옥이 기다리고 있습니다. 말씀을 배제한 조잡한 인간 지성이 만들어 낸 생각과 이념은 예외 없이 세 가지 결말로 이어집니다.

첫째는 증오가 가득한 세상입니다. 미디어는 당신이 남들 때문에 얼마나 손해를 보고 사는지 늘 각인시켜 줍니다. 그리고 끊임없이 이웃과 형제를 질투하고 증오하라고 부추깁니다. 가진 자와 못 가진 자, 남자와 여자, 노인과 청년, 다른 지역 출신을 편 가르기 하여 대립시켜 놓고 서로 격렬하게 다투게 만듭니다. 처음에는 나름대로 이런저런 합리적 이유를 제시하며 시작합니다. 하지만 시간이 흐를수록 명분은 사라지고 상대를 향한 분노와 혐오만 남게 됩니다.

사람들이 자기를 사랑하며 돈을 사랑하며 자랑하며 비방하며 부모를

거역하며 감사하지 아니하며 거룩하지 아니하며 / 무정하며 원통함을

풀지 아니하며 모함하며 절제하지 못하며 사나우며 선한 것을 좋아하

지 아니하며 / 배신하며 조급하며 자만하며 쾌락을 사랑하기를 하나

님 사랑하는 것보다 더하며

(딤후 3:2-4)

둘째는 허무로 가득한 세상입니다. 말씀을 버리고 인간의 이성이 최고라고 믿던 인류는 1, 2차 세계대전으로 그 한계와 마주하게 됐습니다. 그 허무의 공백 사이로 포스트모더니즘이 파고들었습니다. 포스트모더니즘은 예술과 같은 제한된 영역에서 기능적 창조성을 발휘하기 위한 수단으로는 나쁘지 않습니다. 하지만 모든 것을 비틀고, 왜곡하고, 해체하는 사상을 사회 지도 이념이나 핵심 가치관으로 수용하기는 어렵습니다. 이런 태도가 일상 영역에 파고들면 영존하는 진리도 상대화시켜 버립니다. 구원의 섭리가 빛을 발하지 못하도록 은폐하는 역할을 수행합니다. 인간의 학문과 하나님 말씀을 동일한 천칭에 두고 비교하게 만드는 행동은 다분히 마귀적입니다.

디모데야 망령되고 헛된 말과 거짓된 지식의 반론을 피함으로 네게 부

탁한 것을 지키라

(딤전 6:20)

셋째는 탐욕으로 가득한 세상입니다. 공산주의가 거짓이

라고 해서 자본주의가 진리인 것은 아닙니다. 물질을 극단

으로 추구하는 천박한 금융자본주의는 하나님 말씀과 가장

거리가 먼 체제 중 하나입니다. 적자생존과 약육강식의 냉

혈한 속성은 예수님의 가르침과 뚜렷하게 배치됩니다. 성

경은 돈을 사랑함이 일만 악의 뿌리(딤전 6:10)라고 말합니

다. 옷을 두 벌 가졌다면 옷 없는 자에게 나눠주고, 먹을 것

도 그렇게 하라는 것이 성경적 가르침입니다(눅 3:11). 예수님

은 하나님과 재물을 겸하여 섬기지 못한다고 말씀하셨습니

다(마 6:24). 하나님은 고아와 과부의 하나님이시며, 가난한

자의 하나님입니다. 약자를 챙기고 섬기라는 성경의 거듭된

메시지는 너무나 뚜렷하여 반론이 제기될 여지가 없습니다.

그러나 탐심이 가득하면 이러한 말씀을 새까맣게 잊습니다.

재물에 대한 욕심은 돈 그 자체보다는 돈으로 살 수 있는 쾌

락 때문에 생겨납니다. 물론 돈으로 살 수 있는 쾌락은 정욕

과 소유욕의 범주를 벗어나지 않습니다.

부하려 하는 자들은 시험과 올무와 여러 가지 어리석고 해로운 욕심에

떨어지나니 곧 사람으로 파멸과 멸망에 빠지게 하는 것이라

(딤전 6:9)

여호와를 아는 것이 지혜의 근본입니다(잠 9:10). 하나님을 아는 지식에는 하나님께 속한 것과 그렇지 않은 것을 구별할 줄 하는 분별력이 포함됩니다. 분별력이 있다면 영화를 보거나 책을 읽을 때, 행간에 숨겨진 사탄의 메시지를 포착할 수 있습니다. 그리하여 악인들이 깔아놓은 덫에 걸리지 않고, 하나님을 바르게 섬길 수 있습니다. 이것은 말세에 그리스도인들이 누릴 수 있는 진정한 복입니다.

복 있는 사람은 악인들의 꾀를 따르지 아니하며 죄인들의 길에 서지

아니하며 오만한 자들의 자리에 앉지 아니하고 오직 여호와의 율법을

즐거워하며 그의 율법을 주야로 묵상하는도다 / 이는 시냇가에 심은

나무가 철을 따라 열매를 맺으며 그 잎사귀가 마르지 아니함 같으니

그가 하는 모든 일이 다 형통하리로다

(시 1:1-2)

세상에서 발원한 모든 메시지는 "하나님을 잊어라, 그리

고 물질을 숭배하라"로 요약됩니다. 그러나 눈에 보이는 것만 좇으면 비천해집니다. 겉으로는 그럴싸해 보이지만, 본질은 밤낮 가리지 않고 먹을 것과 짝짓기 대상을 찾아다니는 축생(畜生)이나 다름없습니다. 인간은 하나님 형상대로 지음받은 귀한 존재입니다. 돈과 쾌락에 집착하지 않을 권리가 있습니다. 우리는 거룩하신 하나님을 찬양하면서 영원을 추구해야 합니다. 지상에서의 삶은 짧습니다. 지혜와 분별력을 가지고 사탄이 쳐놓은 올무를 피해야 합니다.

여로보암은 실패한 리더였습니다. 과부의 아들로 자란 그는 젊은 시절 열심히 살았습니다. 그 결과 남들보다 빠르게 출세할 수 있었습니다. 지혜 많은 솔로몬이 그를 발탁한 사실만 봐도, 청년 여로보암의 유능함을 엿볼 수 있습니다. 하지만 그는 말씀이 아닌 인간적인 전략을 신뢰했습니다. 하나님을 경외하는 마음이 없었기 때문입니다. 결국 여로보암과 그의 집은 거름더미로 변하였습니다. 나아가 세세토록 그 이름이 저주를 당하는 불명예를 얻었습니다.

여로보암을 볼 때마다 매국노 이완용이 떠오릅니다. 이완용은 잔반(殘班)의 아들로 태어나 10살 때 32촌 친척 집에 양자로 입적합니다. 머리는 좋았지만 입양자라는 콤플렉스 때문에 말수가 적고 숫기가 없었다고 합니다. 25세에 증광시 병과(丙科)에 급제한 이완용은 양아버지 이호준의 후견 아래 정계에서 승승장구합니다. 상황판단이 빠르고 학습 능력이 뛰어났던 그는 주미 공사관에서 근무했으며 영어에도 능통했습니다. 조정의 요직을 두루 거치고, 한때는 개혁에 앞장서기도 했습니다. 하지만 1904년을 전후로 완전한 친일파로 변절합니다. 1905년 을사늑약 당시 고종을 압박하여 외교권 박탈에 앞장섰고, 1907년에는 이토 히로부미의 추천으로 총리대신에 오릅니다. 그리고 1910년 8월 어전회의에서 한일병탄을 적극 주도해 만고의 역적이 되었습니다. 이완용은 나라를 팔아먹은 공으로 백작의 작위와 은사 공채금 15만 원을 받았습니다. 병탄 이후에는 중추원 부의장직을 역임하며 부귀영화를 누리다 1926년 2월 11일, 69세의 나이로 사망합니다.

잠깐의 영화를 누렸지만, 이후 이완용과 그의 가문은 매국노와 대역죄인의 표상이 되었습니다. 세상을 떠난 뒤 세간의 눈을 의식해 전북 익산 낭산리에 있는 인적 드문 곳에 묻혔으나, 그의 묘를 훼손하려는 시도가 빈번하게 발생했습니다. 결국 1979년 직계 자손들이 이완용의 무덤을 파묘(破墓)하고 유골을 화장했습니다. 그의 무덤터는 지금 채석장이 되어 흔적조차 남지 않았습니다. 이완용의 후손들은 한국에서 더 이상 살 수 없다고 판단해 미국으로 이민을 떠나버렸습니다. 반딧불 같은 허명과 부귀를 탐해 도리를 저버린 결과입니다. 이완용의 이름은 매국노의 대명사가 되어 지금까지 저주를 받고 있습니다.

그는 콤플렉스를 가진 유년기를 견뎌내고, 청년기에는 유능함을 떨쳤습니다. 하지만 이후 정치적 야심을 위해 변절자의 길을 걸었습니다. 부질없는 세상 권력을 얻기 위해 패역한 짓을 저지르고 악명을 남겼다는 점에서 이완용과 여로보암은 닮은 점이 많습니다.

—— 하나님의 어리석음이 사람보다 지혜롭다

하나님께 버림받는 사람들은 공통점이 있습니다. 나름대로 뛰어난 능력을 갖췄다는 점입니다. 사람은 아무것도 의지할 게 없어야 하나님에게 매달립니다. 쥐엄열매라도 기댈 것이 남아있으면 하나님을 찾지 않습니다. 학식과 재주가 있는 사람은 말할 것도 없습니다. 알량한 지식을 뽐내며 쉽게 자고(自高)합니다. 재능이 넘칠수록 사회적으로 거둔 성취가 자신의 능력에서 비롯된 것이라고 오인하기 쉽습니다.

> 그러나 네가 마음에 이르기를 내 능력과 내 손의 힘으로 내가 이 재물을 얻었다 말할 것이라
>
> (신 8:17)

러시아에 다음과 같은 민담이 전해져 내려옵니다. 신학을

오래 공부한 수사가 전도를 위해 길을 나섰습니다. 그는 무식한 촌부들을 신앙의 길로 걷게 만들 수 있다는 자부심에 부풀어 있었습니다. 어느 시골 마을에 도착한 수사는 한 늙은 농부를 만나 그에게 주기도문을 알려주었습니다. 하지만 문맹이었던 농부는 주기도문을 이해하기는커녕 따라 읽기조차 버거워했습니다. 수사는 반복적으로 설명하다가 결국 포기한 채 배를 타고 마을을 떠났습니다. 그런데 얼마 지나지 않아 저 멀리서 늙은 농부가 '물 위를 걸으며' 뛰어왔습니다. 그는 기절초풍한 수사를 보며 다음과 같이 말했습니다.

"수사님, 딱 한 번만 더 주기도문 읽는 법을 알려주시겠습니까?"

때로는 지식이 올무가 될 때가 있습니다. 어린아이처럼 순수한 마음으로 하나님을 섬기던 사람이 외국에서 학위를 취득하고 나면, 이런저런 학설과 논문을 인용하며 성경 말씀을 판단하려 합니다. 성경을 있는 그대로 믿는다고 하면, 마치 광신도를 보듯 무시하며 내려다봅니다. 그리고 저명한 학자들의 이론을 나열하며 장광설을 늘어놓습니다. 온갖 현학적인 단어를 동원해 지식을 한껏 뽐내기도 합니다. 결론만 놓고 볼 때 이들은 성경의 무오성을 인정하지 않습니다.

말씀보다 인간의 학문을 더 신뢰하는 모양새입니다.

믿음을 높이는 데 도움이 되지 않는다면 차라리 모르는 게 낫습니다. 학위를 가진 채 지옥으로 가는 것보다 학위 없이 천국에 들어가는 게 낫기 때문입니다. 믿음은 이론으로 정립되지 않습니다. 과학과 철학은 구원의 섭리를 알려주지 못합니다.

하나님의 실존은 피조물의 견해와 주장에 아무 영향도 받지 않습니다. 어항 속 금붕어들이 모여서 자기들끼리 "물 밖에는 아무것도 존재하지 않는다"고 이야기해 봐야 실재(實在)는 달라지지 않습니다. "하나님이 없다"라고 떠드는 사람들은 지혜가 없습니다. 마음이 부패하여 어리석은 변론으로 대중을 미혹합니다. 자신의 인식 범위와 지적 수준을 넘어서는 내용에 확신을 가지고 "내가 안다"고 떠드는 것은 어리석은 행동입니다.

> 얀네와 얌브레가 모세를 대적한 것 같이 그들도 진리를 대적하니 이 사람들은 그 마음에 부패한 자요 믿음에 관하여는 버림받은 자들이라 / 그러나 그들이 더 나아가지 못할 것은 저 두 사람이 된 것과 같이 그들의 어리석음이 드러날 것임이라
>
> (딤후 3:8-9)

우주와 생명의 기원에 대해 아무리 이야기해 봐야, 인간은 가장 원시적인 형태의 생명 요소도 만들어 내지 못합니다. 창조는 고사하고, 만물이 어디서 유래했는지조차 모릅니다. 지금 학교에서 가르치는 내용은 50년 뒤에 달라지고, 100년 후에 또 바뀔 것입니다. 한 세기 뒤에는 21세기 학문을 흉보며 "이런 걸 과학이라고 가르쳤다"고 비웃을지 모릅니다. 인간의 지성은 한계가 있습니다. 한 줌 흙에서 태어나 먼지로 돌아가는 인간은 무(無)에서 유(有)를 창조하지 못합니다. 사람의 행사는 다 헛되어 바람을 잡는 것과 같고(전 1:14), 해 아래에는 새로운 것이 하나도 없습니다(전 1:9).

> 내가 땅이 기초를 놓을 때 네가 어디 있었느냐 네가 깨달아 알았거든 말할지니라 / 누가 그것의 도량법을 정하였는지, 누가 그 줄을 그것의 위에 띄웠는지 네가 아느냐
>
> (욥 38:4-5)

과학을 들먹이며 하나님을 부인하는 사람들은 인식론과 방법론 차원에서 수많은 오류를 저지르고 있습니다. 하지만 굳이 그들과 다툴 필요는 없습니다. 우리의 의무는 성경에 나온 바른 진리를 담담하게 전하는 것이지, 하나님의 실존

을 현상적으로 입증하는 게 아닙니다. 더러는 "기적을 보면 믿겠다"고 주장하지만, 초자연적 현상은 불신앙을 해소하는 데 도움이 되지 못합니다.

진짜 이적은 우리의 존재 그 자체입니다. 세상 학문은 우리가 어디서 와서 어디로 가는지 아무것도 말해주지 못합니다. 끓는 물에서 저절로 생겨난 단세포가 시간이 흘러 인간이 됐다고 가르치지만, 진화가 이뤄진다는 주장도 실증하지 못합니다.

과학이 객관적일 것이라는 주장은 환상입니다. 과학은 가치 함축적인 패러다임에 종속돼 있습니다. 주류 학설과 배치되는 연구나 증거는 대체로 폐기됩니다. 남성끼리의 동성애가 에이즈와 수많은 성병의 근원지라는 것은 '과학적'이지만, 그러한 증거는 동성애 확산을 권장하는 인본주의 이념과 배치되기 때문에 스리슬쩍 은폐됩니다.

인간이 알면 얼마나 알고, 똑똑하면 얼마나 똑똑하겠습니까? 하나님이 우주의 기초를 놓고, 만물을 지으실 때 우리는 어디에 있었습니까? 하나님의 어리석음이 인간의 지혜로움보다 낫습니다(고전 1:25). 우리가 가진 지식으로는 창조주 하나님을 논할 수 없습니다. 모르면 모른다고 고백하는 게 낫습니다. 하지만 인간은 자꾸만 하나님을 부인하려 합니다.

어리석은 자는 그의 마음에 이르기를 하나님이 없다 하는도다 그들은

부패하고 그 행실이 가증하니 선을 행하는 자가 없도다

(시 14:1)

이방 종교들은 삶과 죽음을 이야기하지만, 창조와 종말에 대해서는 대체로 함구하거나 모호하게 말합니다. 인간들이 지어낸 허탄한 판타지이기 때문입니다. 반면 성경에 기록된 하나님 말씀은 하나도 땅에 떨어지지 않았습니다. 장차 다가올 일에 대한 하나님의 계시는 오류 없이 그대로 이뤄졌습니다. 모든 역사적 사실도 말씀에 부합합니다.

B.C. 8세기 무렵 쓰인 이사야서에서는 '고레스(Cyrus, 키루스)'의 실명이 등장하면서 포로가 된 이스라엘 백성을 그가 해방해 줄 것이라는 예언이 나옵니다. 물론 당시는 페르시아라는 국가가 존재하지도 않던 시절입니다.

여호와께서 그의 기름 부음을 받은 고레스에게 이같이 말씀하시되 내

가 그의 오른손을 붙들고 그 앞에 열국을 항복하게 하며 내가 왕들의

허리를 풀어 그 앞에 문들을 열고 성문들이 닫히지 못하게 하리라

(사 45:1)

선지자 이사야는 유다 므낫세 왕 시기(B.C. 687-B.C. 642년)에 활약했습니다. B.C. 586년경 유다는 신바빌로니아 제국의 느부갓네살(네보카드네자르 2세)에게 정복당하고, 많은 백성이 포로로 끌려갑니다. 그러나 바빌로니아도 오래가지 못했습니다. B.C. 539년 페르시아의 고레스가 신바빌로니아를 무너뜨리고, 이스라엘 백성을 해방시켰습니다. 과거에는 전제군주인 고레스가 다른 민족에게 자유를 주었다는 것을 의심하는 학자들이 많았습니다. 하지만 고레스의 행적이 적힌 토기 실린더가 발굴되면서 성경 기록이 역사와 일치한다는 사실이 밝혀졌습니다. 실린더에는 각 민족의 전통과 관습을 존중하고 종교의 자유를 보장한다는 내용이 적혀있습니다.

> 바사 왕 고레스가 이같이 말하노니 하늘의 신 여호와께서 세상 만국을 내게 주셨고 나에게 명령하여 유다 예루살렘에 성전을 건축하라 하셨나니 너희 중에 그의 백성된 자는 다 올라갈지어다 너희 하나님 여호와께서 함께 하시기를 원하노라 하였더라
>
> (대하 36:23)

이사야의 예언과 고레스의 등장 사이에는 대략 150~200년의 시차가 존재합니다. 역사를 운행하는 주체가 아니라면

도저히 알 수 없는 일입니다. 물론 성경 기록을 믿지 못하는 학자들은 이사야서가 후대에 조작됐거나, 고레스에 관한 내용이 나중에 추가됐다고 주장합니다. 그러나 성경에는 고레스 뿐 아니라 알렉산더의 등장과 마케도니아의 분열을 예고한 다니엘서의 기록 등 수많은 예언과 계시가 나옵니다. 그리고 성경의 예언은 오차 없이 다 이루어졌습니다. 아울러 장차 다가올 미래에 대한 계시록의 말씀이 남아있습니다. 이 모든 말씀이 모두 조작됐다고 말하는 사람은 이보다 더 큰 이적이 눈앞에서 펼쳐져도 믿지 않을 것입니다.

고레스 실린더 ©alamy stock Photo

나 여호와가 말하노니 너희 우상들은 소송하라 야곱의 왕이 말하노니 너희는 확실한 증거를 보이라 / 장차 당할 일을 우리에게 진술하라 또 이전 일이 어떠한 것도 알게 하라 우리가 마음에 두고 그 결말을 알아보리라 혹 앞으로 올 일을 듣게 하며 / 뒤에 올 일을 알게 하라 그리하면 너희가 신들인 줄 우리가 알리라 또 복을 내리든지 재난을 내리든지 하라 우리가 함께 보고 놀라리라 / 보라 너희는 아무것도 아니며 너희 일은 허망하며 너희를 택한 자는 가증하니라

(사 41:21-24)

믿음이 없으면 기적을 경험해도 바뀌지 않습니다. 기적은 복음의 본질이 아닙니다. 여로보암은 열 지파를 얻게 될 것이라는 예언을 받았고, 그 성취도 경험했습니다. 하지만 집권하는 내내 불신앙으로 일관했습니다. 아히야의 예언은 여로보암의 신앙을 바로 세우는 데 도움이 되지 못했습니다.

여로보암의 범죄가 날로 심각해지자, 하나님은 한 사람을 더 보내어 재차 경고 메시지를 전했습니다(왕상 13:1). 벧엘을 찾아온 유다 출신 선지자는 여로보암이 쌓은 제단을 보며 다음과 같이 외쳤습니다.

하나님의 사람이 제단을 향하여 여호와의 말씀으로 외쳐 이르되 제단

아 제단아 여호와께서 이와 같이 말씀하시기를 다윗의 집에 요시야라

이름하는 아들을 낳으리니 그가 네 위에 분향하는 산당 제사장을 네

위에서 제물로 바칠 것이요 또 사람의 뼈를 네 위에서 사르리라 하셨

느니라 하고 그 날에 그가 징조를 들어 이르되 이는 여호와께서 말씀

하신 징조라 제단이 갈라지며 그 위에 있는 재가 쏟아지리라 하매

(왕상 13:2)

때마침 옆에서 분향하고 있던 여로보암은 이 말을 듣자 크게 노했습니다. 그는 하나님의 사람을 가리키며 부하들에게 당장 붙잡으라 명령합니다. 그 순간 여로보암의 손이 마르면서 다시 거둘 수 없게 되었습니다. 그리고 갑자기 제단이 갈라지며 재가 쏟아졌습니다.

깜짝 놀란 여로보암은 금세 태도를 바꿔 하나님의 사람에게 "나를 위해 네 하나님께 은혜를 구해 내 손이 다시 성하게 기도하라"고 부탁합니다(왕상 13:6). 이에 하나님의 사람이 여호와께 은혜를 구하니 여로보암의 손이 정상적으로 돌아왔습니다. 이 장면에서 여로보암이 '너의 하나님'이라 칭한 점도 흥미롭습니다. 여로보암에게 아브라함과 이삭과 야곱의 하나님은 '나의 하나님'이 아니었습니다. 그의 영적 상태와 수준을 알 수 있는 대목입니다.

기이한 장면을 목도한 여로보암은 하나님의 사람에게 함께 왕궁으로 가자고 권했습니다. 그리고 예물도 챙겨주겠다고 꼬드깁니다. 그러나 하나님의 사람은 여로보암의 제안을 거절합니다.

> 하나님의 사람이 왕께 대답하되 왕께서 왕의 집 절반을 내게 준다 할지라도 나는 왕과 함께 들어가지도 아니하고 이곳에서는 떡도 먹지 아니하고 물도 마시지 아니하리니
>
> (왕상 13:8)

여로보암은 하나님의 신묘한 능력을 다시 한번 체험했습니다. 하나님의 말씀대로 제단이 갈라지고 재가 쏟아졌습니다. 펼친 손이 갑자기 말랐다가 기도를 통해 돌아오기도 했습니다. 이 정도 경험을 했다면 하나님을 경외하는 마음을 갖는 게 인지상정입니다. 아히야의 예언에 이어 제단의 갈라짐과 손 마름까지, 여로보암의 행보를 경고하는 표적이 반복해서 나타났기 때문입니다. 그러나 여로보암은 완악한 마음을 돌이키지 않았습니다. 이적을 경험한 다음에도 변함없이 죄악을 범했고, 하나님을 멸시했습니다. 그리고 마침내 하나님께 버림을 받고 말았습니다.

여로보암이 이 일 후에도 그의 악한 길에서 떠나 돌이키지 아니하고 다시 일반 백성을 산당의 제사장으로 삼되 누구든지 자원하면 그 사람을 산당의 제사장으로 삼았으므로 / 이 일이 여로보암 집에서 죄가 되어 그 집이 땅 위에서 끊어져 멸망하게 되니라

(왕상 13:33-34)

많은 사람이 신비한 이적을 체험하기 바랍니다. 하지만 기적은 믿음을 결정짓는 요소가 아닙니다. 여로보암이 표적과 기사를 보지 못해서 하나님을 배신한 게 아닙니다. 하나님이 버린 사람들은 오히려 초자연적 현상을 보고 겪은 빈도가 훨씬 높습니다. 사울과 여로보암, 가룟 유다는 모두 신령한 이적을 목격하거나 몸소 겪었습니다. 하지만 그들은 하나님을 배신했습니다. 세상에 대한 미련이 강력한 자력(磁力)을 형성해, 불신앙의 자기장 안에 가둬버렸기 때문입니다. 여로보암은 하나님의 실체적 권능을 여러 번 체험했지만, 그러한 이적도 배도 정책을 뒤집을 만큼의 영향을 끼치지 못했습니다. 여로보암은 자신이 쓰고 있는 왕관이 너무 소중했기 때문에, 죄악에서 돌이킬 생각을 하지 않았습니다. 하나님을 경외하지 않는 사람에게는 신묘한 기적조차 한낱 마술쇼에 지나지 않습니다.

넘치는 축복은 재앙으로 변하기 쉽습니다. 우리는 하나님께 좋은 학벌과 경제적 풍요, 이상적인 배우자, 완벽한 직장 등을 구합니다. 하지만 은금이 풍부해지고 지위가 높아지면, 그것들을 지키는 데 연연하느라 하나님을 잊어버립니다. 풍요를 누릴 수 있도록 은혜를 베풀어 주신 분이 바로 하나님임에도 불구하고 말입니다. 작은 소유와 완장만 생겨도, 이를 놓치지 않으려 세상에 부화뇌동하고 때때로 하나님을 대적하기도 합니다. 지식인은 하나님을 부인하는 데 학문을 동원하며, 정치인은 하나님 법도에 반하는 제도와 법률을 만드는 데 권력을 사용합니다. 차별금지법과 같은 악법에 찬성하는 국회의원 중 그리스도인이 상당수 포함돼 있다는 사실을 듣고 놀란 적이 있습니다. 대중과 여론의 눈치를 보느라 하나님을 배신하면 여로보암의 길을 따르게 됩니다. 리더의 자리에 있을수록 더욱 경계하며 신중하게 행동해야 합니다. 하나님께서 나중에 더 큰 책임을 물으실 것이기 때문입니다.

네가 먹어서 배부르고 아름다운 집을 짓고 거주하게 되며 / 또 네 소와 양이 번성하여 네 은금이 증식되며 네 소유가 다 풍부하게 될 때에 / 네 마음이 교만하여 네 하나님 여호와를 잊어버릴까 염려하노라 여호

와는 너를 애굽 땅 종 되었던 집에서 이끌어 내시고

(신 8:12-14)

하나님의 신뢰를 저버리지 않도록 늘 말씀을 묵상하며 이를 의식해야 합니다. 인간적인 전략과 술수는 오래가지 못합니다. 전략은 수단일 뿐이고, 신앙은 궁극적인 목적입니다. 수단은 목적에 부연해야 합니다. 주객이 전도되면 본질을 잃어버리게 됩니다.

여로보암에게 권력을 주신 분은 하나님입니다. 하나님은 여로보암이 아무것도 아니던 무명 시절 "너를 왕으로 삼겠다"고 약속하셨습니다. 일개 정치 낭인에 불과하던 과부의 아들에게 이스라엘 열 지파를 맡기겠다고 말씀하셨던 것입니다. 당시 과부의 자식들은 적지 않은 천대를 받았습니다. 지금도 한부모 가정을 향한 사회적 시선이 곱지 않은데, 고대 사회에서는 어떠했을지 상상하기 어렵습니다. 이후 하나님의 약속이 이루어졌습니다. 하지만 권력을 갖게 된 여로보암은 참된 주권자인 하나님께 충실하지 않았습니다. 그 대신 자신의 왕좌를 빼앗길까 봐 노심초사했습니다.

의심암귀(疑心暗鬼)라는 말이 있습니다. 자꾸만 의심하고 번민하면 없던 귀신도 생긴다는 고사성어입니다. 여로보암의 상황이 딱 이러했습니다. 하나님의 분명한 말씀이 있었고, 그 예언대로 여로보암은 큰 은혜를 입었습니다. 이제 남은 일은 하나님이 주신 사명대로 바른 정사를 펼치는 것뿐이었습니다. 하지만 그는 하나님의 권능을 믿지 않고 쓸데없이 번민하면서 자신의 미래를 걱정하기 시작했습니다.

은혜는 받는 것보다 지키는 것이 더 어렵습니다. 은혜를 받기 전에는 신실했지만, 은혜를 받은 뒤에는 목이 뻣뻣해져 망한 사람이 한둘이 아닙니다. 가장 큰 이유가 하나님을 의심하는 마음과 스스로를 높이려는 마음 때문입니다. 자신의 능력으로는 극복할 수 없는 난관을 마주할 때가 있습니다. 하지만 은혜가 임하면, 어려움을 극복하고 놀라운 성취를 이루게 됩니다. 그러면 하나님이 베푸신 은혜에 감사를 드리며, 맡은바 소명을 다하는 것이 도리입니다. 그러나 마귀는 승리를 거둔 순간부터 마음에 교만과 의심을 끊임없이 밀어 넣습니다.

"하나님 은혜는 무슨, 네가 뛰어나서 이런 성과를 거두게 된 것이야."

"네 능력이면 원래 이룩할 수 있는 성과였어."

"더 많은 전략과 꾀를 내면 앞으로도 계속 승리하게 될 거야."

"사람들 앞에서 네 능력을 과시하고 자랑해야 세력이 커질 거야."

주변에서도 상찬이 계속 쏟아집니다. 세상의 아부에 취하다 보면 어느 순간 은혜를 잊어버리게 됩니다. 하나님의 말씀과 능력에 의심을 품게 되고, 자꾸만 세속적 방법을 동원하게 됩니다. 그러면서 서서히 몰락을 자초합니다.

여로보암도 하나님을 배신하고 얄팍하고 쉬운 길을 택하였습니다. 만일 여로보암이 다윗과 같이 하나님을 신뢰하고 순종하였다면, 북이스라엘 역사는 완전히 달라졌을 것입니다. 하나님께서 여로보암의 권위를 든든히 지켜주시고, 그의 후손들에게도 왕권을 보장해 주셨을 것이기 때문입니다.

> 네가 만일 내가 명령한 모든 일에 순종하고 내 길로 행하며 내 눈에
> 합당한 일을 하며 내 종 다윗이 행함 같이 내 율례와 명령을 지키면
> 내가 너와 함께 있어 내가 다윗을 위하여 세운 것 같이 너를 위하여 견
> 고한 집을 세우고 이스라엘을 네게 주리라
>
> (왕상 11:38)

—— 여로보암 가문의 멸망

여로보암 가문의 최후는 비참했습니다. 여로보암은 왕위

에 오른 뒤 22년간 북이스라엘을 다스립니다. 그런데 어느 날 아들 아비야가 깊은 병에 걸려 죽게 되었습니다. 근심하던 여로보암은 아내를 평민으로 변장시켜 선지자 아히야를 찾아가게 합니다.

인간은 참 아이러니합니다. 죽음이라는 불가항력의 상황과 맞닥뜨리면 이상하리만치 겸손해집니다. 한창 잘 나갈 때는 "하나님이 어디 있느냐"고 낄낄대며 조롱하다가도, 죽음이 다가오면 조용해집니다. 죽음은 어떤 수단과 방법을 써도 넘어설 수 없는 장벽이기 때문입니다. 아무리 패역한 사람도 죽으면 더 이상 그 입을 열 수 없습니다. 우리가 이 땅의 바보들과 공연히 다투지 않아도 되는 이유이기도 합니다.

여로보암은 자식의 죽음과 마주하고 나서야 아히야를 떠올렸습니다. 여로보암은 자신이 만들어 놓은 금송아지 우상이나 숫염소 산당을 찾지 않았습니다. 그것들이 가짜라는 것은 여로보암이 누구보다 잘 알고 있었습니다. 그는 위기의 순간에 진짜 하나님의 사람, 아히야를 찾았습니다.

여로보암이 자기 아내에게 이르되 청하건대 일어나 변장하여 사람들이 그대가 여로보암의 아내임을 알지 못하게 하고 실로로 가라 거기 선지자 아히야가 있나니 그는 이전에 내가 이 백성의 왕이 될 것을 내게 말한 사람이니라 / 그대의 손에 떡 열 개와 과자와 꿀 한 병을 가지고 그에게로 가라 그가 그대에게 이 아이가 어떻게 될지를 알게 하리라

(왕상 14:2-3)

자식의 목숨이 경각에 달린 순간에도 여로보암은 잔머리를 굴렸습니다. 아내를 평민으로 위장시킨 까닭은 떳떳하지 않은 이유도 있지만, 아히야가 왕비의 정체를 알아채는지 떠보기 위한 목적도 있었습니다. 여전히 하나님의 능력을 믿지 못하는 의뭉스러운 성품이 엿보입니다.

여로보암이 어쭙잖은 꼼수를 부리는 동안, 아히야는 모든 진실을 꿰뚫어 보고 있었습니다. 비록 나이가 많아 앞이 보이지 않았지만, 하나님께서 미리 일러주셨기 때문입니다(왕상 14:5). 여로보암의 아내가 집 문턱을 넘자 곧바로 심판의 말씀이 선포됩니다.

가서 여로보암에게 고하라 이스라엘 하나님 여호와의 말씀이 내가 너를 백성 중에서 들어 내 백성 이스라엘의 주권자가 되게 하고 / 나라를 다윗의 집에서 찢어 내어 네게 주었거늘 너는 내 종 다윗이 나의 명령

을 지켜 전심으로 나를 좇으며 나 보기에 정직한 일만 행하였음과 같

지 아니하고 / 너의 이전 사람들보다도 악을 행하고 가서 너를 위하여

다른 신을 만들며 우상을 부어 만들어 나의 노를 격발하고 나를 네 등

뒤에 버렸도다 / 그러므로 내가 여로보암의 집에 재앙을 내려 여로보

암에게 속한 사내는 이스라엘 가운데 매인 자나 놓인 자나 다 끊어 버

리되 거름을 쓸어버림 같이 여로보암의 집을 말갛게 쓸어버릴찌라 /

여로보암에게 속한 자가 성에서 죽은즉 개가 먹고 들에서 죽은즉 공중

의 새가 먹으리니 이는 여호와가 말하였음이니라 하셨나니

(왕상 14:7-11)

또 아히야는 여로보암의 아내가 성으로 복귀할 때 그 아
들이 죽을 것이라고 말했습니다. 그러나 이는 오히려 축복
이라고 전했습니다. 아픈 아이는 여로보암의 혈육 중 하나
님께 선한 마음을 품은 유일한 자식이므로, 그나마 왕손의
자격을 갖추어 조상들의 묘실에 들어갈 수 있도록 배려한
것이라고 했습니다. 뒤집어 말하면, 그 아이를 제외한 여로
보암의 핏줄은 아무도 묘실에 들지 못하고 비명횡사한다는
의미입니다.

오래지 않아 심판의 말씀은 현실이 되었습니다. 여로보
암이 죽자 그의 아들인 나답이 북이스라엘의 왕에 올랐습니

다. 하지만 그도 여로보암의 길에서 벗어나지 못했습니다. 결국 2년 만에 잇사갈 지파 출신 바아사 장군에게 살해당하고 말았습니다. 북이스라엘 제2왕조를 세운 바아사는 권좌에 오른 뒤 여로보암의 남은 후손을 남김없이 죽였습니다.

> 왕이 될 때에 여로보암의 온 집을 쳐서 생명 있는 자를 하나도 남기지 아니하고 다 멸하였는데, 여호와께서 그 종 실로 사람 아히야로 하신 말씀과 같이 되었으니 / 이는 여로보암이 범죄하고 또 이스라엘로 범하게 한 죄로 임함이며 또 저가 이스라엘 하나님 여호와의 노를 격동시킨 일을 인함이었더라
>
> (왕상 15:29-30)

은혜를 배신하고 인간적인 술수를 앞세운 여로보암의 집안은 패가망신했습니다. '말갛게 쓸린' 여로보암의 자손은 두 번 다시 역사에 등장하지 않습니다. 그 대신 '느밧의 아들, 여로보암의 길'이라는 불명예스러운 칭호만 남아 오늘날까지 저주를 받고 있습니다. 하나님을 경외하지 않고, 권력을 엉뚱한 데 사용한 헛똑똑이의 말로입니다.

2.

대중의 눈치를 보는 왕,

사울

—— 허상으로 가득 찬 이미지 정치

1960년 시카고 쿡 교도소에서 재소자들이 케네디와 닉슨의 TV토론을 지켜보는 장면
©alamy stock photo

1960년 9월 26일, 미국의 첫 대선 TV 토론은 두 남자의 운명을 바꾸었습니다. 아이젠하워 정부에서 부통령을 지낸 정치 거물 닉슨Richard Milhous Nixon, 1913~1994이 신예 케네디John F. Kennedy, 1917~1963에게 완패를 당했던 것입니다.

토론 주제와 내용은 새로울 게 없었습니다. 다만 수려한 외모를 가진 케네디가 젊고 산뜻한 이미지를 연출한 데 반하여, 닉슨은 그러지 못했습니다. 네 차례 치른 토론회 결과, 7천만 명에 달하는 유권자들이 닉슨에게서 등을 돌렸습니다. 아이러니하게도 토론을 라디오로 접한 사람은 대부분 닉슨의 손을 들어주었다고 합니다. 닉슨은 풍부한 행정 경험을 바탕으로 논리적인 화법을 구사했습니다. 그러나 굳은 표정과 딱딱한 인상 때문에 호감형 이미지를 구축하는 데 실패했습니다. 닉슨과 케네디의 TV 토론은 외양과 이미지가 대중 선거에서 핵심적 역할을 하게 된 신호탄이 됐습니다.

케네디는 스스로를 매혹적 캐릭터로 설정하고, 대중이 그 이미지를 소비하게 만들었습니다. 유권자를 팬(Fan)으로 만드는 것보다 효과적인 전략은 없습니다. 팬심만 확보하면 개인적 흠결은 더 이상 문제 되지 않습니다. 좋은 정책도 필요 없습니다. 묻거나 따지지 않고 맹목적으로 지지하기 때문입니다. 팬덤 정치의 등장은 민주주의가 중우(衆愚) 정치로 변질하는 분기점입니다.

　제도는 사회의 발전을 보장하지 못합니다. 민주주의를 이뤘다고 시민 의식이 저절로 성장하는 것도 아닙니다. 국민이 어리석으면 아무리 좋은 제도나 법령을 갖춰도 뒤떨어질 수밖에 없습니다. 완전한 제도는 존재하지 않습니다. 좋은 열매는 운용 주체인 사람에게 달렸습니다. 엉터리 같은 환경에서도 바른 길로 인도하는 지도자가 있고, 준수한 시스템을 갖췄지만 망국의 구렁텅이로 이끄는 지도자가 있습니다. 유권자가 현명한 선택을 하지 못하면 정체(政體)와 무관하게 사회는 퇴보합니다.

　케네디가 최초의 이미지 정치가는 아닙니다. 그럴싸한 연출로 대중을 사로잡는 이미지·여론 공작은 연원이 깊습니다. 유사 이래로 많은 권력자가 이런 방식으로 정치적 기반을 다지려 했습니다. 성경에도 그런 인물이 여럿 등장합니다. 대표적인 인물이 아버지 다윗의 왕위를 넘보던 압살롬입니다.

　압살롬은 대단한 미남이었습니다. 수려한 그의 외모를 보고 감탄하지 않는 사람이 없을 정도였습니다. 압살롬은 발바닥부터 정수리까지 흠이 없었고(삼하 14:25), 이백 세겔이나 되는 풍성한 머릿결을 가지고 있었습니다(삼하 14:26). 백성들이 자신에게 호감을 보이자, 압살롬도 적극적으로 그들의 마음을 사로잡기 위해 노력합니다.

압살롬은 성문 곁에 서서 왕에게 청원하러 오는 사람과 스스럼없이 대화를 나눴습니다. 그는 "누구든지 송사나 재판받을 일이 있어서 나를 찾아오면 정의를 베풀겠다"고 공언했습니다. 감동한 백성들이 압살롬에게 절을 하면, 껴안고 입을 맞추었습니다. 압살롬은 당당한 이미지를 연출하기 위해 항상 병거와 말을 대동하고, 오십 명의 호위병을 앞세웠습니다(삼하 15:1). 이렇게 뛰어난 수완으로 야금야금 민심을 공략했습니다. 성경은 압살롬의 행동을 평가하며 "백성의 마음을 훔쳤다"고 말합니다.

> 사람이 가까이 와서 그에게 절하려 하면 압살롬이 손을 펴서 그 사람을 붙들고 그에게 입을 맞추니 / 이스라엘 무리 중에 왕께 재판을 청하러 오는 자들마다 압살롬의 행함이 이와 같아서 이스라엘 사람의 마음을 압살롬이 훔치니라
>
> (삼하 15:5-6)

그러나 압살롬은 겉과 속이 다른 인물이었습니다. 그의 길거리 스킨십은 왕권을 빼앗기 위한 술책에 지나지 않았습

니다. 호시탐탐 기회를 엿보던 압살롬은 마침내 반역을 일으켰습니다. 그동안 열심히 '밭갈이'를 해놓은 덕분에 따르는 백성도 꽤 많았습니다(삼하 15:12). 노쇠한 다윗은 황급히 예루살렘을 떠났습니다. 다행히 후새의 지략과 요압의 활약으로 반란이 진압됩니다. 노새를 타고 전쟁터에 나온 압살롬은 풍성한 머리카락이 상수리나무에 걸려 오도 가도 못하게 됐습니다. 다윗은 그를 살려주라 명하지만, 요압은 나무에 매달린 압살롬의 심장을 창으로 꿰뚫어 버립니다.

인류 역사에는 수많은 정치꾼이 등장합니다. 대부분 압살롬이 보여준 행태에서 크게 벗어나지 않습니다. 권력을 얻기 위해 자신을 포장하고, 꾸며낸 이미지로 권력을 얻으려 합니다. 그러나 본질이 받쳐주지 않으면 연출한 이미지는 오래가지 못합니다.

20세기 들어서는 라디오와 텔레비전, 인터넷 등 다양한 매스컴 수단이 등장했습니다. 이 때문에 광범한 여론 조작이 가능해졌습니다. 통신 기술의 발달은 정치적 프로파간다(Propagnada)가 빠르고 널리 퍼질 수 있게 만들었습니다. 조작이 가능한 영상 정보는 이미지의 허구성을 몇 단계 높였습니다. 인터넷은 여기서 한 단계 더 나아갑니다. '넷(Net)'은 말 그대로 그물입니다. 가짜뉴스와 혐오주의를 확산해 사람들의 정서와 판단을 혼탁하게 만들었습니다.

지난 세기에는 거의 모든 역사 현장에서 이미지 공작이 횡행했습니다. 그중 백미는 단연 독일 제3제국(3rd Reich)의 선전 선동입니다.

히틀러^{Adolf Hitler, 1889~1945}는 나치의 폭력적이고 불안정한 이미지를 희석하기 위해 1933년 개최한 베를린 올림픽 대회를 적극 활용했습니다. 그는 10만 명이 운집할 수 있는 초대형 스타디움을 건설하고, 성대한 개막식을 열어 세계인의 이목을 집중시켰습니다. 올림픽 성화 봉송이 끝날 무렵에는 제1회 마라톤 경기 우승자인 스피리돈 루이스^{Spiridon Louis, 1873~1940}가 제우스 신전에서 가져온 올리브 가지를 히틀러에게 바치는 장면을 구현했습니다. 이처럼 교묘한 무대 장치를 통해 히틀러는 신격화된 이미지를 형성할 수 있었습니다.

천재 영화감독인 레니 리펜슈탈^{Leni Riefenstahl, 1902~2003}도 히틀러 우상화를 위한 나팔수 역할을 자처했습니다. 리펜슈탈은 영상 촬영 기법에 있어 기념비적 업적을 세운 뛰어난 감독입니다. 하지만 나치의 프로파간다에 적극적으로 참여한 과오가 있습니다. 그녀가 만든 다큐멘터리 〈의지의 승리〉(1935)는 뭉게구름 사이로 내려온 비행기에서 군중의 환호 속에 히틀러가 등장하는 장면으로 시작합니다. 신의 강림이자 현현(顯顯)으로 묘사하기 위한 연출이었습니다. 이 장면은 신화적 알레고리에 취약한 독일 국민의 민족 감성을 자극하면서, 최고의 선전 효과를 달성했습니다.

또 나치 지도부는 최첨단 매스컴 장비였던 라디오를 보급해 자신들의 이념을 독일인들에게 주입했습니다. 라디오는 시공간의 제약을 뛰어넘을 수 있는 혁신 기술이었습니다. 괴벨스는 의사전달이 일방적으로 이뤄지는 라디오를 '본질상 권위주의적'이라 인식했고, 라디오가 국민을 완전히 장악할 수 있게 해줄 것이라고 믿었습니다.[*]

그는 먼저 국민 수신기Volksempfänger로 명명한 라디오를 저렴한 가격에 보급했습니다. 그리고 프로그램 편성과 운영을 맡아 히틀러와 나치에 대한 홍보에 열을 올렸습니다.

나치는 패망했지만 여론 공작 기술은 발전을 거듭했습니다. 한 세대가 지나자, 시각 정보 중심의 텔레비전은 과거 라디오의 역할을 대신하게 됐습니다. 텔레비전은 이미지 연출을 위한 최적의 환경을 제공했습니다. 지금은 유튜브와 사회관계망서비스(Social Network Service)가 텔레비전의 역할을 이어받아 수행하고 있습니다.

***

[*] 랄프 게오르크 로이트, 《괴벨스, 대중 선동의 심리학(2006)》, 교양인, 418면

국민 수신기 ve301을 점검하고 있는 괴벨스의 모습 ©alamy stock Photo

이미지 정치는 대중의 눈을 미혹하는 수단입니다. 허구성 짙은 시뮬라크르(Simulacrum)를 형성해 군중심리를 파고듭니다. 현명한 개인도 집단으로 묶이면 어리석게 행동합니다. 남의 생각을 내 생각으로 대체하는 사고의 무능력 현상이 확산하기 때문입니다.

사람들은 스스로 생각하기 귀찮아합니다. 대부분의 일상을 패턴화된 습관과 무의식에 의존합니다. 최근에는 이러한 경향이 더 심해졌습니다. 사고능력의 퇴화는 극단적인 세력이 국민을 통제하기 쉽게 만들어 줍니다. 비판적 사고가 약화하면서 진짜와 가짜를 구분하는 분별력이 감퇴하기 때문입니다.

이와 함께 포스트모던 시대에 접어들며 사회의 최고 이념으로 자리하던 상위선(上位善)들이 대거 해체되었습니다. 성경적 가치관은 이제 낡은 이념으로 치부되어 설 자리를 잃고 있습니다. 그 틈바구니를 유물론 등 인본주의 철학과 파시즘, 공산주의와 같은 이데올로기가 채웠고, 무의식의 영역은 하위문화를 담당하던 대중문화가 장악했습니다. 지금도 많은 사람이 OTT 영화를 즐기고, 유튜브 숏츠(Shorts)를 보며 귀한 시간을 낭비합니다. 저질 농담이나 자극적인 영상으로 가득 찬 콘텐츠를 보며 낄낄대는 동안 영혼은 빈곤해지고, 마음은 음란과 시기 질투로 채워지고 있습니다. 지금 인터넷과 커뮤니티 게시판은 온통 이웃을 향한 증오와 저주의 말로 뒤덮여 있습니다.

사고가 천박해질수록 이미지 정치는 더 강한 힘을 얻습니다. 선동가들은 여론과 이미지 조작을 통해 대중을 지배할 수 있다고 믿습니다. 영화, 소설, 드라마 등 다양한 문화 콘텐츠에 자신들 입맛에 맞는 메시지를 심어놓고, 유리한 집단 정서를 형성하려 합니다. 블라디미르 레닌[Vladimir Lenin, 1870~1924]은 "우리에게 가장 중요한 예술은 영화"라고 말했습니다. 영상 이미지와 감성적 내러티브가 결합한 영화를 최적의 선동 도구로 본 것입니다. 이후 소련 정부는 영화산업을 국유화한 뒤, 영화를 체제 선전에 활용했습니다.

"개인은 생각할 수 있지만, 집단은 그렇지 못하다!"

20세기에 쏟아진 여러 정치 선전은 대부분 이러한 전제 위에서 이루어집니다. 민주 사회도 예외가 아닙니다. 지금 치러지는 각종 선거 캠페인은 온갖 심리학 기술을 바탕으로 정교하게 짜여집니다. 이미지 연출과 여론 조작을 통해 유권자를 포획하겠다는 생각이 기저에 깔려있기 때문입니다.

이미지 정치는 궁극적으로 권력자 스스로를 속이는 방향으로 나아갑니다. 처음에는 사람들을 기만하기 위해 거짓 이미지를 지어내지만, 나중에는 자신을 정말 그런 존재로 착각하기 시작합니다. 결국 많은 독재자가 스스로 만들어 낸 허상에 사로잡혀 자승자박의 길을 걷게 됩니다. 최종적으로 함정에 빠지는 것은 다름 아닌 권력자 자신입니다.

—— 모래 위에 쌓은 민심

백성의 마음은 신기루와 같습니다. 아무리 아첨하고 비위를 맞춰도 휘어잡기 어렵습니다. 군중심리의 가장 큰 특징은 신뢰할 수 없다는 점입니다. 이기적이고 거칠며, 변덕이 죽 끓듯 합니다. 근기(根基)가 약해 사소한 변화에도 쉽게 바뀝니다. 노예처럼 비굴하다가, 갑자기 폭군으로 돌변합니다. 세상에서 가장 믿을 수 없는 게 바로 사람의 마음입니다.

> 모든 사람의 결국은 일반이라 이것은 해 아래에서 행해지는 모든 일
>
> 중의 악한 것이니 곧 인생의 마음에는 악이 가득하여 그들의 평생에
>
> 미친 마음을 품고 있다가 후에는 죽은 자들에게로 돌아가는 것이라
>
> (전 9:3)

이탈리아의 독재자이자 무신론자였던 베니토 무솔리니Benito Mussolini, 1883~1945는 패전을 코앞에 둔 1945년 4월 28일 국외 탈출을 시도합니다. 그러나 이탈리아 북부 메나지오 인근에서 반정부 게릴라들에게 체포되었습니다. 총살당한 그의 시신은 정부(情婦) 클라라 페타치와 함께 밀라노의 피아잘레 로레토 광장에 거꾸로 매달렸습니다. 무솔리니 시신

은 형체를 알아볼 수 없을 정도로 훼손됐습니다. 사람들은 무솔리니 시체에 침을 뱉고 돌을 던졌으며, 때로는 총을 쏘기도 했습니다. 시신이 부패해 악취를 풍길 때까지 그의 육체는 모욕을 당했습니다. 무솔리니의 끔찍한 최후를 들은 히틀러는 자살 직전에 자신의 시신을 소각해 줄 것을 부하들에게 부탁합니다.

살아생전 온갖 기행을 일삼았던 루마니아의 독재자 니콜라에 차우셰스쿠^{Nicolae Ceausescu, 1918~1989}도 끔찍한 최후를 맞았습니다. 1989년 실각한 차우셰스쿠는 시골 마을에서 붙잡

혀 90발이 넘는 총탄 세례를 받고 죽었습니다. 그리고 아무렇게나 매장되었습니다. 차우셰스쿠는 집권 기간 북한의 김일성 정권과 친밀한 관계를 유지했습니다. 중계방송을 통해 차우셰스쿠의 처참한 최후를 목격한 김일성 일가는 겁을 잔뜩 집어먹고 더 폐쇄적으로 변해갔습니다. 하지만 그 핏줄들도 하나님의 엄중한 심판을 피하기 어려워 보입니다.

리비아의 독재자 무아마르 가다피[Muammar Gaddafi, 1942~2011]는 권력을 잃은 뒤 이곳저곳 도망을 다니다 성난 군중에게 몰매를 맞고 죽었습니다. 일부는 가다피에게 성고문을 가했으며, 그의 시신은 정육점 냉동창고에 죽은 개처럼 전시되었습니다.

플루타르코스 영웅전에는 그리스 아테네의 정치가인 테미스토클레스[B.C. 528~B.C. 462]년의 이야기가 나옵니다. 평민 출신인 테미스토클레스는 어린 시절 정치가를 꿈꾸며 웅변과 무예를 익혔습니다. 그런 아들을 바라보던 아버지는 어느 날 테미스토클레스를 바닷가로 데려갔습니다. 그리고 버려진 배 한 척을 가리키며 말했습니다.

> "사람들은 자기들이 필요할 땐 정치가를 이용한다. 하지만 필요가 없어지면 버린다. 결국 저기 버려진 낡은 배처럼 되는 것이다."

하지만 테미스토클레스는 아버지의 충고를 받아들이지 않았습니다. 그는 정치가가 되어 34살에 집정관 자리에 올랐습니다. 테미스토클레스는 바다 건너편에 자리한 대제국 페르시아를 항상 경계했습니다. 우려는 현실이 됐습니다. 페르시아의 다리우스 1세가 B.C. 490년 그리스를 침공한 것입니다. 대군을 이끌고 쳐들어온 페르시아는 즉각 굴복할 것을 요구했습니다. 그러나 아테네는 스파르타와 동맹을 맺고 페르시아에 맞섰습니다. 테미스토클레스도 지휘관으로 참여한 가운데, 아테네는 마라톤 전투에서 페르시아를 격퇴했습니다.

아테네 시민들은 환호했습니다. 하지만 테미스토클레스는 페르시아가 다시 쳐들어올 것이며, 두 번째 전투는 바다에서 치러질 것이라고 예견했습니다. 그는 라우레이온 광산에서 얻은 수익을 군선 건조에 쏟아부으며 2차 침공에 대비했습니다. 덕분에 아테네는 200척의 군선을 보유한 막강한 해군을 갖추게 됐습니다.

B.C. 480년 페르시아의 크세르크세스 황제는 또다시 그리스를 침략해 왔습니다. 페르시아는 테미스토클레스의 예상대로 수많은 전함을 이끌고 쳐들어왔습니다. 그는 아테네 시민들을 다른 지역에 피신시킨 다음, 페르시아 함대를 비

좁은 살라미스 해역으로 유인합니다. 흥분한 페르시아 함대가 좁은 수로에 몰려들자, 그는 전선을 부딪히는 충각전법을 사용해 적선들을 격파했습니다. 이것이 세계 3대 해전으로 손꼽히는 '살라미스 해전'입니다.

두 번의 큰 위기에서 나라를 구한 테미스토클레스는 일약 구세주로 떠올랐습니다. 하지만 시간이 흐르자 인기는 점차 시들어갔습니다. 정적들은 힘 빠진 테미스토클레스를 끊임없이 모함했고, 마침내 실각시키는 데 성공합니다.

한때 영웅으로 추앙받던 테미스토클레스는 B.C. 472년 고국에서 추방당한 뒤, 적국이었던 페르시아에 몸을 의탁합니다. 플루타르코스 영웅전에 의하면 크세르크세스의 아들인 아르타크세르크세스는 테미스토클레스를 융숭히 대접했다고 합니다. 하지만 얼마 뒤 고국인 아테네를 정벌하는 데 앞장설 것을 명합니다. 차마 조국을 배신할 수 없었던 테미스토클레스는 독약을 마시고 스스로 목숨을 끊었습니다.* 그의 아버지 말대로 사람들에게 버림받고 비참하게 생을 마감한 것입니다.

이처럼 민심은 모래 위에 쌓은 사상누각(沙上樓閣)에 불과합니다. 대중의 눈치를 보며 그들의 입맛에 맞게 행동해도,

---

*   자연사했다는 견해도 있다.

언젠가는 무너집니다. 지도자는 부질없는 군중의 욕망이 아닌, 영존하는 하나님 말씀을 붙들어야 합니다.

> 천지는 없어지려니와 주는 영존하시겠고 그것들은 다 옷 같이 낡으리니 의복 같이 바꾸시면 바뀌려니와 / 주는 한결같으시고 주의 연대는 무궁하리이다 / 주의 종들의 자손은 항상 안전히 거주하고 그의 후손은 주 앞에 굳게 서리이다 하였도다
>
> (시 102:26-28)

이스라엘의 역사에서도 하나님이 아닌 군중을 의지하는 실수를 저지른 지도자가 등장합니다. 바로 이스라엘 최초의 왕이었던 기스의 아들, 사울(שָׁאוּל)이 그 주인공입니다.

너 희 가 택 한 왕 을 보 라

── 하나님 대신 왕정을 선택한 백성

원래 이스라엘에는 왕이 필요 없었습니다. 하나님이 직접
다스리시기 때문에 믿음만 올곧게 유지하면 아무런 문제가
없었습니다. 외적이 침입해 와도 그때마다 하나님은 사사를
세워 이스라엘을 구원해 주셨습니다. 이는 어느 민족도 누
리지 못했던 축복입니다.

왕은 백성 위에 군림하고 통제하는 존재입니다. 왕정이
들어서면 개인의 자유와 권리는 줄어들 수밖에 없습니다.
모진 왕이 등극해 가렴주구와 학정을 펼칠 우려도 있습니
다. 그러나 이스라엘 백성은 하나님을 버리고 눈에 보이는
왕을 원했습니다(삼상 10:19). 블레셋을 비롯한 이방 민족의
왕들을 부러워했기 때문입니다. 백성 대표들은 사무엘을 찾
아와 집요하게 왕을 세워달라고 요구했습니다.

이스라엘 모든 장로가 모여 라마에 있는 사무엘에게 나아가서 / 그에게 이르되 보소서 당신은 늙고 당신의 아들들은 당신의 행위를 따르지 아니하니 열방과 같이 우리에게 왕을 세워 우리를 다스리게 하소서 한지라

(삼상 8:4-5)

하나님은 사무엘을 통해 왕정의 부작용을 경고합니다. 왕이 자식을 데려다 군인으로 삼고, 왕을 위한 사역에 백성을 동원할 것이며, 세금을 걷어 자기 신하들에게 나눠주고, 백성을 종으로 삼을 것이라고 말씀하셨습니다(삼상 8:9-18).

그러나 이스라엘 민중은 귀를 막고 듣지 않았습니다. 인간은 늘 어리석은 선택을 고집합니다. 사무엘의 경고에도 장로들은 왕을 달라고 생떼를 부렸습니다. 왕정을 고집하는 이들의 마음에는 하나님을 신뢰하지 못하는 불신앙이 깊이 자리하고 있었습니다.

여호와께서 사무엘에게 이르시되 백성이 네게 한 말을 다 들으라 이는 그들이 너를 버림이 아니요 나를 버려 자기들의 왕이 되지 못하게 함이니라

(삼상 8:7)

끈질긴 요구 끝에 이스라엘은 드디어 왕을 갖게 됐습니다. 그렇게 등장한 사울 왕은 본질적으로 백성들이 선택한 존재입니다. 사무엘은 냉소적인 태도로 "하나님을 포기하고 너희가 택한 왕을 보라"고 말했습니다.

> 너희의 하나님 여호와께서는 너희 왕이 되심에도 불구하고 너희가 내게 이르기를 아니라 우리를 다스릴 왕이 있어야 하겠다 하였도다 / 이제 너희가 구한 왕, 너희가 택한 왕을 보라 여호와께서 너희 위에 왕을 세우셨느니라
>
> {삼상 12:12(하반절)-13}

외적인 조건만 놓고 볼 때, 사울은 백성들의 마음에 쏙 들었습니다. 무엇보다 외모가 준수하고 번듯했습니다(삼상 9:2). '준수하다'로 번역된 단어는 히브리어로 '바후르 와토브(bahur wa-tob)'입니다. 단순히 잘생겼다는 의미를 넘어 전체적으로 빼어난 상태를 말합니다. 이스라엘 백성은 외적과의 전쟁에서 앞장서서 싸울 '전사 왕' 같은 리더를 원했습니다(삼상 8:20). 사울은 그 조건에 딱 들어맞았습니다.

키가 크고 인물이 준수하며, 능력 있는 사울이 모습을 드러냈을 때 군중은 환호했습니다. 자신들의 생각에 부합했

기 때문입니다. 하지만 사울의 즉위에는 석연치 않은 구석이 있었습니다. 이스라엘 왕권에 관한 말씀과 맞지 않았던 것입니다. 야곱의 예언에 따르면 이스라엘의 왕권은 베냐민 지파가 아니라 유다 지파에서 나오게 되어있습니다.

> 규(圭)가 유다를 떠나지 아니하며 통치자의 지팡이가 그 발 사이에서 떠나지 아니하기를 실로가 오시기까지 이르리니 그에게 모든 백성이 복종하리로다
>
> (창 49:10)

규는 왕권을 상징하는 홀(忽)을 뜻합니다. 야곱의 예언은 유다 지파에서 이스라엘 주권자가 나온다는 사실을 가리키고 있습니다.

유다는 원래 장자가 아닙니다. 하지만 아버지 첩과 간통한 첫째 르우벤과 세겜에서 잔혹성을 드러낸 둘째 시므온 및 셋째 레위의 혈통은 메시아 계보에서 축출되었습니다. 하나님은 거룩하신 분이기 때문에 죄가 있는 곳에는 그분의 뜻이 임하지 않습니다.

반면 넷째 아들 유다는 이집트 총리가 된 요셉 앞에서 형제를 대표해 진실하게 회개하는 모범을 보였습니다. 그리고

동생을 대신해 인질을 자처했습니다. 책임지는 사람이 곧 리더입니다. 유다 지파는 그렇게 하나님께 인정받았고, 훗날 메시아를 낳을 가문을 일으켜 세울 수 있었습니다. 왕권을 품은 유다 지파의 위상은 모세의 예언에 의해 다시 한번 굳어집니다.

> 유다에 대한 축복은 이러하니라 일렀으되 여호와여 유다의 음성을 들으시고 그의 백성에게로 인도하시오며 그의 손으로 자기를 위하여 싸우게 하시고 주께서 도우사 그가 그 대적을 치게 하시기를 원하나이다
>
> (신 33:7)

따라서 하나님 말씀을 들었다면 베냐민 지파 출신 사울이 왕이 된 것을 의아하게 여겼을 것입니다. 베냐민 지파에 대한 야곱의 예언은 왕권과 전혀 무관했기 때문입니다.

> 베냐민은 물어뜯는 이리라 아침에는 빼앗은 것을 먹고 저녁에는 움킨 것을 나누리로다
>
> (창 49:27)

하지만 사울의 겉모습에 마음을 빼앗긴 백성들은 예언의

말씀을 신경 쓰지 않았습니다. 의문을 제기하는 사람도 없었습니다. 모습을 드러낸 사울이 마음에 그리던 왕의 이미지와 일치했기 때문입니다. 현대 사회의 선거에서도 외모가 중요합니다. 하나님은 중심을 보시지만, 사람은 겉모습을 봅니다.

> 내가 보는 것은 사람과 같지 아니하니 사람은 외모를 보거니와 나 여호와는 중심을 보느니라 하시더라
>
> (삼상 16:7 하반절)

처음 사울은 제법 훌륭한 리더십을 보여주었습니다. 자신을 비방하던 무리에게 관대함을 베풀었고(삼상 10:27), 하나님의 영에 감동해 암몬을 크게 무찔렀습니다(삼상 11:6). 승리 후 길갈에서 사무엘과 함께 화목제를 드릴 때는 온 백성이 크게 기뻐했습니다. 그러나 멋진 모습은 여기까지입니다. 이후 사울은 대중의 눈치를 심하게 보기 시작합니다. 그러면서 서서히 몰락을 자초했습니다. 모래알 같은 군중 위에 왕권을 세우려 했기 때문입니다.

사울의 불순종 이면에는 권력 기반에 관한 잘못된 시각이 있었습니다. 사울은 만유의 주재이며 진실한 주권자인

하나님께 순종하지 않았습니다. 그 대신 변덕스럽고 이기적인 민중을 좇았습니다. 망국의 포퓰리즘은 대중에게 사랑과 찬사를 받겠다는 마음에서 싹트기 시작합니다. 수많은 사람이 가진 'n개의 마음'은 절대 하나로 합쳐지지 않습니다. 모든 사람에게 사랑받는 것은 불가능합니다. 좋은 지도자는 정치적 비판을 감수하고서라도 정의와 공의를 행하며, 나라를 옳은 길로 인도하는 사람입니다.

> 능력 있는 왕은 정의를 사랑하느니라 주께서 공의를 견고하게 세우시고 주께서 야곱에게 정의와 공의를 행하시나이다
>
> (시 99:4)

안타깝게도 사울은 반석과 같은 말씀을 버리고 신기루와 같은 군중을 좇기 시작했습니다. 옳고 그름에 대한 분별보다는, 백성들의 욕망에 따라 어리석은 행동을 거듭했습니다. 그리고 하나님께 철저하게 버림받았습니다.

—— 순종이 제사보다 나으니

즉위 2년 후 사울은 숙적 블레셋과 일전을 치르게 됐습니다. 사울의 아들 요나단이 게바에 주둔한 블레셋 수비대를 향해 선제공격을 펼치자, 블레셋도 병거 3만, 마병 6천을 동원해 믹마스에 진용을 꾸렸습니다.

블레셋 군대의 엄청난 위용을 보게 된 이스라엘 백성은 입을 다물지 못했습니다. 이스라엘은 병거와 마병은 고사하고, 아직 철로 만든 무기조차 없었기 때문입니다(삼상 13:22). 자신들보다 몇 세대 앞선 군대를 목격하자 간담이 서늘해졌습니다. 영적 지도자인 사무엘이 길갈로 와서 함께 번제를 드리기로 했지만, 그는 이레가 지나도록 모습을 드러내지 않았습니다. 공포에 사로잡힌 백성들은 눈치를 보다 하나둘 흩어지기 시작했습니다.

> 이스라엘 사람들이 위급함을 보고 절박하여 굴과 수풀과 바위틈과 은밀한 곳과 웅덩이에 숨으며
>
> (삼상 13:6)

다급해진 사울은 사무엘을 기다리지 않고 홀로 번제를

드렸습니다. 그나마 남은 무리마저 다 떠나갈까 두려웠기 때문입니다. 하나님의 때를 기다리지 않고 인간적인 마음으로 불순종을 저지른 이 사건은 사울의 결정적 실수 중 하나입니다. 뒤늦게 나타난 사무엘은 "왕이 망령되이 행동했다"며 사울을 크게 책망했습니다.

> 사무엘이 사울에게 이르되 왕이 망령되이 행동하였도다 왕이 왕의 하나님 여호와께서 왕에게 내리신 명령을 지키지 아니하였도다 그리하였더라면 여호와께서 이스라엘 위에 왕의 나라를 영원히 세우셨을 것이거늘 / 지금은 왕의 나라가 길지 못할 것이라 여호와께서 왕에게 명령하신 바를 왕이 지키지 아니하였으므로 여호와께서 그의 마음에 맞는 사람을 구하여 여호와께서 그를 그의 백성의 지도자로 삼으셨느니라 하고
>
> (삼상 13:13-14)

하나님은 자기 생각을 덧붙이지 않고 묵묵히 말씀을 따르는 사람을 기뻐하십니다. 청지기의 최고 덕목은 순종입니다. 순종이 제사보다 낫고, 말씀을 듣는 것이 숫양의 기름보다 낫습니다(삼상 15:22). 순종하면 살고, 불순종하면 죽습니다(욥 36:11-12). 하나님 뜻을 구하지 않고, 자기 의와 판단대

로 행동하면 반드시 망하게 됩니다.

사울은 순종하지 않는 지도자였습니다. 성경은 사울에 관하여 반복적으로 불순종의 문제를 지적하고 있습니다(삼상 15:22, 28:18). 그는 사람들의 목소리를 하나님 명령보다 우위에 두었고, 상황에 따라 말씀을 유리하게 변통하여 주관적으로 적용했습니다. 있는 그대로의 순종이 아닌, 자신을 위한 인본주의적 신앙을 보여주었습니다.

아말렉과의 전투에서도 사울은 백성 눈치를 보며 하나님 명령을 제대로 준행하지 않았습니다. 심지어 자신의 실수를 덮기 위해 거짓말까지 하였습니다. 하나님은 사울이 출정하기 전에 "아말렉을 남김없이 진멸하라"고 말씀하셨습니다.

> 만군의 여호와께서 이같이 말씀하시기를 아말렉이 이스라엘에게 행한 일 곧 애굽에서 나올 때에 길에서 대적한 일로 내가 그들을 벌하노니 / 지금 가서 아말렉을 쳐서 그들의 모든 소유를 남기지 말고 진멸하되 남녀와 소아와 젖 먹는 아이와 우양과 낙타와 나귀를 죽이라 하셨나이다 하니
>
> (삼상 15:2-3)

이에 사울은 보병 20만 명을 이끌고 나가 아말렉 족속을

쳐부수고 그들의 왕 아각을 사로잡았습니다. 여기까지는 나쁘지 않습니다. 하지만 "모든 소유를 남김없이 진멸하라"는 말씀은 따르지 않았습니다. 그는 가장 좋은 소와 양은 몰래 남겨놓고, 가치가 떨어지고 질 낮은 가축만 죽였습니다. 아각도 죽이지 않고 살려두었습니다. 그럼에도 여호와의 말씀을 정확히 이행했다며 큰소리쳤습니다.

격노한 사무엘이 사울의 불순종을 지적하자 "여호와께 제사 드리기 위해 좋은 것을 남겨놓았다"라는 변명을 늘어놓았습니다. 하나님 이름을 팔아 죄를 감추려 한 것입니다. 그러자 사울에게 심판의 말씀이 선포됐습니다.

> 사무엘이 가로되 여호와께서 번제와 다른 제사를 그 목소리 순종하는 것을 좋아하심 같이 좋아하시겠나이까 순종이 제사보다 낫고 듣는 것이 숫양의 기름보다 나으니 / 이는 거역하는 것은 사술의 죄와 같고 완고한 것은 사신 우상에게 절하는 죄와 같음이라 왕이 여호와의 말씀을 버렸으므로 여호와께서도 왕을 버려 왕이 되지 못하게 하셨나이다
>
> (삼상 15:22-23)

하나님은 백성 눈치만 보며 불순종을 거듭하던 사울을 버리셨습니다. 사울은 군중의 비위나 맞추며 적당히 순종을

흉내내는 것을 합리적 태도로 여겼습니다.

하나님이 바라시는 것은 온전한 순종입니다. 믿음을 가진 지도자들은 명심해야 합니다. 오늘날 예수를 믿는 정치인이 '부처님 오신 날'에 절에 가지 않으면, 온갖 무리들이 "종교 편향이다", "기독교 광신도다"라는 비난을 퍼붓습니다. 그리고 그가 우상 앞에 머리를 숙이는지, 숙이지 않는지 눈에 불을 켜고 지켜봅니다. 어느 순간부터 석가탄신일은 크리스천 정치인을 시험하는 '십자가 밟기'로 활용되고 있습니다.

우리나라 헌법은 종교의 자유를 보장합니다. 정치인이라고 개인의 신앙을 굽혀야 할 이유는 없습니다. 성탄절에 교회를 찾지 않는다고 비난당하는 정치인은 본 적이 없습니다. 여론이 유독 그리스도인에게 엄격한 이유는 배후에 마귀의 세력이 자리하기 때문입니다. 아무리 강한 비난이 쏟아져도 "개인 신앙을 존중해 달라"라고 당당하게 처신하면 그만입니다. 만일 믿음을 지키다 자리를 잃게 되면 그 또한 큰 영광입니다. 하나님께서 더 큰 복으로 갚아주십니다(마 5:11). 사도들은 예수의 이름으로 핍박을 당하는 것은 기쁨으로 여겼습니다.

그들이 옳게 여겨 사도들을 불러들여 채찍질하며 예수의 이름으로 말

하는 것을 금하고 놓으니 / 사도들은 그 이름을 위하여 능욕 받는 일에
합당한 자로 여기심을 기뻐하면서 공회 앞을 떠나니라

(행 5:40-41)

하지만 대부분 여론의 압박에 굴복합니다. 세인들의 비판
을 두려워하기 때문입니다. 백성들이 무서워 소와 양을 남
겨놓은 사울 같은 모습입니다. 그들은 부랴부랴 목석으로
만든 우상 앞에 두 손을 모으고 합장하며 하나님께 큰 실망
을 안겨드립니다. 안타깝게도 그들이 말씀을 저버리면, 하나
님께서도 그들을 버리십니다(삼상 15:23).

자리를 잃더라도 절대 포기할 수 없는 가치가 있습니다.
바로 신앙입니다. 하나님 외에 다른 신은 존재하지 않습니
다(신 4:35). 독생자 예수 그리스도 외에는 구원을 받을 다른
길이 없습니다(행 4:12). 따라서 마음을 다하고, 뜻을 다하고,
힘을 다하여 하나님 여호와를 사랑해야 합니다(신 6:5). 복음
은 타협의 대상이 아닙니다. 어떠한 대가를 치르더라도 반
드시 지켜야 하는 생명보다 귀한 가치입니다.

사무엘이 진노하자 사울은 뒤늦게 속내를 털어놓았습니
다. 사울은 "백성들이 두려웠다"고 고백했습니다. 그래서 하
나님 명령을 어기고 백성들 말을 따랐다고 했습니다.

> 사울이 사무엘에게 이르되 내가 범죄하였나이다 내가 여호와의 명령
> 과 당신의 말씀을 어긴 것은 내가 백성을 두려워하여 그들의 말을 청
> 종하였음이니이다
>
> (삼상 15:24)

실수를 자인한 뒤에도 사울은 비겁한 태도를 바꾸지 않았습니다. 잘못이 드러났지만, 진심 어린 회개를 하지 않았습니다. 그 대신 백성들 앞에서 자신의 체면을 세워주기 바랐습니다. 이와 중에 정치인으로서의 이미지와 명분만 챙기려 했습니다. 사울은 하나님께 버림받는 것을 두려워하지 않았습니다. 그 대신 백성들이 자기를 버릴까 봐 무서워했습니다. 그에게 하나님은 정치적 액세서리에 지나지 않았습니다.

> 사울이 이르되 내가 범죄하였을지라도 이제 청하옵나니 내 백성의 장
> 로들 앞과 이스라엘 앞에서 나를 높이사 나와 함께 돌아가서 내가 당
> 신의 하나님 여호와께 경배하게 하소서 하더라
>
> (삼상 15:30)

자신이 바라봐야 할 대상이 누구인지 정확하게 알지 못

했던 왕, 사울의 최후는 비참합니다. 하나님께 절연(絶緣) 당한 사울은 불안한 나날을 보냈습니다. 그가 의지했던 백성은 위기를 극복하는 데 아무 도움이 되지 않았습니다. 이후 악령에 시달리며 실정을 거듭하다 블레셋과의 전투에서 패배한 뒤 자결하고 말았습니다. 사울의 시체는 머리가 잘린 채 성벽에 못 박혔고, 그의 가문은 영원히 재기하지 못했습니다.

그 이튿날 블레셋 사람들이 죽은 자를 벗기러 왔다가 사울과 그의 세 아들이 길보아 산에서 죽은 것을 보고 / 사울의 머리를 베고 그의 갑옷을 벗기고 자기들의 신당과 백성에게 알리기 위하여 그것을 블레셋 사람들의 땅 사방에 보내고 / 그의 갑옷은 아스다롯의 집에 두고 그의 시체는 벳산 성벽에 못 박으매

(삼상 31:8-10)

—— 무속의 정체

    샤머니즘(Shamanism)의 개념은 시베리아와 만주-통구스 지역의 원시 신앙을 연구하면서 정립되었습니다. 샤머니즘은 죽은 영혼 혹은 토착 신들과 소통하는 중개자를 중시한다는 점에서 일반적인 정령숭배와 차이가 있습니다. 고(古) 시베리아족과 동북아시아 민족에게 이러한 샤머니즘의 원형이 남아있습니다. 샤먼이라는 용어는 에베크족 언어로 '아는 자*'를 뜻하는 샴안(Sham'an)**에서 나왔습니다. 우리나라의 무속 신앙이나 일본의 신토(神道)도 이 같은 북방 샤머니즘의 한 갈래입니다.

---

*   혹은 '보는 자'.
** 샤먼 용어의 유래와 기원에 대해서는 이외에도 여러 가지 학설이 존재한다. 산스크리트어의 시라마나(Sramana), 팔리어의 사마나(samana), 페르시아어의 셰멘(shemen) 등.

시베리아 샤먼이 의식무를 추는 모습 ©alamy stock photo

신라의 초기 지도자들이 무왕(巫王)의 성격을 지녔다는 점을 볼 때, 샤머니즘은 그 뿌리가 매우 깊다고 볼 수 있습니다. 민속학에서는 무속을 한국 정신의 원형으로 이해하기도 합니다.

그러나 샤머니즘을 아시아 지역에 국한된 토속 신앙으로 바라볼 순 없습니다. 강령술과 접신을 통해 더러운 영을 매개하는 행위는 세계 곳곳에서 발견됩니다. 샤머니즘의 목적은 하나입니다. 사람의 마음을 지배해 마귀를 따르게 만드는 것입니다. 때때로 무당은 치료자나 상담자로 둔갑합니다. 하지만 본질은 영혼에 사슬과 족쇄를 채우는 마귀의 하수인에 불과합니다.

마귀는 하나님과 분리된 인간의 불안감을 잘 압니다. 섭리 안에서 우리는 자연계의 모든 것을 다스릴 권한이 있었습니다(창 2:19). 하지만 언약이 깨지자, 모든 게 무너졌습니다. 창조 질서는 훼손됐고, 자연은 적대적으로 변했습니다. 저주받은 땅과 맹수들, 추위와 굶주림이 생존을 위협했습니다.

하나님과 멀어진 인류는 줄곧 마귀의 타깃이 됐습니다. 이때부터 마귀는 인간을 속이고 겁주기 시작했습니다. 그리고 자신에게 굴종한 사람을 종으로 삼았습니다. 이것이 샤면, 즉 무당의 기원입니다. 숙주로 삼은 무당이 죽거나 쓸모가 없어지면, 마귀는 그 혈통이나 후계자에게 역할을 대물림시킵니다. 만일 거부할 경우 무병(巫病)을 앓게 하는 등 영적으로 괴롭혀서 도망가지 못하게 붙듭니다. 그리고 그 가족까지 위협합니다. 단란한 가정을 꾸리고 멀쩡한 직장을 다니던 사람이 어느 순간 다 버려두고 신내림을 받는 이유가 여기 있습니다.

엔돌의 신접한 여인도 이러한 무당 중 한 명이었습니다. '신접하다'의 히브리어는 오브(o'b)인데, 영을 부린다는 의미(Familiar Spirit)를 가지고 있습니다. 어원이 '가죽 병'에서 나온 것으로 보아 가죽 주머니 속의 귀신을 부르는 주술 행위와 연관이 있어 보입니다. 이러한 개념은 동서양을 막론하고 어디서든 찾아볼 수 있습니다. 알라딘의 요술램프에 들어있는 정령 지니와 중국 설화에 나오는 호리병 귀신도 같은 맥락입니다. 이 같은 초혼과 강령술은 동성애와 우상숭배만큼 하나님을 진노하게 하는 범죄입니다.

> 너희는 신접한 자와 박수를 믿지 말며 그들을 추종하여 스스로 더럽히지 말라 나는 너희 하나님 여호와니라
>
> (레 19:31)

접신한 자와 박수무당을 음란하게 따르는 자에게는 내가 진노하여 그를 그의 백성 중에서 끊으리니

(레 20:6)

그의 아들이나 딸을 불 가운데로 지나게 하는 자나 점쟁이나 길흉을 말하는 자나 요술하는 자나 무당이나 / 진언자나 신접자나 박수나 초혼자를 너희 가운데 용납하지 말라 / 이런 일을 행하는 모든 자를 여호와께서 가증히 여기시나니 이런 가증한 일로 말미암아 네 하나님 여호와께서 그들을 네 앞에서 쫓아내시느니라

(신 18:10-12)

—— 영적 기갈

사울은 무당을 만나기 전에 나라 안의 모든 박수(남자 무당)와 신접한 사람을 멸절하라는 명령을 내렸습니다(삼상 28:3). 그런데 정작 본인은 무녀를 찾아갔습니다. 이러한 모순을 이해하기 위해서는 당시 사울이 처한 상황을 살펴봐야 합니다.

사울은 하나님께 버림을 받은 후 심한 영적 기갈에 시달

렸습니다. 하나님은 사울의 모든 행동에 침묵으로 일관하셨습니다. 하나님의 외면은 죽음을 상징합니다. 사람은 떡으로만 사는 것이 아니라 여호와의 입에서 나오는 모든 말씀으로 살기 때문입니다(신 8:3). 여호와의 영이 떠나자 악령이 그자리를 차고 들어와 그를 번뇌하게 했습니다(삼상 16:14). 사울은 늘 괴로움과 번민에 시달려야 했습니다. 그리고 아무런 지혜와 능력도 얻을 수 없었습니다.

> 사울이 여호와께 묻자오되 여호와께서 꿈으로도, 우림으로도, 선지자로도 그에게 대답하지 아니하시므로
>
> (삼상 28:6)

인간의 육체는 물 없이 오래 버틸 수 없습니다. 영혼의 건강도 생명수와 같은 말씀 없이는 유지되지 못합니다. 현대인의 정신건강이 위태로운 지경에 이른 이유도 '영적 갈증' 때문입니다. 하나님을 부인하고 멀리하는 악한 문화가 확산하면서, 우리 세대는 바야흐로 '말씀의 결핍'에 시달리게 되었습니다. 말씀을 청종하지 않고 예배와 기도를 멀리하면 우리의 영혼과 선한 본성은 고사(枯死)를 당하게 됩니다. 결국 정욕과 악한 본능만 남아 이기적이고 강퍅하게 변합니

다. 서로 속이고, 질투하고, 증오하고, 빼앗고, 죽이는 일이
빈번하게 발생하게 되었습니다.

> 주 여호와의 말씀이니라 보라 날이 이를지라 내가 기근을 땅에 보내
> 리니 양식이 없어 주림이 아니며 물이 없어 갈함이 아니요 여호와의
> 말씀을 듣지 못한 기갈이라
>
> (암 8:11)

정신의학이나 심리학으로는 공허한 마음을 채울 수 없습
니다. 결국 사람들은 영적 허기를 달래기 위해 모조품을 찾
아다니게 됩니다. 대표적인 '짝퉁'이 인간이 만들어 낸 엉터
리 종교들과 샤머니즘, 인본주의 철학, 뉴에이지 영성 따위
입니다.

인간은 원래 하나님을 찬양하고, 그분과 교제하기 위해
창조되었습니다. 우리는 하나님의 형상대로 지음을 받았고
(창 1:27), 영원을 사모하는 마음을 부여받았습니다(전 3:11). 이
때문에 신앙이 있든 없든, 사람이라면 누구나 일정한 종교
심을 갖고 있습니다. 뜻밖의 성과를 얻거나, 고대하던 바가
이루어지면 어딘가에 감사하고 싶어집니다. 하나님께 감사
드리고자 하는 본연의 욕구가 발현된 것입니다. 따라서 감

사할 일이 생기면 마땅히 하나님을 높이고 그 이름을 송축해야 합니다.

그러나 하나님을 알지 못하면 엉뚱한 곳에 감사를 표하게 됩니다. 이들은 주로 죽은 조상이나 우상들에게 감사를 표합니다. 하지만 망자들과 나무와 돌을 깎아 만든 우상은 듣거나 말할 수 없습니다. 사람에게 영향을 미치거나 복을 줄 수도 없습니다. 이런 허탄한 존재에게 감사를 돌리면 하나님이 받으실 영광을 마귀가 가로채게 됩니다. 유다의 임금 중에도 엉터리 우상에게 감사를 드렸다가 몰락한 왕이 있습니다. 바로 유다의 아홉 번째 왕 아마샤입니다.

요아스의 뒤를 이어 왕위에 오른 아마샤는 온전하지는 않았지만, 그런대로 하나님께서 보시기에 정직하게 행동했습니다(대하 25:2). 그는 부왕을 죽인 신하들을 처단했지만, 그 자녀들까지 죽이지는 않았습니다. 아버지의 죄로 자식까지 죽이지 말라는 율법을 준수했기 때문입니다.

어느 날 에돔 족속과 전쟁을 치르게 되자, 그는 병력을 충원하기 위해 북이스라엘에서 용병 십만 명을 고용했습니다. 그런데 하나님의 사람이 찾아와 이스라엘 용병을 돌려보낼 것을 권합니다.

"왕이시여, 여호와께서는 그 용병들과 함께 하지 아니하시니 돌려보내소서. 하나님은 능히 돕기도 하시고, 패하게도 하십니다."

아마샤는 깊은 고민에 빠졌습니다. 이미 용병들에게 은 백 달란트를 주었기 때문에 아까운 마음이 들었습니다. 아마샤가 결단을 내리지 못하자, 하나님의 사람이 재차 하나님의 뜻을 전달했습니다.

"여호와께서는 백 달란트보다 능히 더 많은 것을 왕에게 주실 수 있습니다!"

이 말에 용기를 얻은 아마샤는 이스라엘 용병들을 돌려보냈습니다. 그리고 소금 골짜기에서 에돔을 크게 격파합니다. 그런데 엄청난 승리에 취한 나머지 아마샤는 황당한 짓을 저질렀습니다. 자신이 무찌른 에돔의 신상들을 가지고 돌아와 그것들에게 제사를 지낸 것입니다.

아마샤가 에돔 사람들을 죽이고 돌아올 때에 세일 자손의 신들을 가져와서 자기의 신으로 세우고 그것들 앞에 경배하여 분향한지라

(대하 25:14)

아마샤가 가져온 신상이 정확히 어떤 것인지는 알려져 있지 않습니다. 에돔은 역사 기록이 많지 않아 대부분 베일에 싸여있습니다. 다만 학자들은 코스(Qaws) 여신일 거라 추측합니다. 뿔 달린 여성으로 묘사되는 코스는 아테나와 비슷한 성격을 가진 전쟁의 여신입니다.

하나님을 의지해 대승을 거둔 아마샤는 마땅히 하나님께 감사와 찬양을 올렸어야 합니다. 그런데 자신이 무너뜨린 민족의 우상을 가지고 와서 그것에게 감사하고 경배를 드렸습니다. 어처구니없는 행동이 아닐 수 없습니다. 하나님은 곧바로 선지자를 보내 아마샤를 책망하셨습니다.

> "에돔 족속의 신들이 그들의 백성을 당신 손에서 구원하지 못했는데, 왕께서는 어찌하여 그따위 신들을 경배하십니까? 그들이 도대체 무얼 해줄 수 있다고 생각하신 겁니까?"

이 말을 들은 아마샤는 도리어 선지자에게 불같이 화를 내었습니다. 그리고 더 이상 입을 놀리지 말라고 겁박했습니다. 이에 선지자는 아마샤에게 뼈있는 일침을 가하고 바로 자리를 떴습니다.

> "왕이 이런 짓을 하고도 경고를 새겨듣지 않으니, 하나님이 당신을 멸망시키기로 작정하신 줄 알겠습니다."

이후 아마샤는 북이스라엘과 전투를 치르다 포로로 잡히고 말았습니다. 북이스라엘은 예루살렘 성벽을 허물고 성전 안의 모든 은금과 왕궁 재물, 그리고 사람들을 볼모로 잡아갔습니다. 이후 아마샤는 유다로 돌아왔지만, 이번에는 예루살렘에서 반역이 일어났습니다. 그는 반란을 피해 라기스로 달아났습니다. 하지만 추격해 온 반란군 손에 죽임을 당했습니다. 아마샤가 비참한 최후를 맞은 이유는 승리를 주신 하나님을 찬양하지 않고, 엉뚱한 우상에게 감사를 표했기 때문입니다.

> 아마샤가 듣지 아니하였으니 이는 하나님께로 말미암은 것이라 그들이 에돔 신들에게 구하였으므로 그 대적의 손에 넘기려 하심이더라
>
> (대하 25:20)

이런 점에서 그리스도인은 놀라운 복을 누리고 있습니다. 마땅히 감사드려야 할 대상을 알고 있기 때문입니다. 하나님께 올리는 감사와 찬양은 땅에 떨어지지 않고, 하나님을 기쁘시게 합니다. 영적 갈증을 달래기 위해 엉터리 모조품을 구할 필요도 없습니다. 참된 구주이신 예수 그리스도께 영원한 생명의 떡과 생명수를 공급받기 때문입니다.

> 예수께서 이르시되 나는 생명의 떡이니 내게 오는 자는 결코 주리지 아니할 터이요 나를 믿는 자는 영원히 목마르지 아니하리라
>
> (요 6:35)

── 괴담 방송의 위험성

무속인들은 뭔가 '비밀스러운 것'을 말해줄 수 있다며 사람들을 유혹합니다. 그리고 얄팍한 재주를 피우며 기만합니다. 무당이 부리는 재주는 완벽한 거짓말이거나, 마귀의 장난에 불과합니다. 이들이 행하는 악한 주술은 이집트 요술사가 만들어 낸 뱀처럼 망측하고 허망합니다. 애초에 마귀는 인간을 위하는 마음이 전혀 없습니다. 문제를 해결할 능

력은 더더욱 없습니다. 단지 사람들을 속여 인생을 망가뜨리고 그 영혼을 삼키는 게 목적입니다.

> 근신하라 깨어라 너희 대적 마귀가 우는 사자 같이 두루 다니며 삼킬
> 자를 찾나니
>
> (벧전 5:8)

마귀는 세력을 넓히기 위해 사회 지도층과 저명인사를 포획합니다. 선거철이 되면 무당과 점집의 문지방이 닳아 없어질 지경입니다. 대통령과 국회의원이 되려는 사람들이 무당을 찾아가 그들의 말에 진지하게 귀를 기울입니다. 안타깝지만 우리 사회는 더러운 샤머니즘의 그늘에서 벗어나지 못했습니다. 최근엔 외려 그 힘이 강성해지고 있습니다.

지상파 채널과 유튜브 등 소셜미디어에서 큰 인기를 얻고 있는 괴담 토크쇼도 샤머니즘 문화를 확산하고 마귀의 영향력을 넓히는 수단으로 활용됩니다. 이런 프로그램은 시청자에게 제보받은 소재로 재연 영상을 만든 다음, 패널들이 대화를 주고받는 방식으로 구성됩니다. 그런데 대다수 소재가 무속과 연관이 있습니다. 방송에서 무당은 상황을 진단하고 문제를 해결하는 역할을 맡습니다.

무속 콘텐츠에 물든 시청자들은 영적 문제를 마주할 때마다 자연스레 무당을 찾아갑니다. 그곳에서 무당이 일러주는 대로 굿판을 벌이고, 부적과 비방을 쓰며 문제가 해결됐다고 좋아합니다. 이런 방식으로 마귀의 손에 놀아나게 됩니다. 마귀의 속임수에 넘어간 사람들은 무당이 신통력이 있다면서, 가족과 지인에게 추천하게 됩니다.

방송 패널들은 무속 장면이 나올 때마다 긍정적으로 묘사하며, 영적인 효험이 있다고 추어올리기 바쁩니다. 하지만 예수님에 관한 이야기는 절대로 나오지 않습니다. 괴담 방송에서 기독교는 금기시됩니다. 거론하지도 않고, 언급하지도 않습니다. 그 이유는 기독교가 유일하게 진리를 품고 있기 때문입니다. 사탄은 인간에게 정답을 알려줄 생각이 없습니다. 멸망의 길로 향하는 오답만 알려줘 영혼을 삼키려 합니다. 무속과 우상숭배가 주는 거짓 위로에 의존할수록 삶은 더 피폐해지고, 영혼은 지옥을 향하게 됩니다.

> 드라빔들은 허탄한 것을 말하며 복술자는 진실하지 않은 것을 보고 거짓 꿈을 말한즉 그 위로가 헛되므로 백성들이 양 같이 유리하며 목자가 없으므로 곤고를 당하나니
>
> (슥 10:2)

최근에는 젊은 무속인들이 뉴미디어를 통해 활동 반경을 넓히고 있습니다. 유튜브에는 무당과 박수들이 만든 콘텐츠로 넘쳐납니다. 신들린 상태에서 내담자에게 호통치는 장면이 여과 없이 송출되기도 합니다. 이들은 대선을 앞두고 누가 당선할지 점을 치기도 하고, 귀신에게 결과를 묻기도 합니다. 한 인기 연예인의 미래를 맞췄다는 무당의 영상은 수백만 회의 조회 수를 기록했습니다. 영상 댓글에는 상담 요청과 질의가 넘쳐납니다. 바야흐로 신기술을 이용한 21세기 샤머니즘의 부활이 아닐 수 없습니다. 5천 년 넘게 우리 민족을 착취하고 괴롭히던 악한 영들의 권세가 다시 강해지고 있습니다. 국운이 쇠하고 있다는 증거입니다.

마귀와 무속은 서로 끈끈하게 결속되어 있습니다. 귀신을 달래기 위해 굿판을 벌이는 행위는 악한 세력의 힘을 더 높여줄 뿐입니다. 얼핏 보면 무당이 귀신을 쫓아내는 것처럼 보입니다. 하지만 이는 속임수입니다. 약장수와 바람잡이가 관중의 시선을 끌어모으기 위해 거짓 연기를 하는 것처럼, 사람들로 하여금 무속을 믿게 해 더 많은 영혼을 끌어오기 위한 수작입니다.

만일 무당이 "올해 교통사고가 난다"고 예언하면 마귀는 무당을 찾아온 사람에게 들러붙어 실제로 교통사고가 나게 만들 것입니다. 당하는 사람은 마치 무당에게 신통력이 있는 것처럼 느끼게 됩니다. 이런 방식으로 마귀와 무당은 서로 짜고 치며 사람들을 속박합니다.

> 만일 사탄이 사탄을 쫓아내면 스스로 분쟁하는 것이니 그리하고야 어떻게 그의 나라가 서겠느냐
>
> (마 12:26)

한 번 마귀의 손아귀에 빠지면 헤어 나오기 어렵습니다. 호기심으로라도 무속에 관심을 두지 않아야 합니다. 사탄의 악한 영향력으로부터 해방될 수 있는 유일한 길은 예수 그리스도의 이름뿐입니다.

샤머니즘과 이방 종교, 유물론, 진화론 등 땅의 이념들은 하나같이 기독교를 표적으로 삼고 있습니다. 서로 이질적인 사상들이 복음에 대해서만큼은 혼연일체가 되어 공격합니다. 이들이 교회를 공격하는 이유는 예수님이 유일한 진리이자 탈출구이기 때문입니다. 마귀의 목적은 예수 그리스도로 향하는 영적 교량을 파괴하는 것입니다. 사탄은 구원 사역을 훼방하기 위해서라면 무속이든 과학이든, 수단과 방법을 가리지 않습니다. 식자연하는 지식인은 과학과 철학으로,

우매한 사람은 무속과 우상숭배라는 올무를 써서 엮으려 합니다.

여호와 하나님은 질투하는 하나님이십니다(출 20:5, 신 5:9). 마귀를 좇아 복술가를 찾아가거나 무속에 참예하면, 하나님의 맹렬한 진노를 사게 됩니다. 성경은 '무당을 찾아간 사실'을 사울이 끔찍한 죽음을 맞은 이유 중 하나로 지목하고 있습니다. 사울은 답을 얻기 위해 무녀를 찾았습니다. 하지만 안식을 얻지 못했고, 운명을 바꾸지도 못했습니다. 오히려 하나님의 화만 북돋워 죽게 되었습니다.

> 사울이 죽은 것은 여호와께 범죄하였기 때문이라 그가 여호와의 말씀을 지키지 아니하고 또 신접한 자에게 가르치기를 청하고 / 여호와께 묻지 아니하였으므로 여호와께서 그를 죽이시고 그 나라를 이새의 아들 다윗에게 넘겨주셨더라
>
> (대상 10:13-14)

—— 맥베스의 세 마녀

셰익스피어의 희곡 맥베스(Macbeth)는 마귀의 교활한 수
법을 잘 묘사하고 있습니다. 스코틀랜드 왕 덩컨의 충성스
러운 신하이자 글로미스 영주인 맥베스는 황야의 세 마녀
에게 자신이 왕이 될 것이라는 예언을 듣습니다. 마녀의 말
을 듣고 야심이 생긴 맥베스는 주군인 덩컨을 죽이고 왕좌
를 차지합니다. 하지만 죄책감을 이기지 못해 광폭하고 예
민한 성격으로 바뀝니다. 공범인 맥베스의 아내도 정신착
란을 일으켜 세상을 떠나게 됩니다. 이후 덩컨의 아들이 빼
앗긴 왕권을 되찾기 위해 군사를 일으키자, 맥베스는 다시
마녀를 찾았습니다. 마녀들은 "여자의 몸에서 나온 자에게
는 절대 쓰러지지 않는다"는 모호한 말을 남겼습니다. 모호
함 뒤에는 거짓이 숨겨져 있기 마련입니다. 마녀의 예언을
자신의 승리로 해석한 맥베스는 제왕절개로 태어난 맥더프

(Macdough)의 손에 죽음을 맞습니다.

무당이 해줄 수 있는 일은 '맥베스의 세 마녀' 수준을 넘지 못합니다. 처음에는 민중을 위로하는 척 가면을 쓰고 접근합니다. 그러나 본래 목적은 사람의 몸과 영혼을 잠식하는 데 있습니다. 무당에게 빙의된 영은 돌아가신 부모나 조상의 혼령이 아닙니다. 사람은 죽으면 더 이상 이승을 떠돌 수 없습니다.

한 번 죽는 것은 사람에게 정해진 것이요 그 후에는 심판이 있으리니
(히 9:27)

무당을 조종하는 귀신의 정체는 하나님께 반역한 타락천사, 즉 마귀들입니다. 죽은 혼령의 모습을 흉내 낸다고 속으면 안 됩니다. 거짓 술수에 능한 마귀가 죽은 사람의 영혼이 돌아온 것처럼 속이는 것입니다. 같은 맥락에서 무당이 과거의 일을 맞춘다고 해서 이들을 신뢰할 필요는 없습니다. 귀신이 탐내는 것은 사람의 영혼입니다. 무속에 빠지면 그 사람은 마귀에 속하게 되고, 악한 영향력을 퍼뜨리는 저주의 통로가 됩니다.

최근에는 문화의 이름으로 무속이 때아닌 호사를 누리고

있습니다. 강신굿은 무형문화재가 되었고, 무당은 예술가나 국사(國師)로 대접받고 있습니다. 아이러니한 사실은 오랜 세월 여성을 억압하고 괴롭힌 무속이 페미니즘의 탈을 쓰고 여성을 위하는 척한다는 사실입니다. 여성이 중심이 되어 펼치는 각종 무속 행위를 가부장 사회에 대한 저항으로 재해석하는 시각이 대두됐기 때문입니다.

《무당, 여성, 신령들》(2016)의 저자인 인류학자 로렐 켄달(Laurel Kendall)은 한국의 무(巫)에 관심을 갖고 1970년대부터 우리나라의 무속을 연구했습니다. 그녀는 인류학과 페미니즘 시각에서 무속 신앙을 해석하며 무당들이 과거에 사회적 해방구와 치유자 역할을 담당했다는 긍정적 평가를 내렸습니다.

하지만 그녀의 책에서도 무당에게 들러붙은 '신령들'은 신내림을 거부하는 여인들을 악랄하게 괴롭히는 것으로 나옵니다. 여성들은 신내림을 거부하기 위해 고향을 등지거나, 개명을 하기도 했습니다. 하지만 신령들은 한번 타깃으로 정한 여성을 집요하게 따라다녔습니다. 끝까지 쫓아가 기어코 자신의 수족으로 삼았습니다. 켄달은 이처럼 마귀의 먹잇감이 된 여성들의 비극을 대수롭지 않게 서술하면서, 무속에 배타적인 기독교가 폭력적이라고 되레 흠을 잡습니다.

하지만 여성과 그 자손들의 삶을 무너뜨리는 마귀가 어떻게 여성을 위한다고 볼 수 있을지 의문입니다. 만일 그 신령들이 켄달의 집안에 붙어 영영 떠나지 않고 계속 복종을 요구한다면 본인은 과연 기쁘게 받아들일지 궁금합니다. 나아가 이 같은 억압적 강신술과 굿 따위가 역사적으로 보존할 가치가 있는 문화유산인지에 대해서도 동의하기 어렵습니다.

샤머니즘은 하나님에 대한 반역의 실천적 형태이며, 인간을 억압하는 퇴폐적인 악습입니다. 그 이상도 그 이하도 아

닙니다. 따라서 노예무역이나 식인 풍습처럼 하루빨리 없어져야 하는 사탄의 제의일 뿐입니다. 누구도 인신매매를 인권의 이름으로 포장할 수 없고, 식인 풍습을 전통으로 미화할 수 없습니다. 샤머니즘도 마찬가지입니다. 철저하게 뿌리뽑아 이 땅에서 완전히 쓸어내야 하는 폐습입니다.

> 진언자나 신접자나 박수나 초혼자를 너희 가운데에 용납하지 말라
> (신 18:11)

어리석은 사람은 만유의 주재이자 선하신 하나님은 거부하면서, 패가망신의 첩경이자 악령의 사주를 받는 무속은 신뢰합니다. 영적 배후에서 무당을 조종하는 마귀는 최종적으로 지옥에 가게 되어있습니다. 사탄과 그 수하들도 자신들의 운명을 누구보다 잘 알고 있습니다. 그들은 예수님을 보자마자 "심판의 때가 이르기 전에 자신들을 괴롭게 하지 말아달라"고 간청했습니다. 장차 자신들의 운명이 어떻게 될지 알고 있다는 뜻입니다.

> 이에 그들이 소리 질러 이르되 하나님의 아들이여 우리가 당신과 무슨
> 상관이 있나이까 때가 이르기 전에 우리를 괴롭게 하려고 여기 오셨나

이까 하더니

(마 8:29)

또 그들을 미혹하는 마귀가 불과 유황 못에 던져지니 거기는 그 짐승과

거짓 선지자도 있어 세세토록 밤낮 괴로움을 받으리라

(계 20:10)

신점을 보고, 굿판을 벌이며 더러운 귀신들에게 제사하는 자들은 마귀와 함께 불지옥으로 향하게 됩니다. 그리고 이 땅에 살면서도 복을 받을 수 없습니다. 무속 좋아하는 사람 치고 흥하는 사람을 본 적이 없습니다. 무속은 본인뿐만 아니라 가족의 삶과 나라의 운명을 망치는 멸망의 지름길입니다. 영원히, 세세토록 심판받을 죄악입니다.

── 기도가 답이다

사울의 시대에도 백성들은 무당집을 뻔질나게 드나들었 었습니다. 엔돌(endor)은 가나안 백성이 계속 거주했던 지역 입니다(수 17:11-13). 원래는 므낫세 지파가 온전히 점령해야

했지만 아쉽게도 그렇지 못했습니다. 므낫세 지파는 원주민들을 다 쫓아내지 않고 노역을 시키는 방향으로 정책을 선회했습니다. 이것이 빌미가 되어 가나안 문명의 더러운 잔재가 이스라엘에 침투하게 되었습니다. 작은 구멍이 거대한 둑을 무너뜨리듯, 하찮게 여긴 이방 족속의 악덕이 이스라엘의 하위문화를 잠식해 버린 것입니다.

죽은 파리들이 향기름을 악취가 나게 만드는 것 같이 적은 우매가 지혜와 존귀를 난처하게 만드느니라

(전 10:1)

엔돌의 무녀가 행한 초혼술도 가나안 토착민으로부터 유래한 사술로 보입니다. 이런 무속 행위는 율법에 따라 철저히 금지되었습니다. 하지만 백성들 사이에서는 알음알음 행해졌습니다. 사울이 나라에 용한 무당이 있느냐고 묻자, 측근들이 곧바로 말해줄 수 있었던 이유가 여기 있습니다.

하나님께 버림받은 사울은 영적 갈증을 이기지 못하고 썩은 물을 마시고 말았습니다. 그는 자신의 미래를 알기 위해 무당을 찾아갔습니다. 사울이 다급한 순간에 붙잡은 것은 하나님이 아니었습니다. 마귀를 섬기던 무녀의 주술이었

습니다.

은혜를 입은 그리스도인은 사울과 같은 실수를 범할 필요가 없습니다. 우리는 썩은 물을 마실 필요가 없습니다. 예수님의 이름으로 하나님께 다가갈 수 있는 기도의 권능을 받았기 때문입니다. 기도는 성도가 가진 큰 권세입니다.

> 너희가 내 이름으로 무엇을 구하든지 내가 시행하리니 이는 아버지로 하여금 아들을 인하여 영광을 얻으시게 하려 함이라 / 내 이름으로 무엇이든지 내게 구하면 내가 시행하리라
>
> (요 14:13-14)

기도 말미에 붙이는 '예수님 이름'은 사실 엄청난 비밀코드입니다. 이것은 핵미사일 발사 코드보다 더 위력적이고, 백지수표보다 훨씬 더 가치 있습니다.

예수님 이름으로 구하는 기도는 가정과 민족을 구원하고, 나라의 문을 여닫을 수 있습니다. 예수님의 이름은 전능한 하나님께 다가가는 유일한 수단입니다. 예수님 이름을 의지하는 한, 우리는 실패하지 않습니다.

무디의 동역자였던 R.A 토레이[Reuben Archer Torrey, 1856~1928]는 이를 수표책에 비유했습니다. 죄와 허물이 가득한 우리 이름

으로는 하나님께 구하는 것이 불가능합니다. 마치 빈 계좌에 연결된 공수표를 제출하는 것과 같습니다. 하지만 예수 그리스도의 이름이라면 얘기가 다릅니다. 죄의 삯을 완전하게 대속하신 예수님은 자신의 이름으로 하나님께 구할 것을 명하셨습니다. 이는 예금이 마르지 않는 계좌에 미리 서명해 놓은 수표책과 같습니다.

> 지금까지는 너희가 내 이름으로 아무것도 구하지 아니하였으나 구하라 그리하면 받으리니 너희 기쁨이 충만하리라
>
> (요 16:24)

가만히 앉아 침묵해서는 안 됩니다. 우리는 기도의 능력을 믿고 하나님 나라의 공의와 임재를 구해야 합니다. 기도하지 않는 것은 고액 수표를 금고에 넣고 걸어 잠그는 것과 같습니다. 사무엘은 은퇴 후에도 백성을 위해 기도하기를 쉬는 죄를 범하지 않겠다고 맹세한 바 있습니다(삼상 12:23).

마귀는 사람을 공격하기 전에 기도의 끈부터 끊어버립니다. 마귀는 "기도해 봐야 달라지지 않는다", "기도는 비과학적이고 반지성적이다"라는 생각을 심어주기 위해 노력합니다. 사실 마귀는 기도의 힘을 매우 두려워합니다. 마귀는 위

로부터 임하는 능력(눅 24:49)을 감당할 수 없기에, 처음부터 기도하지 못하게 훼방을 놓는 전략을 선호합니다. 영적으로 게으름을 피우면 이러한 마귀의 속임수에 넘어가게 됩니다. 기도는 매일 같이, 일상에서 꾸준하게 드려야 합니다. 기도의 맥이 끊어지면 영적으로 고립을 당할 수 있습니다.

사울은 영적으로 나태했습니다. 사울이 하나님 마음을 얻기 위해 진심으로 노력한 흔적은 찾기 어렵습니다. 그가 백성에게 잘 보이려는 노력의 절반만이라도 하나님께 기울였더라면 결과는 달라졌을지 모릅니다. 하지만 사울은 그러지 못했습니다. 그는 늘 다른 사람의 입술만 쳐다보았습니다. 처음에는 사무엘의 입을, 나중에는 무녀의 입에 의지했습니다. 도망자 신분으로 쫓겨 다니면서도, 시편을 쓰며 하나님과 부단히 소통하고자 애쓴 다윗과 상반된 모습입니다. 다윗처럼 쉬지 않고 기도하며 힘써 하나님을 알고자 노력해야 합니다. 그래야 하나님께 더 가까이 다가갈 수 있습니다.

> 그러므로 우리가 여호와를 알자 힘써 여호와를 알자 그의 나타나심은 새벽 빛 같이 어김없나니 비와 같이 땅을 적시는 늦은 비와 같이 우리에게 임하시리라 하니라
>
> (호 6:3)

하나님은 악인을 멀리하시고 의인의 기도를 들으십니다 (잠 15:29). 바른 믿음 위에서 부지런히 기도하는 그리스도인은 사탄이 가장 두려워하는 존재입니다. 말씀을 가까이하며 쉼 없이 그 나라와 그 의를 구하십시오. 그러면 하나님이 주시는 풍성한 복을 누릴 수 있습니다.

—— 어떤 영(靈)

엔돌의 무녀를 찾기 전 사울은 일생일대의 위기와 마주하고 있었습니다. 블레셋 군대가 수넴에 모여 진을 쳤는데 그 기세가 하늘을 찔렀습니다. 사울도 이에 맞서기 위해 군대를 소집해 길보아에 머물렀습니다. 하지만 예사롭지 않은 블레셋의 기세를 보자 겁을 집어먹고, 심한 두려움에 빠졌습니다.

> 사울이 블레셋 사람들의 군대를 보고 두려워서 그의 마음이 크게 떨린지라
>
> (삼상 28:5)

그제야 사울은 허둥거리면서 하나님을 찾았습니다. 뒤늦게 말씀을 구하고자 동분서주했습니다. 하지만 하나님은 그를 철저히 외면하셨습니다. 어떤 방법으로도 하나님의 응답을 들을 수 없게 되자, 사울은 최악의 수를 두게 됩니다. 엔돌의 신접한 여인을 찾아간 것입니다. 그리고 무녀에게 강신술을 의뢰합니다.

> 사울이 다른 옷을 입어 변장하고 두 사람과 함께 갈새 그들이 밤에 그 여인에게 이르러서는 사울이 이르되 청하노니 나를 위하여 신접한 술법으로 내가 네게 말하는 사람을 불러올리라 하니
>
> (삼상 28:8)

사울은 죽은 사무엘의 영혼을 불러달라고 요청했습니다. 그 순간 무녀는 크게 놀라며 사울의 정체를 알아차립니다. 하지만 "처벌하지 않겠다"는 약속을 받고 자신의 특기인 초혼술을 펼쳤습니다. 그렇게 불러낸 '어떤 영'*에 의해 사울은 자신의 끔찍한 미래를 듣게 됩니다.

---

* 이 영혼이 정말 사무엘의 혼령인지 아닌지에 대해서는 많은 논란이 있다. 많은 주석이 사무엘을 가장한 악령으로 묘사한다. 하지만 유대 전승과 일부 주석은 실제 사무엘의 혼령으로 보기도 한다.

> 여호와께서 이스라엘을 너와 함께 블레셋 사람들의 손에 넘기시리니
> 내일 너와 네 아들들이 나와 함께 있으리라 여호와께서 또 이스라엘
> 군대를 블레셋 사람들의 손에 넘기시리라 하는지라
>
> (삼상 28:19)

사실 혼령이 무슨 말은 하든지 사울의 운명은 결정된 것이나 다름없습니다. 무속 행위에 의지하는 행동부터 완벽하게 잘못됐기 때문입니다. 무속은 하나님을 대적하는 행위입니다. 무당을 의지하는 순간 하나님과의 관계는 파괴됩니다. 어떤 식으로든 선한 결말이 나오기 어렵습니다.

하나님은 무당 말을 따르는 자를 자신의 백성에서 끊어 낸다고 말씀하셨습니다(레 20:6, 신 18:14). 그런데 아이러니하게도 사울은 무당이 불러온 영에게 하나님 뜻을 묻고 있습니다(삼상 28:15). 뒤죽박죽되어 엉켜버린 사울의 혼미한 영적 상태가 엿보입니다.

> 악인의 길은 어둠 같아서 그가 걸려 넘어져도 그것이 무엇인지 깨닫지
> 못하느니라
>
> (잠 4:19)

무녀가 불러낸 영에게 자신의 끔찍한 최후를 듣게 된 사울은 그 자리에서 혼절하고 말았습니다. 그런 사울을 향해 무녀는 일어나 식사할 것을 권합니다. 이 장면에서 무녀는 마치 사울을 진심으로 위하는 것처럼 보입니다. 하지만 이것도 속임수입니다.

샤머니즘 의례는 제의가 끝난 뒤 함께 제사 음식을 먹고 마시는 것으로 마무리됩니다. 음식을 같이 나눠 먹음으로써 귀신과 영적인 합일(合一)을 이루게 됩니다. 무속에 참여한 사람이 최종적으로 그들과 음식을 공유하는 행동은 샤머니즘 제의의 완성을 뜻합니다. 음식을 먹지 않고 그냥 떠나겠다는 사울에게 무녀가 식사할 것을 강권한 데에는 이유가 있습니다(삼상 28:25). 마지막까지 마귀는 사울을 속이면서 자신의 목적을 달성했습니다. 이제 남은 것은 파국뿐입니다. 사울은 블레셋과의 전투에서 크게 패한 뒤 비참하게 죽고 말았습니다.

인간적 차원에서 사울은 다윗에 비해 뒤떨어지지 않았습니다. 처음에는 겸손한 면모를 보였고, 하나님의 말씀에 순종했습니다. 군사적인 역량도 갖추고 있었습니다. 하지만 시간이 흐를수록 대중을 심하게 의식했습니다. 매사 군중의 눈치를 보았고, 그럴싸한 이미지로 자신을 포장하려고 했습니다. 백성들이 원하는 대로만 움직이며, 하나님의 명령을 가볍게 여겼습니다. 사울은 순종하지 않는 지도자였습니다. 최후의 순간에는 샤머니즘에 의존해 무당을 찾아가는 악수 (惡手)까지 두며 실족하고 말았습니다.

사울은 미지근하기 짝이 없는 '정치적 신앙'의 전형을 보여줍니다. 이들은 계산적으로 행동하며 하나님을 대적하는 무리와 손을 잡고, 배도 세력과 합종연횡하기도 합니다. 악한 세력을 돕고, 여호와를 미워하는 자들을 사랑하는 것은 죄입니다(대하 19:2). 또 입술로는 예수님을 주라 시인하지만, 실제로는 땅의 이념을 따르며 마귀의 간교한 속삭임에 넘어가는 우리 세대의 자화상이기도 합니다.

이는 하나님이 바라시는 모습이 아닙니다. 우리는 차든지 뜨겁든지 확실하게 해야 합니다(계 3:15). 그렇지 않으면 처음에는 은혜를 받았다 할지라도 사울과 같은 비참한 최후를 맞이할 수 있습니다. 은혜를 얻는 일보다, 은혜를 지켜나가는 게 더 어렵다는 점을 명심해야 합니다.

3.

졸작 인생,

사울

—— 초자연적 힘을 지녔던 삼손

여기 한 남자가 있습니다. 그의 부모는 가난했지만 하나님을 경외했습니다. 남자가 태어나기 전에는 천사가 나타나 아기 어머니에게 직접 임신 사실을 알려주었습니다. 남자는 자라면서 하나님의 복을 받았습니다. 그리고 살아있는 동안 수많은 이적을 행했습니다. 이스라엘의 대적들은 남자를 심히 두려워했고, 백성들은 남자를 부담스러워했습니다. 심지어 남자를 붙잡아 대적의 손에 넘겨주기도 했습니다. 결국 대적들은 속임수를 써서 남자를 죽음으로 내몰았습니다. 남자가 가장 신뢰하던 사람이 은전을 받고 남자를 팔아넘긴 탓입니다. 이 남자는 누구일까요?

많은 사람이 예수님을 떠올렸을 것입니다. 하지만 이 남자의 이름은 삼손(שמשון)입니다. 이스라엘의 열두 번째 사사

(판관)[*]였던 삼손은 출생부터 범상치 않았습니다. 태어나기 전에 특별한 사명이 부여됐고, 신령한 능력을 행사했습니다.

성경에는 하나님께 쓰임 받는 사람들이 수없이 나옵니다. 그들은 대체로 평범합니다. 하나님은 오로지 자신의 손길만 의지하도록, 주로 약한 존재를 들어 사용하시기 때문입니다.

> 하나님께서 세상의 천한 것들과 멸시 받는 것들과 없는 것들을 택하사 있는 것들을 폐하려 하시나니 / 이는 아무 육체도 하나님 앞에서 자랑 하지 못하게 하려 하심이라
>
> (고전 1:28-29)

삼손 이전의 이스라엘 사사들은 왼손잡이(에훗), 소몰이꾼(삼갈), 주부(드보라), 건달(입다) 등이었습니다. 주류는커녕 '보통 사람' 반열에도 오르지 못했던 사람들입니다.

애당초 쓰임 받는 사람의 능력이나 배경은 하나님의 고려 대상이 아닙니다. 중요한 것은 하나님을 경외하는 마음과 순종하는 자세입니다. 가진 것 없고 내세울 게 없어도, 하나님의 선택을 받으면 바빌로니아나 페르시아 같은 대제국

---

* 　사사(士師)는 한(漢)나라 시대 재판과 송사를 담당했던 관직 명칭이다. 하지만 '판관' 이라는 명칭이 더 정확한 의미를 전달할 수 있다. 히브리어로는 '쇼페트' , 영어로 직역하면 판사(Judge)다.

도 무너뜨리거나 일으켜 세울 수 있습니다. 모든 권세가 하나님께 있기 때문입니다.

> 여호와여 위대하심과 권능과 영광과 승리와 위엄이 다 주께 속하였사오니 천지에 있는 것이 다 주의 것이로소이다 여호와여 주권도 주께 속하였사오니 주는 높으사 만물의 머리이심이니이다 / 부와 귀가 주께로 말미암고 또 주는 만물의 주재가 되사 손에 권세와 능력이 있사오니 모든 사람을 크게 하심과 강하게 하심이 주의 손에 있나이다
>
> (대상 29:11-12)

하지만 삼손은 다른 사사들과 사뭇 달랐습니다. 그는 평범하지 않았습니다. 솔로몬이 지혜에 관해 "너 같은 이가 전에도 없었고, 후에도 없을 것"이라는 축복을 받았다면(왕상 3:12), 삼손은 힘에 있어서 이와 견줄 수 있습니다. 역사상 그 어떤 인간도 삼손과 같은 완력을 갖지 못했습니다. 감히 흉내를 내는 것조차 불가능합니다. 지금도 삼손은 힘센 장사(壯士)를 지칭하는 대명사입니다.

삼손이 보여준 초자연적 힘은 그것을 목격한 동시대 사람들에게 엄청난 충격을 안겨주었습니다. 삼손의 이야기는 이후 구전과 기록으로 전해지며 수많은 반신반인(半神半人)

설화의 모티프를 제공했습니다. 삼손과 마찰을 빚었던 블레셋 사람들은 지중해 크레타 섬에 본거지를 둔 바다 민족입니다. 삼손 목격담은 이 같은 해양 족속에 의해 여러 갈래로 각색되어 에게·그리스 문명으로 유입되었습니다. 이후에는 헤라클레스와 같은 힘센 영웅 이야기에 직간접적으로 영향을 미쳤으리라 추정됩니다.

이처럼 삼손은 아주 특별한 존재였습니다. 그러나 그의 삶과 최후는 허무하기 짝이 없습니다. 전투기나 탱크와 같은 현대 병기가 없던 시절에는 삼손이 가진 괴력은 현재의 전략적 핵무기와 맞먹을 만큼 대단한 것이었습니다. 삼손은 혼자의 힘으로 힘깨나 쓰던 민족을 완전히 몰아붙였습니다. 제대로 마음만 먹었다면 블레셋을 송두리째 멸망시킬 수도 있었습니다.

그러나 삼손은 주도적으로 사명을 수행하지 못했습니다. 하나님의 주권적 개입으로 최소한의 목적만 달성했을 뿐입니다. 매사 수동적으로 일관하던 삼손의 굼뜬 모습은 깊은 아쉬움을 남겼습니다. 만일 삼손이 적극 순종하여 가진 능력을 100% 발휘했다면, 삶 속에서 더 풍성한 열매를 맺었을 것입니다.

결과 못지않게 과정도 중요합니다. 하나님이 정하신 일은 어떤 방식으로든 일어나게 됩니다. 따라서 앞장서서 사명을 수행하면 개인도 축복을 받고, 주변에도 은혜가 흘러넘칩니다. 그러나 소극적으로 움직이거나 회피하면, 사명자의 삶은 파괴적으로 변모합니다.

사명과 욕망 사이에서 갈팡질팡하다 죽음을 맞이한 삼손은 후세에 많은 교훈을 남겼습니다. 우리는 삼손 이야기를 통해 성적 유혹에 탐닉해서는 안 된다든가, 언행을 가벼이 해서는 안 된다는 등의 도덕적 훈계를 귀가 따갑게 들어왔습니다. 이러한 교훈도 중요합니다. 하지만 삼손의 삶에는 더 근원적인 메시지가 담겨있습니다. 그것은 바로 소명을 대하는 태도와 관점에 대한 내용입니다.

삼손이 등장하는 구절에는 유독 눈에 관한 언급이 많습니다. 이는 사명자의 관점에 관한 노골적인 메타포입니다. 그는 큰 은사를 지닌 사명자로서, 압제 받는 이스라엘의 현실과 신앙을 잃어버린 세태에 눈 떠야 했습니다. 이 같은 상황을 바로잡는 일이 삼손이 해결해야 할 과제였기 때문입니다. 하지만 그의 시선은 사명이 아닌 다른 곳을 향해있었습니다.

삼손이 딤나에 내려가서 거기서 블레셋 사람의 딸들 중에서 한 여자를
보고

(삿 14:1)

그가 내려가서 그 여자와 말하니 그 여자가 삼손의 눈에 들었더라

(삿 14:7)

삼손이 가사에 가서 거기서 한 기생을 보고 그에게로 들어갔더니

(삿 16:1)

삼손의 눈동자를 장악한 것은 다름 아닌 여성들이었습니다. 그리고 이성이 올무가 되어 무너지고 말았습니다. 이 때문에 많은 사람이 삼손을 호색한으로 매도합니다. 그러나 돌이켜 보면 삼손만 색(色)에 빠졌던 것은 아닙니다. 성경에는 삼손보다 더 심각한 성적 범죄를 저지른 인물들이 등장합니다.

대표적인 인물이 다윗입니다. 그는 목욕하던 유부녀를 훔쳐보다 그녀와 사통하고, 남편까지 죽였습니다. 요즘 기준으로 보면 몰래카메라, 불륜, 살인을 저지른 셈입니다. 야곱의 장자 역할을 한 유다는 자신의 며느리인 줄 모르고 다말

과 성관계를 맺습니다(창 38:16). 성경의 기록을 볼 때 유다는 상습적으로 성매매를 했던 것 같습니다. 자연스럽게 매춘부 옷을 입은 사람에게 다가가 값을 흥정하고 운우지정(雲雨之情)을 나눴기 때문입니다. 다윗의 아들 솔로몬은 아내가 700명, 후궁이 300명에 달했습니다. 이 정도 규모라면 아무리 고대 군주였다는 점을 감안해도 엽색가로 부르는 데 손색이 없습니다. 정략결혼에 1천 명이나 되는 여인이 필요하진 않았을 것입니다.

굳이 과거로 거슬러 올라갈 필요도 없습니다. 지금도 불야성을 밝히는 유흥주점과 성매매 업소 간판을 보면 과연 우리가 삼손을 비난할 자격이 있는지 물음표가 생깁니다. 최근에는 동성애와 트랜스젠더 성매매를 비롯한 기상천외한 변태 성문화도 빠르게 확산하고 있습니다. 소돔과 고모라도 현대의 대도시보다는 나을 지경입니다.

삼손의 삶이 전하는 메시지는 간단합니다. 그가 유별난 색정광이어서 몰락했다기보다는 사명보다 우선하는 무언가가 있었다는 점에 초점을 맞춰야 합니다. 성(性)이든, 재물이든, 권력이든 하나님이 주신 사명을 제쳐놓을 만큼 탐닉하는 대상이 있어서는 안 됩니다. 반드시 하나님이 먼저여야 합니다.

인생의 해답은 소명에 있습니다. 우리가 지음을 받고, 태어난 이유가 그곳에 담겨있기 때문입니다. 깨달음을 얻고 싶다면 고행(苦行)이 아니라 소명을 찾아서 따라가야 합니다. 그래야 헛된 수고를 면할 수 있습니다. 항상 하나님 뜻이 무엇인지 생각하고, 사명의 현장을 눈에 담도록 노력해야 합니다. 그러면 성령께서 친히 길잡이가 되어 가야 할 길과 해야 할 일을 알려주십니다. 나를 위한 움직임은 그다음입니다. 먹고 마시는 일조차 사명보다 우선해서는 안 됩니다. 생계 또한 방편에 불과합니다. 목적이 분명해야 방향을 올바르게 설정할 수 있습니다.

삼손이 육신의 눈길을 거두고, 영안을 깨워 사명을 쳐다봤다면 그토록 아쉬운 인생을 살지는 않았을 것입니다. 소명을 제쳐놓거나 잊을 만큼 무언가에 푹 빠지는 것은 죄입니다. 삼손이 여자가 아니라 스포츠 같은 데 몰두했다고 해도 결과는 달라지지 않았을 것입니다. 그의 능력은 관람객 앞에서 힘자랑이나 하라고 주어진 게 아니기 때문입니다. 그러나 삼손에게 하나님은 최우선 순위가 아니었습니다. 그 결과 두 눈이 뽑히고, 지하 감옥에서 맷돌을 돌리는 방앗간 노예로 전락했습니다. 보아야 할 것을 보지 못했고, 써야 할 곳에 힘을 쓰지 않았기 때문입니다.

하나님께 받은 은사는 쓰일 곳이 정해져 있습니다. 그것이 무엇인지 빨리 깨달아야 합니다. 이것이 인생을 제대로 사는 비결입니다.

—— 삼손은 정말 버림받았나

삼손의 사명은 명확했습니다. 수태고지를 받았기 때문에 헷갈릴 여지가 없었습니다. 그는 블레셋 사람의 손에서 이스라엘 구원을 시작하는 역할을 부여받았습니다. 이름조차 비밀로 된 여호와의 사자가 삼손의 사명을 그 부모에게 전달했습니다. 메시지를 전한 기묘자는 구약에 나타난 예수님으로 해석하기도 합니다. 또 삼손에게는 거룩한 능력에 상응하는 종신 나실인의 의무가 부여됐습니다.

> 보라 네가 임신하여 아들을 낳으리니 그의 머리 위에 삭도를 대지 말라 이 아이는 태에서 나옴으로부터 하나님께 바쳐진 나실인이 됨이라 그가 블레셋 사람의 손에서 이스라엘을 구원하기 시작하리라 하시니 (삿 13:5)

성경에서 수태고지를 받은 존재는 삼손을 제외하면 이삭과 세례 요한, 그리고 예수님이 전부입니다. 특히 천사가 아이 어머니를 찾아와 직접 임신 사실을 알려준 것은 삼손과 예수님뿐입니다.

하지만 비범한 출생과 달리 삼손은 위태로운 삶을 살았습니다. 사명과 욕망 사이에서 쉴새 없이 번민했습니다. 주도적으로 사명을 수행하기보다는 수동적으로 움직인다는 느낌을 받습니다.

사사 시대 말기에 이스라엘은 블레셋의 지배 아래에 놓여있었습니다. 영적으로나 물질적으로 궁핍을 면치 못했습니다. 이런 상황을 타개해야 할 삼손은 누구보다 적극적으로 사명에 임해야 했습니다. 하지만 그는 삶을 살아가는 올바른 자세를 터득하지 못했습니다. 소명을 직시하지 않았기 때문입니다. 그 대신 여자를 탐하며 세월을 낭비했습니다.

결국 보아야 할 것을 보지 못한 삼손의 눈은 대적의 손에 뽑히고 말았습니다. 육신의 눈이 뽑히고 나서야 비로소 사명자 다운 모습을 보인 것은 일종의 아이러니입니다.

삼손은 최후의 순간에 하나님의 이름을 부르짖었습니다. 그리고 자신이 해야 할 일을 했습니다. 그렇기 때문에 삼손을 '하나님이 버린 사람'으로 보는 데 다소 주저함이 있었습니다. 히브리서도 삼손을 믿음의 인물 중 한 명으로 소개합니다.

> 내가 무슨 말을 더 하리요 기드온, 바락, 삼손, 입다, 다윗 및 사무엘과
> 선지자들의 일을 말하려면 내게 시간이 부족하리로다 / 그들은 믿음
> 으로 나라들을 이기기도 하며 의를 행하기도 하며 약속을 받기도 하며
> 사자들의 입을 막기도 하며
>
> (히 11:32-33)

삼손은 입체적인 인물입니다. 분명 놀라운 은혜를 입었고, 최후의 순간에는 자신의 사명을 다하며 삶을 마쳤습니다. 이러한 점에서 에서, 사울, 여로보암, 유다와 뚜렷하게 구별됩니다. 그러나 삼손은 종종 사명을 망각하고 중대한 실수를 반복해서 저질렀습니다. 하나님이 주신 신령한 은사를 경홀히 여기다가 능력을 상실하기도 했습니다.

> 들릴라가 이르되 삼손이여 블레셋 사람이 당신에게 들이닥쳤느니라
> 하니 삼손이 잠을 깨며 이르기를 내가 전과 같이 나가서 몸을 떨치리
> 라 하였으나 여호와께서 이미 자기를 떠나신 줄을 깨닫지 못하였더라
>
> (삿 16:20)

삼손의 양면적 모습은 훗날 여러 가지 해석을 낳았습니다. 대부분 그를 약점이 많았던 비극적 영웅으로 묘사합니다. 삼손이 블레셋 족속에게 중대한 타격을 입혔던 점과 마지막 순간에 다곤 신전을 무너뜨리며 블레셋의 모든 방백과 남녀 삼천 명을 죽인 사실에 주목하면 아무래도 영웅에 방점이 찍힙니다. 그러나 삼손이 하나님께 버림을 받은 장면도 무시하고 지나칠 순 없습니다.

전반적으로 삼손은 아쉬운 삶을 살았습니다. 그리고 본받을 점보다는 타산지석(他山之石)으로 삼아야 할 요소가 훨씬 더 많습니다. 이 책에서는 그러한 삼손의 약점에 집중해 하나님께 버림받는 사람의 특성을 조명하고자 합니다.

—— 누구나 소명은 있다

창조주 하나님은 만유의 주재이십니다. 주의 말씀은 결코 땅에 떨어지지 않습니다. 모든 존재의 물상과 역사의 운행이 거룩하신 분의 의지에 포섭돼 있습니다. 하늘의 궤도와, 바다의 깊음과, 땅의 기초가 모두 하나님 손길 아래 있습니다. 하나님은 별들의 수효를 세시고 그것들을 이름대로 부르십니다(시 147:4). 산 것이나 죽은 것을 포함한 그 어떤 것도 전능자의 그늘과 속박에서 벗어날 수 없습니다.

> 우주와 그 가운데 있는 만물을 지으신 하나님께서는 천지의 주재시니
> 손으로 지은 전에 계시지 아니하시고 / 또 무엇이 부족한 것처럼 사람
> 의 손으로 섬김을 받으시는 것이 아니니 이는 만민에게 생명과 호흡과
> 만물을 친히 주시는 이심이라
>
> (행 17:24-25)

따라서 사명을 거부하거나 회피하는 행동은 섭리에 역행합니다. 사명을 피해 달아난 대표적 인물로는 요나를 들 수 있습니다. 북이스라엘의 여로보암 2세[B.C. 790~750] 당시 활동한 요나는 앗수르 수도인 니느웨에 심판을 선포하라는 하나님의 명령을 받았습니다. 그러나 민족주의자였던 요나는 하나님 낯을 피해 다시스로 몸을 피했습니다. 니느웨가 말씀을 듣고 회개하면 조국에 손해가 된다고 생각했기 때문입니다. 당시 앗수르는 이스라엘을 괴롭히던 적대국이었습니다.

앗수르(아시리아) 사람들이 묘사된 돋을새김 ©alamy stock Photo

하지만 도망가던 요나는 뜻밖의 풍랑을 만나 바다에 던져졌습니다. 그리고 물고기 뱃속에 실려 사흘 만에 돌아왔습니다. 사명을 피해 달아났지만, 죽을 고생만 하고 원점으로 회귀한 것입니다. 이윽고 하나님은 요나에게 동일한 명령을 내렸습니다. 성경은 "여호와의 말씀이 두 번째로 요나에게 임했다(욘 3:1)"고 전합니다. 의미심장한 구절입니다. 같은 말을 두 번 하게 만들었다는 묘한 책망의 뉘앙스가 느껴집니다.

사명을 회피하면 요나처럼 삶이 공전(空轉)합니다. 먼 길을 돌아 다시 출발선에 서게 됩니다. 따라서 인생을 낭비하지 않으려면 군말 없이 하나님의 명령에 순종해야 합니다.

붙들려 온 요나는 어쩔 수 없이 니느웨를 찾아가 하나님 말씀을 선포했습니다. 하지만 사흘 길이나 되는 니느웨를 한나절만 돌며 전했습니다. 요나의 성의 없는 태도를 보면, 마지못해 사명을 수행한 티가 역력합니다. 하지만 일을 이루시는 이는 하나님입니다(고전 12:6). 사람은 엉성하게 일해도, 하나님은 완벽하게 이룩하십니다. 요나의 예상과 달리 니느웨 사람들은 즉각 회개하여 하나님의 준엄한 심판에서 벗어날 수 있었습니다.

> 니느웨 사람들이 하나님을 믿고 금식을 선포하고 높고 낮은 자를 막
> 론하고 굵은 베 옷을 입은지라 / 그 일이 니느웨 왕에게 들리매 왕이
> 보좌에서 일어나 왕복을 벗고 굵은 베 옷을 입고 재 위에 앉으니라
>
> (욘 3:5-6)

누구에게나 소명이 있습니다. 부르심(Calling)은 창세 전부터 예정된 하나님의 뜻입니다. 사명은 영적 지문(指紋)과 같습니다. 형태와 모습은 각기 다릅니다. 누군가는 군인으로, 누군가는 목사로, 누군가는 의사로, 누군가는 대통령으로 부르심을 입었습니다. 그리고 각자의 영역에서 충실하게 일하며 하나님 뜻을 이루게 됩니다.

하나님 역사에는 이름 없는 등장인물과 배역이 참 많습니다. 대표적인 사람이 에티오피아 내시의 수레를 몰던 마부입니다. 사도 빌립은 광야에서 에티오피아의 국고를 관리하는 내시를 만나 복음을 전하고, 세례를 베풀었습니다(행 8:38). 내시는 돌아가 고국을 변화시켰습니다. 당시 마부는 자신이 복음을 싣고 가는 역할을 맡았다는 것을 상상하지 못했습니다. 상관을 태우고 가는 일은 그에게 직업적 일상에 해당합니다. 하지만 그 순간만큼 마부의 삶에서 가장 중요한 때였습니다. 내시가 탄 마차에 수많은 생명을 구하는

복음이 실려있었기 때문입니다. 이처럼 자신의 직업적 양심에 따라 성실하게 살다 보면 하나님의 섭리 안에서 자연스레 사명을 이루게 됩니다.

특별한 사명이 있다면 소명에 대한 보다 뚜렷한 인식이 필요합니다. 예루살렘 성을 재건하는 역할을 맡은 느헤미야가 여기 속합니다. 페르시아 관원으로 지내던 느헤미야는 어느 날 예루살렘이 황폐하게 됐다는 소식을 듣게 되었습니다. 그는 금식하고 기도하며 하나님께 예루살렘 회복을 간구했습니다(느 1:5). 이를 통해 구체적인 소명을 발견하고, 사명자의 길로 나아갔습니다. 느헤미야의 사명은 명징했습니다. 또 자신의 역할에 대한 자각과 분별이 뚜렷했습니다.

> 왕에게 아뢰되 왕이 만일 좋게 여기시고 종이 왕의 목전에서 은혜를 얻었사오면 나를 유다 땅 나의 조상들의 묘실이 있는 성읍에 보내어 그 성을 건축하게 하옵소서 하였는데
>
> (느 2:5)

나의 역할이 무엇인지 이리저리 재는 것은 의미가 없습니다. 토기가 토기장이에게 "왜 나를 이런 곳에 쓰느냐"고 따질 순 없습니다(롬 9:21). 모든 직분과 역할이 예외 없이 다

소중합니다. 하나님은 협력하여 선을 이루기를 원하십니다. 그리고 각자에게 알맞은 최선의 역할을 부여하십니다. 하나님은 누구보다 당신을 잘 아십니다. 그리고 오류가 없으십니다. 우리는 그 헤아림을 신뢰해야 합니다. 내게 합당한 사명을 맡기신 줄 믿고, 충실하면 그만입니다. 빌립과 에티오피아 내시의 만남, 그리고 마부의 성실함까지. 이 모든 빅 픽처를 한 치의 오차 없이 진두지휘하신 분도 하나님입니다.

남유다 멸망 후 유대인들은 바빌로니아 각 지역으로 흩어져 포로 생활을 하기 시작했습니다. 바빌로니아 뒤를 이어 등장한 페르시아의 왕 아하수에로Ahasuerus, Xerxes, B.C. 486~464는 즉위 삼 년 후 수산 궁에서 큰 잔치를 베풀고 왕비를 초청했습니다. 왕후 와스디의 미모가 매우 뛰어났기에 사람들 앞에서 자랑하고자 했던 것입니다. 하지만 와스디는 왕명을 거부하고 궁전에 나오지 않았습니다. 이 일로 와스디는 아하수에로의 진노를 사 왕후의 자리에서 쫓겨났습니다. 아하수에로는 새 왕후를 뽑기 위해 전국에 조서를 내려 아름다운 처녀를 선발하라고 명합니다.

당시 페르시아에 살던 베냐민 지파 출신 모르드개는 나이 어린 사촌 에스더를 딸처럼 여기며 키우고 있었습니다. 그녀는 용모가 매우 아리따웠습니다. 왕후 선발을 주관하던 궁정 내시 헤개는 에스더를 보고 좋게 여겨 궁으로 데려왔습니다.

왕후 간택은 엄격한 절차를 거쳐 진행되었습니다. 엄선된 처녀들은 열두 달 동안 향품과 몰약으로 몸을 정결하게 한 다음 왕 앞으로 향했습니다. 만일 왕이 마음에 들어 하지 않으면 두 번 다시 그 앞에 나아갈 수 없었습니다. 마침내 에스더 차례가 왔습니다. 아하수에로는 에스더를 보자 매우 흡족해하며 왕후로 삼았습니다(에 2:17). 멸망한 나라 출신의 '2등 국민' 여성이 순식간에 세계 최강 제국의 국모가 된 것입니다.

당시 페르시아 궁정에서는 아말렉 출신 하만이 권력을 잡고 있었습니다. 아말렉 족속은 이스라엘과 철천지원수입니다. 그는 길에서 우연히 마주친 모르드개가 자신에게 머리를 조아리지 않았다는 사실에 불쾌한 마음을 품고 있었습니다. 그래서 온 나라의 유대인을 모조리 죽일 계획을 세웠습니다. 하만은 아하수에로에게 "유대인들이 왕의 법률을 지키지 않는다"라고 참소했습니다. 그리고 제국의 영토 내에서 그들을 진멸할 것을 건의합니다. 아하수에로는 하만의 말을 듣고 자신의 인장(印章)을 내어주며 뜻대로 시행하라고 했습니다.

페르시아의 아하수에로(크세르크세스) 왕   ©alamy stock photo

졸지에 '인종청소'를 당하게 된 유대인들은 큰 위기에 내몰렸습니다. 모르드개는 베옷을 입고 재를 뒤집어쓴 채 대궐 앞에서 통곡합니다. 그러자 에스더는 사람을 보내 무슨 일인지 알아보게 했습니다. 모르드개는 에스더가 보낸 환관에게 다음과 같이 말했습니다.

> 이때에 네가 만일 잠잠하여 말이 없으면 유다인은 다른 데로 말미암아 놓임과 구원을 얻으려니와 너와 네 아버지 집은 멸망하리라 네가 왕후의 자리를 얻은 것이 이때를 위함이 아닌지 누가 알겠느냐 하니
>
> (에 4:14)

모르드개의 말에는 하나님의 일하심과 인간 사명에 관한 정수가 담겨있습니다. 역사는 하나님 의지대로 준행됩니다. 그분의 뜻에서 일점일획도 벗어나지 않습니다. 우리의 직분, 직책, 재물, 능력은 하나님이 정한 때에 쓰임 받기 위해 주어졌습니다. 만일 하나님이 원하는 순간에 해야 할 일을 하지 않으면 사명자는 버림을 받게 됩니다. 그리고 하나님은 다른 사람을 택하여 구원을 베푸십니다.

에스더는 모르드개의 전언을 듣고 수산에 거주하는 모든 유대인에게 자신을 위하여 사흘간 금식할 것을 부탁합니다.

그리고 규례를 어기고 왕 앞에 나아가겠다고 선포합니다. 페르시아에는 왕이 부르지 않았는데 함부로 그 앞에 나가면 누구든지 죽임을 당하는 법률이 있었습니다. 이는 왕이 암살당하는 것을 예방하기 위한 조치였습니다. 왕비도 예외가 아니었습니다. 다만 왕이 자비를 베풀어 자신의 규(圭)를 내밀면 살 수 있었습니다. 왕후 자리에 오른 지 얼마 되지 않은 에스더에게 이러한 돌발 행동은 위험한 도박이었습니다. '기분파' 아하수에로가 어떻게 나올지 예측하기 어려웠기 때문입니다. 하지만 그 순간 에스더는 "죽으면 죽으리라"고 담대하게 말하며 주어진 사명을 다하는 데 주저하지 않았습니다. 에스더는 자신이 가진 왕후의 위(位)를 걸었습니다.

> 당신은 가서 수산에 있는 유다인을 다 모으고 나를 위하여 금식하되 밤낮 삼 일을 먹지도 말고 마시지도 마소서 나도 나의 시녀와 더불어 이렇게 금식한 후에 규례를 어기고 왕에게 나아가리니 죽으면 죽으리이다 하니라
>
> (에 4:16)

에스더가 죽기를 각오하고 어전에 나아가자, 아하수에로는 즉시 금으로 만든 규를 내밀었습니다. 그리고 "그대 소원

이 있다면 무엇이든 말하시오, 나라의 절반이라도 주겠소"라며 애정을 표시합니다. 에스더는 왕을 위해 잔치를 베풀 계획이니 그 자리에 하만을 초청해 달라고 했습니다.

이 말을 들은 하만은 자신이 더 존귀하게 된 줄 알고 우쭐했습니다. 새 왕후도 자신을 인정했다고 착각한 것입니다. 기고만장해진 하만은 모르드개의 목을 매달 나무를 오십 규빗이나 높게 세웠습니다. 하지만 에스더는 하만과 함께한 자리에서 아하수에로에게 자신과 자신이 속한 민족을 살려 달라고 간청합니다. 진노한 아하수에로는 흉계를 꾸민 자가 도대체 누구냐고 화를 냈습니다. 에스더가 하만을 지목하자 아하수에로는 하만이 모르드개를 죽이기 위해 세운 교수대에 그를 매달아 버렸습니다. 그리고 하만에게 넘긴 인장 반지를 빼앗아 모르드개에 주었습니다.

> 주께서 내 원수의 목전에서 내게 상을 차려주시고 기름을 내 머리에 부
>
> 으셨으니 내 잔이 넘치나이다
>
> (시 23:5)

하만이 내린 유대인 말살 조서는 즉각 철회됐습니다. 나아가 온 제국에 유대인 보호 정책이 시행되었습니다(에 8:11).

유대인들은 큰 구원을 얻었던 이때를 기념해 절기(부림절)를 만들고, 목숨을 걸고 사명을 수행한 에스더의 용기를 기리고 있습니다.

─── 순종하면 영향력이 커진다

하나님께 순종하면 삶이 적극적이고 주도적으로 바뀝니다. 반대로 불순종하면 헛바퀴가 돌 듯 인생이 겉돌게 됩니다. 시간이 흐를수록 파괴적 삶을 살게 됩니다. 얼핏 들으면 이 말은 모순처럼 들립니다.

> "하나님 뜻에 순종하면 내 의지를 내려놓는 것이니, 인생이 수동적으로 변하는 거 아닌가?"

그렇지 않습니다. 사명의 회복은 태어난 목적에 온전히 부합할 수 있도록 삶을 쇄신해 줍니다. 물그릇에 맑은 물이 담기고, 곤룡포가 왕의 몸에 입혀진 것처럼 본연의 역할을 완벽하게 수행할 수 있도록 합니다. 사명에 충실하면 하나님의 놀라운 은혜와 큰 능력이 끊임없이 부어집니다. 그 결과 삶은 확장되고 영향력이 커지며 액티브(Active)한 삶을 살게 됩니다. 대표적인 사명자의 모습이 사도 바울입니다. 예수님을 만나기 전과 예수님을 만난 이후의 바울은 완전히 다릅니다. 그는 소명을 받은 후 훨씬 더 능동적이고 도전적인 삶을 살았습니다. 하나님께 붙들리면 영광스럽고 열매를 맺는 인생을 살게 됩니다.

하나님이 니느웨로 가라고 하셨는데, 다시스로 가면 풍랑을 만납니다. 마케도니아로 가라 하셨는데, 소아시아로 가면 인생이 막힙니다. 사람은 소명과 무관한 일을 할 때 불행해집니다. 날마다 번민이 쌓이고 만족이 없게 됩니다. 남들 보기에 좋은 직장은 의미가 없습니다. 사람은 창조된 목적에 따라 하나님이 주신 소명을 따라갈 때 가장 행복합니다. 화가로 부름 받은 사람이 은행원이 되고, 수학자로 부르심을 입은 사람이 변호사를 하는 것은 맞지 않는 옷을 걸치는 셈입니다. 영적 차원에서는 소명을 다하지 못하는 죄를 범하고 있는 것입니다.

"나는 너를 그런 일 하라고 보내지 않았다."

세상에서 가장 무서운 말입니다. 시류를 좇으면 막힌 인생을 살게 됩니다. 우리를 향하신 하나님 뜻을 정확하게 묻고 움직여야 합니다. 한 걸음 한 걸음 내디딜 때마다 성령께서 함께해 주실 것을 간구하고, 결정을 내리기 전에 힘써 기도해야 합니다. 중요한 것은 욕심을 내려놓고 하나님 뜻에 순종하겠다는 자세입니다. 능력의 많고 적음은 중요하지 않습니다. 무엇을 얻고 잃을지는 계산할 필요도 없습니다. 어차피 일을 이루는 존재는 내가 아닙니다. 하나님이십니다.

> 내가 또 주의 목소리를 들으니 주께서 이르시되 내가 누구를 보내며 누가 우리를 위하여 갈꼬 하시니 그때에 내가 이르되 내가 여기 있나이다 나를 보내소서 하였더니
>
> (사 6:8)

그러나 삼손은 소명을 우선하지 않았습니다. 블레셋을 물리치는 일보다 여자들과 어울려 노는 것을 더 좋아했습니다. 에서가 장자의 명분을 경홀히 여겼듯, 삼손도 자신이 받은 사명을 가볍게 여겼습니다.

어느 날 삼손은 가사의 성문과 문설주를 뽑아 수십 킬로미터나 떨어진 헤브론까지 메고 가는 이적을 행했습니다(삿 16:3). 이는 블레셋을 향한 하나님의 경고 메시지였습니다.

그런데 삼손은 사명을 수행하기 전에 창녀의 집을 먼저 찾았습니다. 그리고 함께 밤을 보냈습니다. 소명보다 자신의 욕구를 우선하는 모습입니다.

이런 태도는 삼손의 삶을 조금씩 침식(侵蝕)했습니다. 삼손에게는 압제자로부터 이스라엘을 구하는 막중한 소임이 있었습니다. 이를 위해 남다른 힘도 부여받았습니다. 하지만 삼손이 주체적으로 블레셋을 공략하는 모습은 찾아보기 어렵습니다. 삼손과 블레셋의 충돌은 모두 하나님이 강권적으로 개입한 결과입니다.

성인이 된 삼손은 딤나에서 마주친 블레셋 여인을 마음에 들어했습니다. 딤나는 당시 블레셋의 영지였습니다. 갖가지 우상과 이방 문화가 즐비한 도시였습니다. 그들은 반인반어(半人半魚)의 다곤(Dagon)을 비롯한 여러 잡신을 숭배했습니다.

딤나에 내려간 삼손은 이 광경을 보고 이스라엘 구원이라는 사명에 눈떠야 했습니다. 하지만 결론적으로 예쁜 여자만 눈에 담은 채 돌아왔습니다. 결국 그 여인과의 결혼식이 이음매가 되어 블레셋과 충돌하는 결과가 나오게 됐습니다. 여기서부터 삼손의 삶은 자기파괴적으로 바뀌게 됩니다. 엉뚱한 데 시선을 빼앗기면 하나님은 그것을 누리지 못하도록 황폐하게 만드십니다. 따라서 우리는 마땅히 자신의 행위를 살피고 삼가야 합니다.

> 이 성전이 황폐하였거늘 너희가 이때에 판벽한 집에 거주하는 것이 옳으냐 / 그러므로 이제 만군의 여호와가 이같이 말하노니 너희는 너희의 행위를 살필지니라 / 너희가 많이 뿌릴지라도 수확이 적으며 먹을지라도 배부르지 못하며 마실지라도 흡족하지 못하며 입어도 따뜻하지 못하며 일꾼이 삯을 받아도 그것을 구멍 뚫어진 전대에 넣음이 되느니라
>
> (학 1:4-6)

블레셋이 섬기던 반인반어의 다곤 신 ©alamy stock photo

딤나로 내려가는 길에 삼손은 젊은 사자를 때려죽였습니다. 그리고 사자의 시체에서 나온 꿀을 손으로 떠먹었습니다. 그렇게 사체에 손을 대선 안 된다는 나실인 계율을 어겼습니다. 결혼식에서는 블레셋 사람들에게 베옷 30벌과 겉옷 30벌을 걸고, 이 내용으로 수수께끼 내기를 합니다.

"먹는 자에게서 먹는 것이 나오고 강한 자에게서 단 것이 나왔다. 이것이 무엇이냐?"

삼손의 개인적 경험을 다른 사람들이 알 턱이 없습니다. 그러자 블레셋 사람들은 삼손의 신부를 닦달해 정답을 알아냅니다. 정답은 사자와 꿀이었습니다. '마음을 준 여인에게 비밀을 누설한다'는 이 장면은 이후 들릴라와의 관계에서 반복됩니다.

정답을 들킨 삼손은 "너희가 내 암송아지로 밭 갈지 않았다면 내 수수께끼를 능히 풀지 못하였으리라"고 화를 냅니다. 이어 블레셋 도시인 아스글론으로 내려가 삼십 명을 죽이고 옷을 빼앗아 하객들에게 주었습니다. 그리고 정답을 유출한 신부를 외면한 채 부모 집으로 돌아갑니다. 삼손의 신부는 들러리였던 사람 중 한 명에게 시집을 갔습니다.

이 사실을 알 리 없는 삼손은 얼마 후 슬그머니 신부의 집을 찾아옵니다. 하지만 이미 다른 사람의 아내가 됐다는 이야기를 듣자, 다시 분노가 폭발했습니다. 그는 여우 300마리를 붙잡아 쌍쌍이 묶었습니다. 그리고 꼬리에 불을 붙인 상태로 풀어놓아 블레셋 사람들의 곡식 밭을 몽땅 태워버립니다. 한해 농사를 망친 블레셋 사람들은 화풀이로 삼손의 장인과 신부를 끌어내 불살라 죽였습니다.

여담이지만, 삼손의 능력과 관련해 '여우 300마리를 붙들었다'는 말씀에 주목해 볼 필요가 있습니다. 삼손은 단순히 힘만 센 캐릭터가 아닙니다. 여우는 꾀 많고 재빠른 동물입니다. 삼손은 이런 여우를 300마리나 붙잡았습니다. 여우를 뛰어넘는 스피드를 가졌거나, 남다른 지모가 있어야 가능합니다. 개인적으로는 삼손이 초월적인 반응속도를 갖췄던 것으로 보입니다. 훗날 그는 블레셋 장정 1천 명과 싸워 나귀 턱뼈 하나로 모조리 때려죽였습니다. 한 명씩 죽인 게 아닙니다. 동시에 1천 명을 해치웠습니다. 아무리 힘이 세어도 반응속도가 받쳐주지 않는다면 불가능한 일입니다. 삼손을 근육질로 묘사하느라, 느리고 둔한 사람으로만 보면 그가 가진 능력의 절반도 이해하지 못하는 꼴이 됩니다.

딤나 여인과의 일화에는 많은 메시지가 함축돼 있습니다.

무엇보다 '이 일이 여호와께로부터 나온 것'이라는 사실을 놓치지 않아야 합니다. 하나님의 본래 의도는 블레셋 사람을 치는 것이었습니다(삿 14:4). 그러나 삼손은 자신의 역할을 구체적으로 깨닫지 못했습니다. 청년으로 성장한 삼손은 블레셋의 영토인 딤나에 다녀왔습니다. 하나님 입장에서는 정찰을 보낸 것과 다름없습니다. 하지만 삼손은 이방 여인만 머릿속에 넣은 채 복귀했습니다. 그러자 하나님은 이 여인과의 결혼을 매개로 삼아 삼손과 블레셋이 충돌하게 만드셨습니다. 일어날 일은 어떤 식으로든 일어나게 됩니다. 이제 삼손과 블레셋의 충돌은 피할 수 없게 되었습니다.

그러나 이 과정에서 삼손은 신부를 끔찍하게 잃었습니다. 일찌감치 사명을 깨달아 순종했다면 없었을 참변입니다. 삼손이 처음부터 블레셋을 몰아낼 궁리를 했다면, 이 같은 연결 고리가 필요 없었기 때문입니다. 이 사건이 트라우마가 된 것인지, 이후 삼손은 정상적인 가정을 이루려 노력하지 않았습니다. 그 대신 창녀와 팜므파탈을 쫓아다니며 비교적 가벼운 관계에 만족했습니다. 어쩌면 삼손은 자신이 소중한 사람을 죽게 했다는 죄책감에 평생 시달렸을지도 모릅니다.

사명을 회피하거나 수행하기 주저하면, 삼손과 같은 상황을 맞이할 수 있습니다. 자발적으로 사명에 임하는 것과 억지로 임하는 것에는 큰 차이가 있습니다. 해야 할 일을 자꾸 미루면 불필요한 풍랑을 만나게 됩니다.

요나가 하나님 명령에 순종해 처음부터 니느웨로 향했다면 물고기 뱃속에 들어가는 일은 없었을 것입니다. 파라오가 처음부터 하나님 명령에 순복해 이스라엘 백성을 놓아줬다면, 이집트가 10가지 재앙을 맞는 일도 존재하지 않았을 것입니다. 완고함은 패망의 지름길입니다. 저항을 멈추고 완전한 순종을 결심하는 때가 하나님이 임하시는 순간입니다. 빠른 순종이 삶을 순행시키는 비결입니다.

—— 에담 바위 틈에서

혹자는 삼손이 자신의 사명을 아예 몰랐던 것은 아닌지 의문을 제기합니다. 그를 둔재(鈍才)로 바라볼수록 이 같은 시각이 두드러집니다.

그러나 이는 사실이 아닐 가능성이 높습니다. 마노아 부부는 삼손이 태어나기 전부터 그의 사명을 명확하게 전달받았습니다. 천사에게 직접 들은 내용을 부모가 말하지 않았을 리 없습니다. 삼손에게 나실인으로서의 의무를 지키게

한 점만 봐도 쉽게 알 수 있습니다. 삼손에게는 좋든 싫든 다른 사람과 구별되는 존재라는 인식이 있었습니다. 이는 들릴라에게 밝힌 고백에서 정확하게 드러납니다.

> 삼손이 진심을 드러내어 그에게 이르되 내 머리 위에는 삭도를 대지 아니하였나니 이는 내가 모태에서부터 하나님의 나실인이 되었음이라 만일 내 머리가 밀리면 내 힘이 내게서 떠나고 나는 약해져서 다른 사람과 같으리라 하니라
>
> (삿 16:17)

나실인은 '성별된 사람'을 뜻합니다. 열거한 사실만 살펴도 삼손이 스스로 어떤 존재인지, 또 사명이 무엇인지 전혀 알지 못했다는 주장은 근거가 희박합니다. 그러나 '구별됨'은 동전의 양면과 같습니다. 분명 축복이지만, 때로는 방황의 원인이 되기도 합니다. 남다른 능력 이면에는 고독이라는 어두운 그림자가 따라붙습니다.

삼손은 늘 혼자였습니다. 그가 친구나 형제들과 진지하게 대화하거나 우애를 다지는 장면은 나오지 않습니다. 삼손이 사사였다는 점을 고려하면 더 이상합니다. 사사는 민족의 지도자입니다. 왕이 없던 시절에는 재판과 행정을 도맡아

처리했습니다. 그러나 블레셋 사람 1천 명을 때려죽이거나, 다곤 신전을 무너뜨리던 순간에도 삼손은 다른 사람들과 함께 일하지 않았습니다. 처음부터 끝까지 단기필마로 뛰어들어 홀로 해치웠습니다. 성경에는 삼손과 생사고락을 함께한 전우나 동지가 나오지 않습니다. 지지자도 등장하지 않습니다. 이상한 일입니다. 그만큼 초인적 능력을 보여줬다면 따르는 무리가 있을 법하기 때문입니다.

동지들과 어울리는 대신 삼손은 바위틈에 혼자 우두커니 머물거나(삿 15:8), 블레셋 사창가를 찾아 조용히 매춘부와 밤을 보내곤 했습니다. 우울한 외톨이의 전형입니다. 대적들은 물론이고, 이스라엘 백성조차 그의 존재를 달가워하지 않았습니다. 유다 지파는 블레셋의 요청을 받고 바위틈에 있던 삼손을 찾아갔습니다. 그리고 삼손을 체포해 블레셋 손에 넘겼습니다. 동포와 형제들에게 인정받는 것은 고사하고, 사고뭉치 취급이나 받으며 외면당하는 모습입니다. 그동안 삼손이 보여준 불가해한 힘과 폭력적 성향, 그리고 기이한 습벽은 사람들로 하여금 그와 거리를 두게 만들었습니다. 삼손 한 명을 체포하기 위해 무려 3천 명이나 찾아간 것을 보면(삿 15:11) 그의 신묘한 능력에 대한 세간의 두려움이 얼마나 컸는지 알 수 있습니다.

그의 힘은 통상적인 자연법칙과 상식을 크게 벗어나 있습니다. 사람들과 섞이고 싶어도, 쉽지 않았을 것입니다. 삼손이 지닌 능력은 자신이 인간이 아닌 완전히 다른 종(種)은 아닌지, 정체성에 혼란을 느끼기 충분한 수준입니다. 존재론적 고독은 안 그래도 경계인에 머물던 삼손의 고립감을 더 심화시켰습니다. 블레셋 사람들을 물리친 뒤 에담 바위틈에서 홀로 밤을 지새우는 모습은, 적막 가득한 삼손의 내면을 가장 극적으로 드러내는 장면입니다.

나아가 삼손의 사명은 살생과 파괴의 성질을 띠고 있습니다. 압제 받는 하나님 백성을 구원하는 독립투사 역할이지만, 어쨌든 상대를 멸하고 죽여야 합니다. 실제로 삼손과 부딪힌 존재는 대부분 죽거나 비참하게 되었습니다. 삼손이 받은 사명의 무게는 보통 사람이 가늠하기 어렵습니다. 여러모로 감당하기 힘든 역할이었다는 점은 부인할 수 없습니다.

남성성이 극단적으로 표출되는 양태는 폭력과 성(性)입니다. '태양'을 뜻하는 쉐메시(שֶׁמֶשׁ)와 같은 어근을 가진 삼손은 두 행위 사이를 오가며 살았습니다. 태양은 양기(陽氣)의 상징입니다. 그는 수많은 블레셋 사람들을 죽였고, 또 끊임없이 여성을 찾았습니다.

그리고 '밤'을 뜻하는 라일(לַיְלָה)과 같은 어근을 지닌 들릴라의 무릎에서 안정감을 느꼈습니다. 태양 같은 삼손은 공교롭게도 밤의 여인에게 매료됐습니다. 그러나 불행히도 밤은 태양을 송두리째 집어삼키고 말았습니다.

—— 살아계신 하나님

성경에는 삼손 외모에 대한 설명이 자세하게 나오지 않습니다. 영화나 미디어에서는 보통 우락부락한 근육질 장사로 묘사합니다. 하지만 이 같은 묘사가 꼭 맞는다고 확신할 순 없습니다. 삼손의 힘은 근력이 아닌 초자연적 기원을 가졌기 때문입니다. 실제로 그를 봤다면 의외로 평범한 체형과 외모를 가졌을지도 모릅니다.

그는 나귀 턱뼈 하나로 블레셋 장정 1천 명을 죽였고, 젊은 사자도 새끼 양처럼 찢었습니다. 한밤중에 가사(Gaza)의 성문과 문설주, 빗장을 뽑아 어깨에 메고 64km 떨어진 헤브론까지 걸어갔습니다. 그야말로 초인입니다. 이런 삼손 앞에서 블레셋의 철제 무기와 정예 병력은 아무 소용 없었습니다. 만일 삼손이 나귀 턱뼈가 아닌 골리앗이 들었던 '베들 채 같은 창'을 쥐고 있었다면, 블레셋의 5개 도시와 크레타 본국의 병력을 총출동한들 그를 막을 수 있었을지 의문입니다.

> 너희 중 한 사람이 천 명을 쫓으리니 이는 너희의 하나님 여호와 그가
>
> 너희에게 말씀하신 것 같이 너희를 위하여 싸우심이라
>
> (수 23:10)

사사기 13-16장에는 삼손이 초월적 능력을 발휘하기 전에 여호와의 영(רוּחַ, 루아흐)이 임했다는 표현이 나옵니다. 그는 하나님에게서 발원한 특별한 힘에 의지했습니다. 믿기 어려운 행적 때문에 많은 역사학자나 성서 고고학자들이 삼손 이야기를 과장된 민담이나 전설로 인식합니다. 《이스라엘의 역사》를 저술한 존 브라이트[John Bright 1908~1995] 박사도 삼손 이야기는 이스라엘과 블레셋의 접경 지역에서 국지적인 분쟁이 있었다는 사실을 보여주는 점 빼고는 큰 의미가 없다고 보았습니다.*

하지만 이러한 분석은 성경의 무오성에 어긋나는 자의적인 해석입니다. 일개 강신무(降神巫)조차 150kg이 넘는 돼지

---

* 　존 브라이트, 《이스라엘의 역사 제4판》(2002), 231면

를 어깨에 둘러메고 날이 시퍼렇게 선 작두를 탑니다. 심지어 그 위에서 춤을 추기도 합니다. 이 같은 현상에 대한 과학적 분석 따위는 존재하지 않습니다. 귀신에 붙들린 한낱 무당조차 이런 재주를 피울 수 있습니다. 하물며 '여호와의 영이 임한' 삼손의 능력은 상상을 뛰어넘었을 것입니다.

제가 겪은 일을 하나 소개하고자 합니다. 저는 이성과 합리주의를 신봉했던 사람입니다. 청소년기에는 비판 철학에 심취했으며, 대학 시절에는 법치와 자유주의에 대한 확신을 가졌습니다. 그런데 어느 날 아버지가 췌장암에 걸리시고 말았습니다. 췌장암은 생환율이 5%가 되지 않을 정도로 예후가 좋지 않습니다. 현대 의술로는 아직 극복하지 못한 질병입니다.

돌아가실 날이 임박하자 저는 마지막 수단으로 40일 금식기도에 돌입하였습니다. 다만 40일을 통째로 굶을 순 없으니, 하루에 한 끼만 먹었습니다. 한 끼 식사도 밥 한 공기의 절반 정도에 간단한 짠지만 곁들였습니다. 한 달이 지나자 체중이 10kg 넘게 줄어들고 온몸에 힘이 빠지는 게 느껴졌습니다. 배가 너무 고프니 잠도 잘 오지 않았고, 혈액순환이 잘되지 않아 손끝이 저렸습니다. 2주 정도 지났을 때는 눈에 보이는 모든 게 음식으로 보였습니다. 그렇게 극단적으로 절식하며 기도했지만, 아버지 병환에는 차도가 없었습니다. 1월의 어느 날 병원에서는 임종을 준비하라고 했습니다.

그즈음 얼핏 낮잠이 들었습니다. 과도한 금식으로 기력이 많이 쇠했기 때문에 깜박깜박 선잠이 들 때가 많았습니다. 그런데 그날은 마치 가위에 눌린 듯 몸이 꿈쩍도 하지 않았습니다. 눈도 컴컴해져서 마치 블랙아웃(Blackout)을 당한 것처럼 앞이 보이지 않았습니다. 청각만 유일하게 남아있었는데, 부엌에서 딸아이가 칭얼대는 소리가 아스라이 들렸습니다. 저는 애써 손가락을 움직이려 노력했습니다.

그 순간 따스한 빛이 주변을 감싸는 느낌이 들었습니다. 속으로 '누가 난로를 틀었나?'라고 생각했습니다. 이상하게 그 열은 인공적이지 않았습니다. 그리고 한 남성의 목소리가 들렸습니다.

"내가 네 아비의 수명을 연장시켜 주겠다."

또렷하고 깨끗한 음성이었습니다. 목소리의 주인은 나이를 가늠할 수 없었고, 귀가 아닌 머리에서 울려 퍼지는 것처럼 느껴졌습니다. 보통 이런 말을 들으면 "얼마나 더 사시게 됩니까?"라고 물어보는 게 정상입니다. 하지만 너무 갑작스러운 경험이어서, 당시에는 그런 생각이 들지 않았습니다. 당황한 나머지 "누구세요?"라고 되물었습니다.

목소리의 주인공은 질문에 답하지 않았습니다. 그리고 순간적으로 마비가 풀려 몸을 다시 움직일 수 있게 되었습니다. 눈을 떠서 시계를 보니 낮잠을 잔 시간은 불과 몇 분이 되지 않았습니다. 부엌으로 가보니 딸아이는 실제로 그곳에서 칭얼대고 있었습니다.

기묘한 경험을 한 후에 놀랍게도 아버지는 극심했던 통증이 사라지고 정상적인 생활을 할 수 있을 정도로 쾌차하셨습니다. 하지만 종양은 사라지지 않았습니다. 병은 그대로인데 이상하게 정신과 체력만 돌아오신 것입니다. 아버지는 그렇게 몇 달 동안 가족들과 함께 편안히 지내신 뒤 갑자기 증세가 악화해 1주일 만에 세상을 떠나셨습니다. 아버지가 소천하신 날은 병원에서 임종을 선고한 날로부터 정확히 3개월째 되는 날이었습니다.

아버지가 돌아가신 직후에는 수명이 늘어난 기간이 너무 짧았다고 원망하는 마음이 들었습니다. 그러나 사람의 생사는 전적으로 하나님 손에 달렸습니다. 우리 말에도 "인명(人命)은 재천(在天)"이라 합니다. 돌이켜 보면 죽고 사는 문제에 주권적으로 개입하신 것만으로도 엄청난 은혜였습니다. 성경에는 하나님이 수명을 연장해 준 히스기야 왕의 이야기가 나옵니다. 히스기야는 예정된 날보다 15년을 더 살았습니다.

> 내가 네 날에 십오 년을 더할 것이며 내가 너와 이 성을 앗수르 왕의 손에서 구원하고 내가 나를 위하고 또 내 종 다윗을 위하므로 이 성을 보호하리라 하셨다 하라 하셨더라
>
> (왕하 20:6)

그러나 히스기야의 생명 연장은 유다의 복이 되지 못하였습니다. 성경은 생명이 늘어난 히스기야가 교만해지고 하나님 앞에서 건방을 떨어 나라에 재앙을 불러일으켰다고 전합니다.

> 그때에 히스기야가 병들어 죽게 되었으므로 여호와께 기도하매 여호와께서 그에게 대답하시고 또 이적을 보이셨으나 / 히스기야가 마음이 교만하여 그 받은 은혜를 보답하지 아니하므로 진노가 그와 유다와 예루살렘에 내리게 되었더니
>
> (대하 32:24-25)

또 히스기야가 더 산 날에 낳은 아들 므낫세는 나라를 완전히 망치고 말았습니다. 하나님은 항상 최선의 것을 우리에게 주시고자 합니다. 문제는 인간의 욕심입니다. 넘치는 재물과 장수가 화(禍)가 되는 줄 모르고 막무가내로 달라고만 합니다. 우리 욕심대로 다 얻어서 복이 된 적은 없습니다. 분에 넘치는 복은 쉽사리 재앙으로 돌변합니다. 넘치지도 않고, 부족하지도 않게 분량에 맞추어 부어주시는 은혜야말로 진정한 축복입니다.

> 곧 헛된 것과 거짓말을 내게서 멀리 하옵시며 나를 가난하게도 마옵시고 부하게도 마옵시고 오직 필요한 양식으로 나를 먹이시옵소서
>
> (잠 30:8)

하나님의 목소리를 들었던 사건 이후에도 일상은 크게 달라지지 않았습니다. 기이한 이적과 신비를 찾아다니거나 쫓지도 않았습니다. 어차피 일반화할 수 없는 경험입니다. 성경과 교회에서 선포하는 바른 말씀 외에 다른 표적은 필요하지 않다고 생각합니다. 또 세상은 여전히 하나님이 창조하신 이치에 따라 운행된다고 믿습니다. 하나님이 살아계심이 확실하므로, 그 이상의 표징을 바라는 것은 별다른 메

시지가 되지 못합니다.

다만 그날의 경험은 개인적인 믿음을 강화했습니다. 제 상식을 뛰어넘는 한 차원 높은 세계가 실재함을 깨달은 것입니다. 무엇보다 성경에 기록된 놀라운 이적들을 믿음의 눈으로 바라보게 되었습니다. 이성을 맹신했던 시절에는 여호수아가 중천의 해를 멈추거나 삼손이 두 팔로 다곤 신전을 무너뜨린 일, 예수님이 오병이어로 5천 명을 먹이신 일 등 초자연적 현상에 관한 기록을 냉소적으로 바라봤습니다. 실제로 지금도 많은 그리스도인이 성경 속에 나오는 신령한 역사를 문학적 수사나 전설로 치부합니다. 하나님을 관념적이고 추상적인 존재로 인식하는 오류를 범하기 때문입니다. 그러나 살아계신 하나님의 임재를 체험한 뒤에는 성경에 나온 초자연적 기록을 온전한 사실로 받아들이게 되었습니다.

> 나는 아브라함의 하나님이요 이삭의 하나님이요 야곱의 하나님이로라 하신 것을 읽어보지 못하였느냐 하나님은 죽은 자의 하나님이 아니요 살아있는 자의 하나님이시니라 하시니
>
> (마 22:32)

우리의 제한적인 인식 능력 안에서 하나님을 해석하려는

시도는 무익합니다. 주로 "세상을 잘 안다"고 자부하는 사람들이 이러한 실수를 저지릅니다. 하지만 덧없는 세상 지식으로 건방을 떨면 버림을 받을 수 있습니다. 하나님 앞에서 늘 겸손하면서, 말씀을 의심하지 않아야 합니다. 이것이 지혜입니다.

> 또 사람에게 말씀하셨도다 보라 주를 경외함이 지혜요 악을 떠남이 명철이니라
>
> (욥 28:28)

초기 이스라엘 역사를 말할 때 빼놓을 수 없는 민족이 바
로 블레셋 족속입니다. 블레셋은 아말렉과 더불어 이스라엘
대적의 상징 같은 존재입니다. 삼손이 살았던 시기에 이스
라엘을 실질적으로 지배하던 블레셋은 오랫동안 이스라엘
을 괴롭혔습니다.

삼손이 태어난 이유도 블레셋으로부터의 구원 때문이었
으며(삿 13:5), 이스라엘 초대 왕 사울은 블레셋과의 전투에서
목숨을 잃었습니다. 다윗은 블레셋을 물리치고 정복해 가면
서 왕조의 기틀을 마련할 수 있었습니다.

창세기 10장에 따르면 블레셋은 함족(Hamite)으로 분류됩
니다. 블레셋 민족이 '갑돌(Caphtor: Crete)'에서 올라온 민족
(신 2:23, 렘 47:4, 암 9:7)이라고 해서 야벳의 갈래로 생각하는
것은 잘못입니다.

함의 아들은 구스와 미스라임과 붓과 가나안이요 … 미스라임은 루딤

과 아나밈과 르하빔과 납두힘과 바드루심과 가슬루힘과 갑도림을 낳
았더라 (가슬루힘에게서 블레셋이 나왔더라)

(창 10:6-14 축약)

갑돌은 갑도림의 복수형입니다. 갑도림과 블레셋은 삼촌
과 조카 사이가 됩니다. 갑도림이 에게 해(海)를 근거지로 삼
았을 때, 블레셋도 동행했던 것으로 보입니다. 이후 크레타
섬은 블레셋 민족의 모국이 됩니다.

크레타 섬은 서양 고대 문명의 발상지인 미노스 문명^{Minoan}
^{Civilization}이 꽃피웠던 곳입니다. 황소 머리와 인간의 몸을 가
진 미노타우로스와 미궁의 전설을 가진 미노스 문명은 B.C.
3500년경 발생했습니다.

크레타인은 민족 구성에서 그리스나 이오니아의 미케네
문명 건설자들과 차이가 있습니다. 야벳의 후손이자 인도-
유럽 어족인 그리스인들과 달리 크레타인은 이집트 북부에
서 올라온 함족과 소아시아 지방에서 넘어온 이주민들이 섞
여있었습니다.

크레타 문명은 미노스(Minos) 왕이 크레타 섬 북부에 있
는 크노소스에 궁전을 짓고 세력을 키우며 전성기를 맞습니
다. B.C. 3000년경 이미 수준 높은 청동기를 제작하였으며,

해상 무역을 장악했습니다. 그러나 B.C. 1600년경 발생한 대지진으로 궤멸적인 타격을 입었고, 이후 그리스 본토의 침공으로 쇠락했습니다.

블레셋 족속은 창세기 26장에서 이삭과도 조우합니다. 그랄 땅에 거주하던 이삭은 가뭄을 피해 블레셋 왕 아비멜렉에게 의지합니다. 그랄은 현재의 가자(Gaza)에서 남쪽으로 13km 떨어진 지중해 접경 지역입니다. 아비멜렉은 "아버지는 왕이시다"라는 의미입니다. 학계에서는 아비멜렉을 이름이 아닌 직책으로 보고 있습니다. 그런데 여호와께서 이삭에게 백배의 축복을 내리시므로, 이삭의 세력이 점차 강해졌습니다. 이를 지켜본 아비멜렉은 이삭에게 먼저 친선 계약을 맺자고 제안했습니다.

> 그들이 이르되 여호와께서 너와 함께 계심을 우리가 분명히 보았으므로 우리의 사이 곧 우리와 너 사이에 맹세하여 너와 계약을 맺으리라 말하였노라 / 너는 우리를 해하지 말라 이는 우리가 너를 범하지 아니하고 선한 일만 행하여 네가 평안히 가게 하였음이니라 이제 너는 여호와께 복을 받은 자니라
>
> (창 26:28-29)

블레셋 전사의 상상도

일각에서는 창세기 26장을 후세에 삽입한 기록으로 보고 있습니다. 족장 시대에 블레셋 민족이 뜬금없이 등장한 이유는, 이스라엘과 블레셋의 영토 분쟁에 역사적 당위성을 부여하기 위해 후대에 보충되었다는 취지입니다.

하지만 이러한 주장은 성경을 고고학의 권위 아래에 두려는 욕심 때문에 나왔습니다. 이삭과 블레셋의 조우는 당시 지정학적 환경을 봐도 충분히 가능합니다. 블레셋의 모국인 크레타는 이삭이 활동하던 B.C. 2000년경 이미 에게 해의 강자로 군림했습니다. 주된 수입원은 해상 무역이었는데, 교역 활성화를 위해 최대한 많은 해외 식민도시를 건설하기 원했습니다. 이들은 일단의 청년 무리를 선발해 바다에 내보내는 관습도 가지고 있었습니다. 이러한 전통은 미노아-미케네 문명의 특징입니다. 이렇게 본국을 나와 주변 지역에 정착한 사람들은 다시 본토와 군사적, 경제적인 동맹 관계를 맺었습니다.

팔레스타인 지방은 당시 크레타의 최대 교역국인 이집트와 지리적으로 인접해 있습니다. 여기에 블레셋 사람들의 초창기 식민지가 있었다고 해도 전혀 이상하지 않습니다. 사사 시대에 본격적으로 등장하는 블레셋의 5대 도시(아스돗, 가자, 가드, 에그론, 아스글론)도 모두 해변에 집중되어 있습니다. 규모는 조금 작아도 초기 식민도시를 개척한 세력이 근방에 터 잡고 있었을 가능성이 높습니다.

B.C. 10~11세기경의 블레셋의 도자기 유물 ©alamy stock photo

아비멜렉이 이삭과 강화를 맺은 것만 봐도 당시에는 블레셋의 세력이 그리 강하지 않았음을 알 수 있습니다. 1609년 영국 이주민들이 아메리카 대륙에 처음 이주하여 세운 제임스타운(Jamestown)처럼, 블레셋도 정착 초기에는 주변 부족의 눈치를 보며 불필요한 충돌을 꺼렸던 것 같습니다.

또 하나님은 훗날 블레셋 민족을 없애기 전에 본국에서 도움을 주지 못하도록, 크레타 섬의 블레셋부터 멸절하셨습니다. 예레미야의 기록은 블레셋의 이러한 본국-식민도시와의 긴밀한 관계를 보여줍니다.

> 이는 블레셋 사람을 유린하시며 두로와 시돈에 남아있는 바 도와줄
> 자를 다 끊어버리시는 날이 올 것임이라 여호와께서 갑돌섬에 남아있
> 는 블레셋 사람을 유린하시리라
>
> (렘 47:4)

이삭의 시대에서 7~8세기가 흐른 후, 블레셋은 팔레스타인 지역에서 큰 영향력을 가진 세력으로 성장합니다. 팔레스타인이라는 지명도 블레셋(Philistine)에서 기원했습니다.

블레셋의 역사적 존재는 기원전 14세기에 쓰인 이집트 왕국의 외교 문서인 아마르나 기록(Amarna letters)에서도 확인할 수 있습니다. 400여 개의 점토판에 기록된 이 문서에서 블레셋은 바다에서 온 민족으로 분류돼 있었습니다. 신분은 이집트에 고용된 용병들이었습니다.[*]

이집트 테베에서 발견된 부조에서 블레셋 병사는 깃털 장식이 달린 투구를 쓰고 있으며, 짧은 스커트를 입고 방패

---

[*] 최창모, 지중해 문명과 가나안의 상호작용에 있어서 블레셋의 역할에 관한 연구, 지중해 지역연구, 158면

와 창을 사용하고 있습니다. 가나안이나 이집트 문명권의 복식과 확연히 구별됩니다. 그 밖에 토기 형태와 장식, 신전 구조, 유골의 DNA 연구 결과도 블레셋이 에게 해의 미케네 문화권에 속한 족속임을 증거하고 있습니다.[*]

블레셋 병사들이 그려진 고대 이집트의 돌을새김 ©alamy stock photo

이집트 제20왕조의 Papyrus Harris I은 람세스 3세 메네프 타의 허락을 받아 블레셋 민족이 가나안 평야 지대에 정착

---

[*] 강후구, 블레셋에 관한 고고학적 연구, 성서마당, 2022, 122면.

하는 장면을 묘사하고 있습니다.[*]

기록과 유적을 종합할 때 블레셋은 전사 계급을 별도로 갖추고 있었고, 이집트와 팔레스타인 지역에 식민도시를 건설해 힘을 축적했던 것으로 보입니다. 시기적으로 블레셋 사람들이 팔레스타인에서 본격적으로 부흥하던 때는 여호수아의 가나안 정복 시기와 겹칩니다. 이때는 원시적인 정착촌 형태에서 벗어나 한층 앞선 문명을 이룩했습니다.

바다를 건너온 블레셋은 가나안 해변을 중심으로 성장했습니다. 해당 지역은 이스라엘의 단(Dan) 지파가 기업으로 받은 지역과 남북으로 경계가 닿아있습니다. 삼손이 바로 단 지파 출신입니다.

한때 이스라엘을 크게 압박하던 블레셋은 다윗 왕조의 등장 이후 힘을 잃기 시작합니다. 크레타 본국과 문화적으로 이질성을 갖게 되는 것도 이 시기입니다. 가나안 문명에 동화된 블레셋 도시들은 이스라엘 분열 왕조 시기에 다시 등장합니다. 그러나 느부갓네살 왕의 정복 전쟁으로 괴멸적인 타격을 입었고, 바빌로니아 제국의 이산(離散) 정책에 따라 귀족과 사회 지도층이 끌려간 후 역사의 무대에서 완전히 사라졌습니다.

* 최창모, 앞의 논문.

블레셋 온 땅이여 너를 치던 막대기가 부러졌다고 기뻐하지 말라 뱀의 뿌리에서는 독사가 나겠고 그의 열매는 날아다니는 불뱀이 되리라 / 가난한 자의 장자는 먹겠고 궁핍한 자는 평안히 누우려니와 내가 네 뿌리를 기근으로 죽일 것이요 네게 남은 자는 살육을 당하리라 / 성문이여 슬피 울지어다 성읍이여 부르짖을지어다 너 블레셋이여 다 소멸되리로다 대저 연기가 북방에서 오는데 그 대열에서 벗어난 자가 없느니라

(사 14:29-31)

—— 사명이 이끄는 삶

삼손은 시종일관 혼자였습니다. 힘이 돼주어야 하는 동족들은 그를 버렸습니다(삿 15:10). 삼손은 여러 차례 블레셋과 싸워 이겼지만, 언제까지나 개인적인 저항에 머물렀습니다. 삼손이 이스라엘 백성을 이끌고 블레셋을 쳤다거나, 무리를 모아 대항했다는 기록은 찾을 수 없습니다.

조직적인 움직임이 따르지 않았다는 점에서 삼손은 다른 사사들과 뚜렷하게 구별됩니다. 리더십은 물론이고, 인간적 매력도 부족했던 것으로 보입니다. 삼손이 이스라엘의 사사였다는 말씀이 성경에 두 번이나 언급됐다는 점에서(삿 15:20, 삿 16:31) 그가 지도자였다는 점은 분명합니다. 하지만 삼손의 역할은 비공식적이라는 느낌이 강합니다. 삼손이 보여준 모습을 고려할 때 그가 보편적 의미의 사사로 활동했는지에 대해 의문이 남습니다. 사사는 투표로 선출되거나, 세습하는 직책이 아닙니다. 하나님이 직접 세우시는 존재입니다. 삼손은 하나님이 인정한 사사에 해당하지만, 실제로 재판을 하고 백성을 영도하는 보편적 역할을 맡았는지는 알 수 없습니다. 삼손은 항상 혼자였고, 늘 개인적으로 행동했기 때문입니다.

초자연적 능력을 지닌 삼손은 다른 사람들과 이질감을 느낄 수밖에 없었습니다. 나아가 나실인으로서의 의무와 한 남성으로서의 욕망 사이에서 길을 잃고 헤맸습니다. 이러한 내적 갈등은 공과 사의 영역에서 완전히 다른 모습을 드러내는 것으로 나타났습니다.

공적 측면에서 삼손은 블레셋 족속에게 엄청난 타격을 입혔습니다. 삼손은 블레셋을 크게 무찔렀으며, 마지막 순간에는 다곤 신전을 무너뜨리며 살아생전 죽인 사람보다 더 많은 블레셋 사람들을 죽였습니다. 고대 사회에서 인구는 국력과 직결돼 있었습니다. 식량 생산과 전쟁 등 국가의 핵심 기능을 노동력에 의존했기 때문입니다. 따라서 블레셋은 삼손이 입힌 인적 손실을 극복하는 데 많은 어려움을 겪었을 것입니다. 또 삼손이 거둔 승리 이야기는 블레셋에 억눌려 살던 동포들에게 희망의 메시지가 되었습니다.

그러나 내적 측면에서 삼손은 주도적으로 사명을 수행하

지 못했습니다. 구별된 존재라는 정체성은 있었지만, 구체적으로 어떻게 살아야 할지 잘 몰랐습니다. 그 결과 자신에게 부여된 사명의 무게를 종종 망각했습니다. 그는 하나님이 주신 신령한 은사를 수수께끼나 농지거리 소재로 삼기도 했습니다. 성격적 결함도 두드러집니다. 삼손은 귀가 얇고 쉽게 분노했습니다. 그의 분노는 공의(公義)와 거리가 멀었고, 대부분 개인적 노여움에서 발원했습니다. 블레셋 사람을 처음으로 쳐 죽인 사건은 결혼식에서의 내기 때문이었고, 두 번째 격돌은 죽은 신부에 대한 보복이었습니다. 죽기 직전 다곤 성전에서의 부르짖음도 "나의 두 눈을 뺀 블레셋 사람에게 원수를 갚게 해달라"는 사사로운 원한에서 비롯됐습니다(삿 16:28).

이뿐만이 아닙니다. 삼손이 행한 사역을 뜯어보면, 하나같이 목적의식이 결여돼 있습니다. 돌발적 사태가 얽히고설킨 상황과 맞물려 확산하다가, 블레셋과의 충돌로 마무리되는 내용이 전부입니다. 블레셋 장정 1천 명을 죽인 사건은 동족인 유다 지파가 그를 블레셋에게 넘겼기 때문에 벌어졌습니다. 다곤 신전을 무너뜨린 배경은 팜므파탈에 빠져 신령한 비밀을 누설한 데 있었습니다. 딤나 여인과의 '피의 결혼식'은 더 말할 것도 없습니다. 그는 한 번도 하나님을 위해 블레셋을 물리치겠다는 구체적인 목적을 갖고 임한 적이 없습니다. 물론 현상 너머에는 우연을 가장한 하나님의 관여가 존재했습니다. 그러나 아쉬움이 남습니다. 하나님 섭리로 결과적 선이 도출됐지만, '쓰임 받는 존재'로서의 각성이 부족했기 때문입니다. 영적으로 깨어있지 못했던 삼손은 단순한 기계적 존재에 머물렀습니다. 만일 그가 '사명이 이끄는 삶'을 살았다면 분명 달랐을 것입니다. 이런 점에서 삼손은 사무엘과 비교됩니다.

비슷한 시기에 활동했던 사무엘과 삼손은 유사한 측면이 많습니다. 사무엘도 태어나기 전부터 하나님께 바쳐졌고, 머리에 삭도를 대지 않는 나실인이었습니다(삼상 1:11). 두 사람 모두 여호와의 말씀이 희귀하던 지파 동맹시대 말엽에 사사로 세워졌으며*, 신비로운 은사를 거듭 행하였습니다.

하지만 결말은 다릅니다. 사무엘은 하나님과 밀접하게 소통하며 이스라엘을 이끌었고, 하나님께 인정받았습니다. 그는 삼손과 달리 항상 말씀에 귀 기울이며 성결한 삶을 살았습니다.

삼손도 이스라엘을 핍박하던 블레셋을 괴롭게 하였습니다. 그러나 사무엘과 달리 하나님께 깊숙이 다가가지 않았

* 동시대에 살았던 인물이라는 의견도 있다.

습니다. 삼손이 기도하는 장면은 단 두 번밖에 나오지 않습니다. 첫 번째는 레히에서 블레셋을 무찌른 뒤 갈증을 해결하기 위해 물을 달라는 기도였고, 두 번째는 다곤 신전에서 두 눈을 뺀 원수들에게 복수하게 해달라는 청원이었습니다. 둘 다 이스라엘 백성을 위한 것이 아닌, 자신을 위한 성격이 강합니다. 그래도 선하신 하나님은 사(私)를 의(義)로 승화시켜 주셨습니다.

기도가 없으니 말씀도 없었습니다. 사무엘서에는 하나님이 직접 하신 말씀이 다수 기록돼 있습니다. 그러나 사사기 13-16장은 3인칭 시점에서 삼손의 행적과 하나님의 후견적 개입을 건조하게 서술할 뿐, 하나님의 직접적인 워딩이 나오지 않습니다.

나실인 삼손은 자신의 특별함을 인지하고 있었습니다. 부모에게 들은 수태고지 내용과 누구도 흉내 낼 수 없는 초자연적 능력, 그리고 자기 의지와 상관없이 지속되는 블레셋과의 충돌은 한 목소리로 삼손의 사명이 무엇인지 가리키고 있었습니다.

하지만 그는 목적의식 없이 현상에 이끌려 다녔습니다. 결국 삶이 점점 황폐하게 변해갔습니다. 사무엘과 바울이 하나님과 동행하며 자신의 삶을 온전히 드린 것과 비교하면 너무나 초라한 모습입니다. 만일 그가 인생의 초점을 사명에 맞췄다면, 훨씬 풍성하고 은혜로운 삶을 살았을 것입니다. 어쩌면 사사기에 포함되지 않고 사무엘이나 에스더처럼 《삼손기》라는 별도의 책으로 꾸려졌을지도 모릅니다.

—— 달리는 기차에서 내릴 때

하나님께 쓰임 받는 인생은 둘로 나뉩니다. 첫째는 영적 각성을 통해 비전을 공유하는 삶입니다. 이들은 기도와 말씀으로 무장하고, 성령의 인도에 따라 살아갑니다. 둘째는 억지춘향으로 끌려다니는 사람입니다. 은혜로 말미암아 어찌어찌 사명을 수행하지만, 늘 아쉬운 모습을 보입니다. 영적인 감수성도 부족합니다. 하나님이 여러 번 신호를 보내도 제대로 알아듣지 못합니다. 결국 짧은 길도 멀리 돌아가며, 호미로 막을 것을 가래로 막게 됩니다.

삼손은 하나님을 깊이 묵상하지 않았습니다. 여호와의 영이 임한 특별한 도구로서 놀라운 능력을 발휘했지만, 자발적으로 하나님을 묵상하고 대면하기를 구하지 않았습니다. 그 결과 삼손은 "나는 누구인가"라는 질문에 해답을 얻지 못했습니다. 자신의 존재 의의를 명쾌하게 알려줄 하나님께 손을 뻗지 않았기 때문입니다.

요셉은 지하 감옥에서 10년간 하나님을 묵상했습니다. 모세는 40년간 미디안 사막에서 지내며 묵상하는 시간을 가졌습니다. 사도 바울도 아라비아 광야에서 3년간 자신에게 임한 사명을 마음에 새겼습니다(갈 1:17-18).

누구나 예기치 않은 순간을 맞이할 때가 있습니다. 시험 낙방, 이직 실패, 질병 등 다양한 이유로 가진 것을 내려놓고 홀로 던져질 때가 있습니다. 하지만 낙담할 필요는 없습니다. 이 상황은 오히려 축복입니다. 이때가 바로 하나님을 묵상하는 시기이기 때문입니다. 하나님은 새 비전을 주시거나, 혹은 사명을 깨닫게 하기 위해 달리는 기차에서 내리게 하십니다. 새로 출발하기 위해서는 질주를 멈춰야 하기 때문입니다. 묵상의 시간을 허락받은 것은 그만큼 당신이 특별하다는 증거입니다.

묵상의 시기에는 하나님께 온전히 집중하며 사명과 비전을 깨닫기 위해 노력해야 합니다. 오직 하나님만 바라보며 기도해야 합니다. 이러한 연단을 거친 후에 우리는 비로소 소명을 깨닫게 되고, 하나님께 순종하는 삶을 살게 됩니다. 그리고 적극적으로 인생을 바쳐 하나님 나라의 의를 이루어갑니다. 홀로 남겨진 시간은 큰 영광에 참여하기 위해 도움 닫기를 하는 순간입니다.

이 시기에는 세상과 떨어져 잠시 고립됩니다. 그러나 먹고사는 문제는 염려할 필요 없습니다. 하나님은 그분께 집중하는 동안 절대로 굶기지 않으십니다. 삶이 망가지지도 않습니다. 오히려 그 반대입니다. 하나님을 깊이 묵상하는 동안 하나님이 막후에서 움직이십니다. 이로 인해 '커리어 단절'이 아닌 '커리어 도약'이 일어납니다. 사람이 하는 게 아닙니다. 하나님이 일하십니다. 따라서 묵상의 시기가 끝나면, 우리는 하나님의 신묘막측한 계획과 마주하게 됩니다.

> 너희는 무엇을 먹을까 무엇을 마실까 하여 구하지 말며 근심하지도 말라 / 이 모든 것은 세상 백성들이 구하는 것이라 너희 아버지께서는 이런 것이 너희에게 있어야 할 것을 아시느니라 / 다만 너희는 그의 나라를 구하라 그리하면 이런 것들은 너희에게 더하시리라
>
> (눅 12:29-31)

요셉이 지하 감옥에서 10년을 머무는 동안, 하나님은 그가 가장 빨리 이집트 총리가 되는 길을 닦아놓으셨습니다. 요셉이 할 일은 단지 하나님을 신뢰하며 기다리는 것뿐이었

습니다. 만일 요셉이 감옥에 가지 않고 계속해서 보디발 장군의 몸종으로 남았다면, 노예치고는 잘 먹고 잘 살았던 그저 그런 인물로 남았을 것입니다. 하지만 하나님은 요셉을 제국의 지도자로 세우기 원했습니다. 하나님이 선택한 수단은 '이보 전진을 위한 일보 후퇴'였습니다.

저는 마흔 살이 넘어서야 소명을 깨달았습니다. 젊은 시절 제가 원했거나, 욕망했던 것은 예외 없이 육신의 정욕과 세상 가치를 따랐던 것들이었습니다. 그 결과 여러 번 실패를 경험했고, 밤낮으로 고생해도 열매가 적었습니다. 하나님 뜻이 없는 곳에서 헛수고를 했기 때문입니다.

> 여호와께서 집을 세우지 아니하시면 세우는 자의 수고가 헛되며 여호와께서 성을 지키지 아니하시면 파수꾼의 깨어 있음이 헛되도다 / 너희가 일찍이 일어나고 늦게 누우며 수고의 떡을 먹음이 헛되도다
>
> {시 127:1-2(상반절)}

그러던 중 다니던 직장을 그만두고 3년 정도 공백기를 가진 적이 있습니다. 수입이 별로 없어 경제적으로 적잖이 힘들었습니다. 하지만 돌이켜 보면 어느 시기보다 큰 은혜를 받았던 것 같습니다. 무엇보다 성경을 반복해서 읽으며 하

나님을 깊이 묵상할 수 있었습니다. 이 책의 초고도 당시에 완성했습니다. 지금 보면 글쓰기 경험 없는 아마추어가 어설프게 끄적인 것에 불과했습니다.

이후 사회 활동을 재개하게 됐습니다. 그런데 그동안 생각했던 방향과는 전혀 다른 인생을 살게 되었습니다. 묵상의 시기가 끝나고 다시 직장을 얻을 무렵 제 앞에는 두 가지 선택지가 놓여있었습니다. 하나는 기독교 정신을 바탕으로 국제구호개발사업을 하는 NGO 단체였습니다. 다른 하나는 기자가 10명도 안 되는 작은 언론사였습니다. 많은 젊은이가 그러하듯 저도 국제교류와 해외 진출에 대한 로망이 있었습니다. 영어와 일어에 능통했던 아버지도 오랜 기간 모 교회에서 해외 선교부장으로 봉직하셨습니다. 저는 NGO 단체에 입사하는 게 하나님이 주신 비전이라 확신했습니다. 경력 채용 공고가 올라왔던 보직도 마침 제가 과거에 몸담았던 기업에서 익힌 직무였습니다.

하지만 최종면접에서 떨어지고 말았습니다. 저는 실망감에 젖어 하나님께 아쉬움을 토로했습니다. 방향도 맞고, 경력도 일치하는 것 같은데 탈락시킨 이유를 도통 이해할 수 없었습니다. 그러자 하나님은 "너보다 더 합당한 사람이 그 자리를 맡았다. 네게는 다른 일이 있다"고 말씀하셨습니다.

결국 저는 차선으로 생각했던 신문사에 입사했고, 생뚱맞게 글을 쓰는 직업을 갖게 되었습니다. 박봉이었지만 그곳에서 수년간 매일 같이 글 쓰는 훈련을 받을 수 있었습니다. 어느 순간 돌아보니 하나님의 계획하심과 제게 주신 사명이 선명해졌습니다.

'내게 이런 일을 하게 하시려고 이때 이런 훈련을 시키셨구나!'

저는 문서 사역을 위해 부르심을 받았다고 확신합니다. 지금은 주경야독으로 생활하며 책을 쓰고 있습니다. 책이 많이 팔리든, 팔리지 않든 그런 것은 개의치 않습니다. 하나님 뜻에 합하는 글을 쓰느냐, 그렇지 않느냐가 중요할 따름입니다. 돈과 명예가 따르지 않더라도 좋습니다. 그러한 것은 본질이 아니기 때문입니다. 사명을 알게 된 뒤로는 먹는 것과 입는 것을 별로 염려하지 않게 되었고, 작은 기회에도 감사하는 마음을 가지며 살게 되었습니다.

> 믿음의 선한 싸움을 싸우라 영생을 취하라 이를 위하여 네가 부르심을
> 받았고 많은 증인 앞에서 선한 증언을 하였도다
>
> (딤전 6:12)

소명 없는 사람은 존재하지 않습니다. 재능과 삶의 궤적을 살펴보면 교집합이 나오게 됩니다. 그리고 어느 순간 우연처럼 생각했던 일이 사실은 하나님의 계획 아래 놓여있다는 사실을 깨닫습니다. 바로 그곳에 길이 있습니다. 내가 하고 싶어하는 일이 소명과 일치하지 않을 수 있습니다. 하나님은 당신이 바라는 것이 아닌, 해야 할 일을 알려주십니다. 그리고 당신이 원하는 것이 아닌, 필요한 것을 공급해 주십니다.

> 내가 유다 지파 훌의 손자요 우리의 아들인 브살렐을 지명하여 부르고 / 하나님의 영을 그에게 충만하게 하여 지혜와 총명과 여러 가지 재주로 / 정교한 일을 연구하여 금과 은과 놋으로 만들게 하며 / 보석을 깎아 물리며 여러 가지 기술로 나무를 새겨 만들게 하리라 / 내가 또 단 지파 아히사막의 아들 오홀리압을 세워 그와 함께 하게 하며 지혜로운 마음이 있는 모든 자에게 내가 지혜를 주어 그들이 내가 네게 명령한 것을 다 만들게 할지니
>
> (출 31:2-6)

출애굽 당시 하나님은 모세에게 성막과 제단, 각종 기구를 제작할 것을 명하시고, 구체적인 제원과 수치를 알려주

셨습니다. 그리고 누가 이 일을 수행할 수 있는지도 말씀하셨습니다. 하나님은 브살렐과 오홀리압을 지명하여 부르셨으며, 기구 제작을 위한 지혜와 총명, 기술적 재능을 허락하셨습니다. 이후 그들은 하나님이 명하신 대로 언약궤와 등잔대, 제단 등을 성공적으로 만들었습니다(출 37:1-29).

지금도 하나님은 당신을 지명하여 부르고 계십니다. 그리고 우리가 사명을 수행하는 데 필요한 지혜와 재능, 그리고 물질을 허락해 주십니다. 우리는 그 부르심에 적극 응해야 합니다. 소명을 위해 힘써 기도하고 묵상해야 합니다. 그래야 하나님이 정하신 목적에 합한 인생을 살 수 있습니다. 이보다 더한 가치를 발할 수 있는 삶은 존재하지 않습니다.

—— 하나님의 시선

사람의 말과 행동은 생각의 통제를 받습니다. 생각은 시선에 종속되어 있습니다. 무엇을 보느냐에 따라 생각이 달라집니다. 성경에 나타난 죄의 뿌리는 잘못된 것을 보는 데서 시작합니다. 하와는 선악과를 보았고, 이스라엘 정탐꾼은 아낙 자손을 보았으며, 삼손은 여자를 보았습니다. 이들의 공통점은 정작 보아야 할 것을 보지 않았다는 것입니다.

사사 시대 이스라엘은 블레셋의 압박과 통제에 시달렸습니다. 가나안 정복이 미완성으로 끝나고, 우상숭배 문화가 유입돼 신앙의 정체성을 상실한 결과였습니다. 사사 시대 백성들은 말씀에 순종하지 않았습니다. 그 대신 저마다 자기 소견에 옳은 대로 행동했습니다(삿 17:6).

당시 이스라엘은 의지할 게 별로 없었습니다. 땅은 척박했고 생산력은 낮았으며, 지파들은 이기적이었습니다. 반면 블레셋은 한 세대 앞선 문명을 가지고 있었습니다. 야금 기술이 없었던 이스라엘 백성들은 철로 된 농기구나 보습을 벼리기 위해 블레셋 도시를 찾았습니다(삼상 13:20). 사울 시대까지 제대로 된 칼과 창을 보유한 사람이 사울과 그 아들인 요나단밖에 없었으니, 당시 이스라엘이 얼마나 뒤떨어졌는지 알 수 있습니다(삼상 13:19-23).

블레셋은 낙후한 이스라엘을 실질적으로 지배했습니다. 이스라엘 지파들은 여호수아 시절의 기개를 잃어버린 지 오래였습니다. 그 결과 블레셋에 굴종적인 태도를 취했습니다. 인구는 이스라엘이 훨씬 많았으나 블레셋의 선진 문물을 보고 기가 꺾인 탓이었습니다. 하나님은 소몰이꾼으로도 능히 블레셋을 이기게 하셨지만(삿 3:31), 백성들은 점점 하나님을 신뢰하지 않게 되었습니다. 가나안 문명에 오염돼 눈에 보이는 것만 믿고 의존했기 때문입니다. 결국 이스라엘은 제대로 싸워보지도 않고 블레셋의 종노릇을 자처하게 됐습니다.

> 유다 사람 삼천 명이 에담 바위 틈에 내려가서 삼손에게 이르되 너는 블레셋 사람이 우리를 다스리는 줄을 알지 못하느냐 네가 어찌하여 우리에게 이렇게 행하였느냐 하니 삼손이 그들에게 이르되 그들이 내게 행한 대로 나도 그들에게 행하였노라 하니라
>
> (삿 15:11)

하나님이 삼손을 세우신 이유는 명확합니다. 영적, 육적으로 블레셋의 위세에 짓눌린 이스라엘을 각성시키기 위해서입니다. 대신 삼손에게 블레셋과의 기술 격차를 줄이고도 남을 만큼의 초자연적 능력을 부여했습니다. 삼손은 말 그대로 하나님의 '최종병기'였던 것입니다.

하지만 그는 기대에 부응하지 못했습니다. 전무후무한 은사를 지녔지만, 영성이 없었습니다. 말씀을 사모하지 않았던 삼손은 자신의 시야를 하나님 관점으로 넓히는 데 실패했습니다. 이스라엘 구원이라는 중차대한 사명을 맡았지만, 마땅

히 보아야 할 것을 보지 못했고 해야 할 일을 미루며 지체했습니다. 삼손이 두 눈으로 직시해야 했던 것은 이방 민족의 종노릇을 하고 있는 이스라엘의 비참한 현실이었습니다.

삼손은 블레셋과 사사건건 부딪쳤습니다. 숨만 쉬어도 충돌이 생겼다는 표현이 더 어울릴 정도입니다. 그리고 그때마다 삼손은 큰 승리를 거두었습니다. 이쯤 되면 아무리 둔감해도 자신의 존재 의의를 깨닫게 됩니다. 처음에는 등 떠밀려 시작했어도, 차차 각성하며 능동적으로 하나님 뜻을 이뤄가야 했습니다. 하지만 삼손은 끝까지 그러지 못했습니다.

결국 하나님의 영이 삼손을 떠났고, 그는 대적들 손에 사로잡히는 신세가 되었습니다. 그리고 한때 자신이 성문과 문설주를 뽑아버렸던 가사 땅으로 끌려갔습니다. 성문을 뽑는 행동은 상대에 대한 큰 모욕입니다. '너희는 나를 막을 수 없다'는 뜻이기 때문입니다. 그 치욕을 잊지 않았던 가사 사람들은 포로가 된 삼손을 학대하며 철저히 응징했습니다.

《사자의 꿀(Lion's Honey)》을 쓴 이스라엘의 문학가 데이비드 그로스먼(David Grossman)은 "맷돌을 갈다"는 문장이 성적 은유를 암시하는 관용구로 사용된 점에 주목해 끌려간 삼손이 블레셋 여성들에게 종마(種馬) 역할을 했을 수 있다고 말했습니다.* 이른바 성적 착취를 당했다는 것입니다. 블레셋은 삼손의 신묘한 능력을 수도 없이 목격했기 때문에, 동일한 힘을 가진 전사를 생산하기 위해 그런 짓을 벌였을 가능성도 있습니다.

성경에는 두 눈이 뽑히고 놋 사슬에 묶여 포로가 된 사람이 한 명 더 나옵니다. 남유다의 마지막 왕인 시드기야입니다. 배도와 우상숭배를 일삼던 유다는 마침내 심판의 순간을 맞이했습니다. 하나님은 바빌로니아의 느부갓네살을 일으켜 유다를 침공하게 하셨습니다. 그 무렵 선지자 하나냐가 엉터리 예언을 선포합니다.

> 만군의 여호와 이스라엘의 하나님이 이같이 일러 말씀하시기를 내가 바벨론의 왕의 멍에를 꺾었느니라 / 내가 바벨론 왕 느부갓네살이 이곳에서 빼앗아 바벨론으로 옮겨 간 여호와의 성전 모든 기구를 이 년 안에 다시 이곳으로 되돌려 오리라 / 내가 또 유다의 왕 여호야김의 아들 여고니야와 바벨론으로 간 유다 모든 포로를 다시 이곳으로 돌아오게 하리니 이는 내가 바벨론의 왕의 멍에를 꺾을 것임이라 여호와의 말씀이니라 하니라
>
> (렘 28:2-4)

* 데이비드 그로스먼, 《사자의 꿀》(2006), 164면

그런데 "바벨론 왕의 멍에를 꺾었다"는 하나냐의 예언은 새빨간 거짓말이었습니다. 그는 무엄하게도 하나님 말씀을 참칭하여 거짓 평화를 선포했습니다. 이후 하나님의 진실한 말씀이 선지자 예레미야에게 임했습니다. 그 내용은 하나냐의 예언과 정반대였습니다. 하나님은 모든 나라에 쇠 멍에를 메워 느부갓네살을 섬기게 하였노라고 말씀하셨습니다.

> 만군의 여호와 이스라엘의 하나님께서 이와 같이 말씀하시니라 내가 쇠 멍에로 이 모든 나라의 목에 메워 바벨론의 왕 느부갓네살을 섬기게 하였으니 그들이 그를 섬기리라 내가 들짐승도 그에게 주었느니라 하라 / 선지자 예레미야가 선지자 하나냐에게 이르되 하나냐여 들으라 여호와께서 너를 보내지 아니하였거늘 네가 이 백성에게 거짓을 믿게 하는도다
>
> (렘 28:14-15)

간신히 명맥을 유지하던 유다는 이집트와 바빌로니아 사이에서 어설픈 줄타기 외교를 벌이다 느부갓네살의 분노를 사고 말았습니다. 시드기야는 바빌로니아에 대한 충성 맹세를 어기고 이집트로 돌아섰습니다. 이를 빌미로 바빌로니아가 이스라엘을 침공합니다. 마침내 바벨론 군대는 예루살렘

을 포위했습니다. 다급해진 시드기야는 감옥에 간힌 예레미야를 불러 어떻게 하는 게 좋을지 물어봅니다. 예레미야는 시드기야에게 투항하라고 권면하며 "항복하면 살고 저항하면 죽는다"는 하나님의 메시지를 전했습니다.

> 예레미야가 시드기야에게 이르되 만군의 하나님이신 이스라엘의 하나님 여호와께서 이와 같이 말씀하시되 네가 만일 바벨론의 왕의 고관들에게 항복하면 네 생명이 살겠고 이 성이 불사름을 당하지 아니하겠고 너와 네 가족이 살려니와 / 네가 만일 나가서 바벨론의 왕의 고관들에게 항복하지 아니하면 이 성이 갈대아인의 손에 넘어가리니 그들이 이 성을 불사를 것이며 너는 그들의 손을 벗어나지 못하리라 하셨나이다
>
> (렘 38:17-18)

시드기야는 예레미야의 말을 듣고도 자신의 체면이 깎일까 봐 전전긍긍했습니다. 그는 "만일 내가 항복하면 바빌로니아에 투항한 내 정적들이 나를 조롱할까 염려된다"고 했습니다(렘 38:19). 고심을 거듭하던 시드기야는 예레미야의 충언을 물리치고 끝까지 대항하기로 마음먹습니다.

풍전등화와 같은 상황에서 시드기야 앞에는 두 가지 선

택지가 놓여있었습니다. 하나는 진실이고, 하나는 거짓입니다. 하나는 살길이고, 하나는 죽는 길입니다. 하나는 하나님 말씀이고, 하나는 인간의 생각입니다. 안타깝게도 그는 후자를 따랐습니다. 그리고 비참한 최후를 맞이했습니다.

시드기야 11년에 마침내 예루살렘 성이 무너졌습니다. 그는 샛문으로 빠져나와 도망쳤지만 여리고 평원에서 추격군에 사로잡힙니다. 느부갓네살은 시드기야의 아들들을 눈앞에서 모두 죽였습니다. 그리고 시드기야의 두 눈을 뽑고 놋 사슬로 결박해 끌고 갔습니다(왕하 25:4-7). 그는 죽을 때까지 바빌로니아 감옥에서 비참하게 살았습니다. 이로써 유다는 완전히 멸망했고, 예루살렘 성전도 무너졌습니다. 보아야 할 것과 들어야 할 것을 무시했던 시드기야는 삼손과 데칼코마니 같은 비극을 맞이하고 말았습니다.

우리의 힘과 능력은 모두 하나님에게서 온 것입니다. 하나님이 떠나시면 어떤 능력도 발휘할 수 없습니다. 은혜 없이는 아무것도 아닙니다. 내가 지닌 역량이 내 것이라는 생각은 완벽한 착각입니다. 삼손은 들릴라에게 신령한 비밀을 누설하며 "머리가 밀리면 내 힘이 내게서 떠난다"라고 했습니다(삿 16:17). 삼손이 여기서 내 힘(My strength)이라고 표현한 것은 명백한 오판입니다. 삼손의 힘은 전적으로 하나님께 속했습니다. 따라서 "하나님의 능력이 내게서 떠난다"라고 말하는 것이 맞습니다. 어느 순간부터 삼손은 하나님의 능력을 '내 힘'으로 착각하고 있었습니다. 힘을 주신 이를 잊거나 무시하면, 자만하기 쉽습니다.

세상에 '나의 것'은 존재하지 않습니다. 모든 것이 하나님 소유입니다. 은혜로 받은 재능과 물질을 남용하면, 삼손처럼 능력을 잃고 조롱당하는 신세로 전락하게 됩니다. 주신 이도 여호와이시고, 거두신 이도 여호와이십니다(욥 1:21). 이 점을 잊어서는 안 됩니다.

> 교만은 패망의 선봉이요 거만한 마음은 넘어짐의 앞잡이이니라
>
> (잠 16:18)

—— 태양을 삼킨 밤

들릴라(דְּלִילָה)는 블레셋 여인이 아닙니다. 성경 어디에도 들릴라가 블레셋 족속이라는 말이 나오지 않습니다. 성경은 그녀에 대해 "소렉 골짜기에 살았다"라고만 언급하고 있습니다(삿 16:4). 삼손이 처음 애정을 품었던 딤나 여인이 '블레셋 여성'으로 특정된다는 점과 대비됩니다.

그녀의 이름은 '밤'을 상징하는 히브리어 라일(לַיִל)과 어근이 같습니다. 사사 시대의 블레셋 펜타폴리스(Pentapolis, 5개 도시 연맹)는 크레타 문명의 자취가 강했습니다. 이름과 지명도 가나안 문명 또는 이스라엘과 뚜렷하게 구별됐습니다. 이 같은 점에서 들릴라는 히브리 출신이거나, 블레셋과의 혼혈이었을 가능성이 높습니다.* 또 블레셋 방백들은 들

---

* 소렉 지방이 블레셋과 유다의 접경지대로서 인적·물적 교류가 활발했다는 점을 고려할 때, 민족성을 특정할 수 없는 혈통이었을 가능성이 높다.

릴라에게 은 5천500전을 제시하고 삼손이 가진 힘의 비밀을 알아봐 달라고 부탁했습니다. 만일 그녀가 블레셋의 직접적인 영향력 아래에 놓인 존재였다면 막강한 힘을 가진 제후(sranim)[*]들이 그렇게까지 많은 돈을 주며 사정하지 않았을 것입니다.

몸 파는 여인으로 추정할 만한 단서도 나오지 않습니다. 들릴라가 블레셋 출신 기생으로 묘사되는 것은 미디어에서 각색한 허구입니다. 삼손은 영화나 애니메이션 소재로 자주 등장합니다. 가장 유명한 영화는 빅터 마투어Victor Mature, 1913~1999와 헤디 라마르Hedy Lamarr, 1914~2000가 주연을 맡은 〈삼손과 데릴라〉(1949)입니다. 여기서 들릴라는 남자를 유혹하는 요염한 블레셋 여인으로 나옵니다. 마지막 장면에는 자신의 행동을 후회하고 삼손을 신전 기둥으로 안내합니다. 둘 다 성경 기록과 일치하지 않는 영화적 묘사에 불과합니다. 그러나 영화 내용이 뇌리에 깊숙이 각인된 나머지, 이후 들릴라가 블레셋 기생이었다는 주장이 별다른 비판 없이 수용됐습니다.

들릴라는 삼손의 운명과 깊은 연관이 있습니다. 우선 그녀가 살던 소렉 골짜기는 블레셋과 이스라엘의 경계에 자리

---

[*]   본래 선장이라는 의미를 갖는다.

하고 있습니다. 국경지대인 이곳은 이스라엘과 이방 족속의 땅을 나누는 영적 분기점을 의미하기도 합니다. 사람들과 잘 섞이지 못하고, 늘 주변부를 맴돌던 '경계인' 삼손의 정체성과 닿아있습니다. 본래 하나님 뜻은 삼손이 블레셋 내부로 더 강하게 치고 들어가는 것이었습니다. 하지만 삼손은 차지도, 덥지도 않은 회색지대에 머물렀습니다.

또 '소렉'은 포도나무를 뜻합니다. 포도와 관련된 것이라면 어떠한 것이든 멀리 해야 하는(민 6:3) 나실인 삼손에게는 꺼림칙한 장소입니다. 소렉에는 포도로 빚은 술과 음식이 넘쳤습니다. 삼손이 소렉 골짜기에 머무는 행동은, 천식 환자가 미세먼지 자욱한 날 외출하는 것만큼 위험했습니다. 유혹은 마주하면 피하기 어렵습니다. 치음부터 유혹의 자리를 가지지 않는 게 최선입니다. 그런 점에서 삼손은 올무와 덫이 가득한 공간에 제 발로 찾아간 셈입니다.

마지막으로 들릴라는 밤(Night)이라는 의미와 함께 '매달리다', '쇠하다'는 뜻을 가진 달랄(לֲלַ)과 유사한 발음과 구조를 가지고 있습니다. 태양을 뜻하는 이름을 지닌 삼손과 조화를 이루지 못합니다. 밤이 되면 태양이 그 빛을 잃기 때문입니다. 어둠이 깊어질수록 태양은 쇠하여집니다. 명칭을 따지는 것은 미신 아니냐고 말하는 사람도 있습니다. 하지만 성경은 이름을 굉장히 중시합니다. 하나님은 새로 거듭난 사람들에게 새 이름을 주셨습니다. 아브람은 아브라함으로, 사래는 사라로, 야곱은 이스라엘로 개명해 주셨습니다. 호칭을 바꿔주신 이유는 그만큼 이름이 중요하기 때문입니다. 태초에 아담이 처음 부여받은 역할도 각 생물과 모든 짐승에게 이름을 붙이는 것이었습니다. 성경은 아담이 부르는 대로 이름이 됐다고 전하고 있습니다.

> 여호와 하나님이 흙으로 각종 들짐승과 공중의 각종 새를 지으시고 아담이 무엇이라고 부르나 보시려고 그것들을 그에게로 이끌어 가시니 아담이 각 생물을 부르는 것이 곧 그 이름이 되었더라
>
> (창 2:19)

예수님이 십자가를 지고 올라가신 '골고다' 언덕의 의미는 해골입니다(마 27:33, 막 15:22, 요 19:17). 유다가 죽은 곳의 이름은 '피밭'이라는 뜻을 가진 아겔다마가 되었습니다(행 1:19). 이름을 가벼이 여기면 안 됩니다. 음울하고 불길한 명칭을 피하는 것을 미신으로 치부할 수 없습니다. 아니나 다를까, 삼손과 들릴라도 이름에 걸맞은 파국적 결말을 맞았습니다. 밤을 만난 태양이 그 빛을 잃어버리게 된 것입니다.

── 선악과와 머리카락

삼손은 가서는 안 되는 곳으로 향했고, 만나선 안 되는 사람과 인연을 맺었습니다. 삼손은 성별된 나실인이었습니다. 그는 영적으로 무력했던 시대를 혁파하고, 이스라엘을 각성시키는 사명을 받았습니다. 그러나 음란한 세대를 본받아 그들과 똑같이 행동하다가 하나님께 버림받고 말았습니다.

성경은 성적 순결을 중시합니다. 결혼 밖에서 이뤄지는 성관계는 그 자체로 부정한 것으로 취급됩니다. 서로 사랑하는 관계라도 혼전 성관계는 원칙적으로 금지됩니다.

> 만일 남자가 약혼하지 아니한 처녀를 만나 그를 붙들고 동침하는 중에 그 두 사람이 발견되면 / 그 동침한 남자는 그 처녀의 아버지에게 은 오십 세겔을 주고 그 처녀를 아내로 삼을 것이라 그가 그 처녀를 욕보였은즉 평생에 그를 버리지 못하리라
>
> (신 22:28-29)

인간 해방을 기치로 삼고, 자유로운 성관계를 추구했던 이른바 '68 혁명' 이후 성적 순결은 인간을 억압하는 구세대 윤리로 취급되고 있습니다. 지금 순결을 지킨다고 말하

면, 마치 가부장적 억압에서 벗어나지 못한 뒤떨어진 존재처럼 여깁니다. 성적 방종이 확산하다 보니 지금은 교회 청년들조차 혼전 순결을 지키는 사람이 드물어졌습니다. 육체적 욕구에 충실한 시대를 본받았기 때문입니다. 그리스도인들도 온갖 성적 범죄에서 자유롭지 않습니다.

삼손과 들릴라는 결혼하지 않았지만 사실상 동거하고 있습니다. 들릴라는 순결을 중시하는 여성이 아니었습니다. 결혼도 하지 않고 삼손과 자유롭게 몸을 섞었습니다. 현대의 도시 젊은이들처럼 프리섹스를 즐기던 부류였는지도 모릅니다. 삼손은 그런 들릴라에 매료돼 순정을 바쳤습니다. 성경은 삼손이 들릴라를 사랑했다고 말합니다(삿 16:4). 그냥 마음에 들었던 것이 아니라 진심을 다했다는 의미입니다. 하지만 들릴라는 삼손보다 돈을 더 사랑했습니다. 그녀는 연인의 비밀을 빼내어 상대에게 넘기고 그 대가로 엄청난 돈을 받았습니다. 시대 배경만 감추면 마치 뉴욕이나 서울에 사는 여느 청년들의 이야기처럼 느껴집니다.

힘의 기원을 알려달라는 들릴라의 재촉에 삼손도 처음에는 이리저리 둘러댔습니다. 하지만 그녀의 반복된 요구와 끈질긴 유혹에 결국 정신을 놓고 말았습니다.

날마다 그 말로 그를 재촉하여 조르매 삼손의 마음이 번뇌하여 죽을
지경이라

(삿 16:16)

마침내 삼손은 들릴라에게 비밀을 털어놓았습니다. 그가
말한 비밀은 태어나면서부터 하나님 선택을 받은 나실인이
라는 점과, 나실인의 규례에 따라 머리카락을 자르지 않았
다는 사실입니다. 그리고 "머리가 밀리면 내 힘이 내게서 떠
나고 나는 약해져서 다른 사람과 같으리라"고 덧붙입니다.

사실 삼손의 능력은 머리카락 자체에서 나온 것은 아닙
니다. 머리카락은 하나님과 삼손의 특별한 관계를 의미하는
징표이자 연결고리일 뿐이었습니다.

선악과도 열매 자체는 단순한 과일에 불과했습니다. 과즙
에 무슨 신비한 효능이 있었던 게 아닙니다. 인간의 타락이
라는 실체적 변화를 추동한 힘은 "먹지 말라"는 하나님의 명
령을 어긴 데 있습니다. 마찬가지로 삼손의 머리카락에 신
비한 힘이 있었다기보다는 "삭도를 대지 말라"는 하나님의
명령을 어겼다는 점에 주목해야 합니다.

민수기에 나오는 나실인의 금기사항은 ① 머리에 삭도를
대지 말 것 ② 포도주와 독주, 그리고 포도나무에서 난 것은

먹지 말 것 ③ 사체를 가까이하지 않을 것입니다(민 6:1-12).
나실인은 서원한 기간 동안 금기를 지키며 자기 몸을 성결
하게 해야 합니다. 다만 삼손은 태에서부터 지정된 종신 나
실인이었기 때문에 평생에 걸쳐 규례를 준수해야 했습니다.
그것이 큰 능력을 유지하는 조건이었습니다.

　그런데 삼손은 사자를 죽이고 그 몸에서 난 꿀을 먹음으
로써 처음으로 금기를 어겼습니다. 하지만 여호와의 능력이
곧바로 그를 떠나지는 않았습니다. 삼손이 포도나무 소산을
먹었는지는 명확하게 나와있지 않습니다. 다만 소렉 골짜기
자체가 '포도원 계곡'을 의미한다는 점에서 삼손이 포도나
무 소산을 가까이했다는 사실을 노골적으로 암시하고 있습
니다.

　삼손은 들릴라의 무릎을 베고 잠들었다가 머리카락이 잘
렸습니다(삿 16:19). 자신의 머리가 밀리는지 모를 정도로 깊
은 잠에 빠졌다면 독주나 포도주를 먹고 잠들었던 것은 아
닌지 의심할 수 있습니다.

　머리카락까지 밀려 나가면서 나실인의 금기가 전부 깨졌
습니다. 하나님과의 약속이 무너진 셈입니다. 이후 여호와께
서 삼손을 떠났고(삿 16:20), 그는 보통 남자와 다를 바 없는
몸이 됐습니다. 블레셋 사람들은 별 볼 일 없어진 삼손을 손

쉽게 생포했습니다.

들릴라는 이후 다시는 등장하지 않습니다. 연인을 팔아넘긴 돈으로 호의호식하며 살았는지, 아니면 비참하게 죽었는지 알 수 없습니다. 사실 들릴라의 말로는 중요하지 않습니다. 마귀의 종노릇 하며 사는 비루하고 천한 인생의 결말은 정해져 있기 때문입니다. 아쉬운 것은 삼손입니다. 엮이지 말아야 할 사람과 엮인 '불행한 사나이' 삼손은 끔찍한 운명과 마주하게 됐습니다.

> 네 마음이 음녀의 길로 치우치지 말며 그 길에 미혹되지 말지어다 / 대저 그가 많은 사람을 상하여 엎드러지게 하였나니 그에게 죽은 자가 허다하니라 / 그의 집은 스올의 길이라 사망의 방으로 내려가느니라
> (잠 7:25-27)

—— 표류하지 말고 항해하라

'슈퍼맨'에서 맷돌 가는 노예로 전락한 삼손은 비참한 신세가 됐습니다. 하나님의 능력이 떠난 데다, 두 눈까지 뽑힌 그는 아무런 저항도 할 수 없었습니다. 한때는 혼자서 블레

셋 장정을 1천 명이나 때려죽였지만, 이제는 그들 앞에서 굴욕적인 재주나 부리는 노리개가 되었습니다. 삼손이 블레셋 사람들 앞에서 무슨 재주를 피웠는지는 구체적으로 알 수 없습니다. 하지만 매우 치욕스러운 상황에 놓였던 것만큼은 확실합니다.

민수기 율법에 따르면 사체를 만져 금기를 어긴 나실인은 머리카락을 자르고 속죄 제물을 바쳐야 합니다. 그다음 다시 기한을 정해 머리를 길러야 합니다(민 6:11-12). 이후 나실인 규례를 엄수하면 몸이 정결해집니다.

> 누가 갑자기 그 곁에서 죽어서 스스로 구별한 자의 머리를 더럽히면 그의 몸을 정결하게 하는 날에 머리를 밀 것이니 곧 일곱째 날에 밀 것이며
>
> (민 6:9)

율법적 관점에서 보면 삼손의 머리카락이 잘린 것은 나실인 금기를 어긴 것에 조응한 정결 과정으로 볼 수 있습니다. 삼손은 늘 수동적 인생을 살았습니다. 그런 점에서 나실인으로서의 정결 절차 또한 강제로 진행된 것으로 이해할 수 있습니다.

삼손이 얼마나 오래 블레셋 감옥에 있었는지는 정확히 알 수 없습니다. 그러나 성경은 "그의 머리털이 밀린 후에 다시 자라기 시작하니라(삿 16:22)"라는 구절을 통해 정결함을 입게 된 삼손이 능력을 회복하기 시작했다는 사실을 언급하고 있습니다. 눈먼 노예 처지에, 나실인 규례를 어기는 행동을 할 수도 없었을 것입니다. 삼손은 서서히 힘이 돌아오는 것을 느꼈습니다. 그는 망가진 자신의 삶을 끝내며 블레셋 족속에게 최후의 일격을 가하기로 마음먹습니다.

> 삼손이 여호와께 부르짖어 이르되 주 여호와여 구하옵나니 나를 생각하옵소서 하나님이여 구하옵나니 이번만 나를 강하게 하사 나의 두 눈을 뺀 블레셋 사람에게 원수를 단번에 갚게 하옵소서 하고
>
> (삿 16:28)

삼손의 마지막 기도는 못내 아쉽습니다. 회개와 성찰보다 "개인적 원수를 갚게 해달라"는 사사로운 감정에 기대고 있기 때문입니다. 그의 기도는 "나를 생각하셔서, 나를 강하게 하사, 나의 원수를 갚게 해달라"는 말로 요약할 수 있습니다. 여전히 강한 자아가 엿보입니다. 오랜 시간 지하 감옥에서 고난을 겪었지만, 기대만큼 성숙하지는 못했습니다. 영적으

로 깊어졌다면 아래와 같은 기도가 나왔을 것입니다.

> "하나님께 큰 능력을 받고도, 사는 날 동안 주의 뜻이 어느 곳에 있었
> 는지 몰랐습니다. 무지한 저를 용서하옵소서. 하나님이여 구하옵나니
> 이번만 하나님의 능력을 허락하사, 거짓 신을 섬기며 하나님의 백성을
> 억압하는 이 압제자들을 단번에 물리치게 하옵소서."

삼손은 내면의 의지를 하나님 뜻과 결부시키는 데 실패
했습니다. 그 결과 외롭고 허무한 인생을 살았고, 많은 불행
을 겪었습니다. 하나님의 개입으로 간신히 목적을 달성했지
만, 항해(Sail)가 아닌 표류(Drift) 하는 삶을 살았습니다. 소명
의식이 인생의 품질을 결정합니다. 사명과 행동이 일치하는
지행합일의 자세로 살아야 합니다. 적극적인 순종은 능력과
축복이 임하는 통로입니다. 삼손이 하나님께 더 집중했다면
개인적으로도 보다 은혜롭고 풍성한 삶을 살았을 것입니다.

—— 이스라엘의 진정한 왕

사사 시대는 전반적으로 암울한 시기였습니다. 성경은 사

사기 말미에서 미가의 제사장 사건과 단 지파의 이동, 레위인의 첩 살해 사건을 무덤덤하게 묘사합니다. 여기에서 우상숭배(삿 17:5), 집단 배도(삿 18:30) 동성애(삿 19:22), 성직자의 타락(삿 19:1), 난교와 음행(삿 19:25), 동족상잔(삿 20:11) 등 타락한 시대상이 여과 없이 드러납니다. 성경은 이에 대해 다음과 같은 짧은 논평을 남겼습니다.

> 그때에 이스라엘에 왕이 없으므로 사람이 각기 자기의 소견에 옳은 대로 행하였더라
>
> (삿 21:25)

이 말씀은 미가가 제멋대로 아들을 제사장으로 삼고 우상을 만들던 장면에서 한 번 더 언급됩니다(삿 17:6). 역사가들은 이 구절을 다윗 왕조에 정당성을 부여하기 위한 문장으로 해석합니다. 백성을 지도할 왕의 등장에 당위성을 제공하기 위해 삽입했다는 것입니다. 하지만 이러한 인본주의 해석은 하나님의 진의를 살피는 데 도움이 되지 않습니다. 후대에 와서 "성경이 의도적으로 짜깁기 됐다"고 재단하는 것은 잘못된 행동입니다.

제멋대로 굴던 세대를 비판하는 이 구절은 '하나님의 부

재'를 표상하고 있습니다. 사무엘서에서 하나님은 인간이 선택한 왕과 왕정(王政)의 문제점을 세세하게 경고하셨습니다. 이런 점에서 성경 기자가 인간 왕의 존재를 염원하며 이 구절을 썼다고 보기는 어렵습니다. 이스라엘은 본래 하나님의 기업이므로, 여호와 하나님이 직접 왕이 되어주신다고 말씀하셨습니다. 그 시대에 이스라엘에 왕이 없다는 말씀은 타락과 방종으로 하나님 임재가 사라지고, 순전한 신앙이 귀해졌다는 지적입니다. 나아가 훗날 강림하신 왕 중의 왕 메시아, 예수 그리스도의 등장을 사모하는 문장으로도 볼 수 있습니다.

사사 시대가 끝나고 다윗 왕조가 세워졌습니다. 하지만 백성들은 여전히 우상을 섬기고 동성애를 저질렀습니다. 이스라엘과 유다의 왕들이 앞장서서 하나님을 배신하는 모습이 수없이 나옵니다. '인간 왕'은 사사 시대의 문제를 근본적으로 해결할 수 없었습니다. 인간의 본성이 악하기 때문입니다. 그러한 본유적 한계는 초인과 같은 능력을 지녔던 삼손에게도 동일하게 적용되었습니다.

—— 씁쓸한 퇴장

삼손 인생을 세 단어로 요약하면 괴력, 고독, 불행입니다.

그는 힘에 있어서 미증유의 은사를 받았습니다. 능력은 그냥 주어지지 않습니다. 반드시 사명에 이바지해야 합니다. 은사는 만나(דֶן, manna)와 같습니다. 남용해서도, 썩혀서도 안 됩니다. 주신 분량만큼 남김없이 사용하되, 하나님 뜻에 합치하게 써야 합니다. 은사는 내 것이 아닙니다. 하나님 것입니다. 군인은 보초를 설 때 무기고에서 병기를 받습니다. 그리고 근무가 끝나면 다시 반납합니다. 무기는 병사 개인의 소유가 아니기 때문입니다.

은사도 마찬가지입니다. 사리사욕을 위해 능력을 전용(轉用)하면 하나님이 축복을 거두어 가십니다. 그러면 은사가 재앙으로 바뀝니다. 넘치도록 꾹꾹 눌러 담은 만나처럼 썩고 벌레가 생기며 악취를 풍기게 됩니다. 처음에는 많은 은사를 받았지만, 하나님 곁을 떠난 이단과 사이비들의 끝을 보면 쉽게 알 수 있습니다.

> 모세가 그들에게 이르기를 아무든지 아침까지 그것을 남겨두지 말라
> 하였으나 / 그들이 모세에게 순종하지 아니하고 더러는 아침까지 두었

더니 벌레가 생기고 냄새가 난지라 모세가 그들에게 노하니라

(출 16:19-20)

삼손의 힘은 블레셋 격퇴라는 특별한 목적을 위해 부여됐습니다. 그러나 그는 영적 각성을 이루지 못했습니다. 하드웨어는 좋지만, 형편없는 운영체제(OS)를 갖춘 컴퓨터와 같았습니다. 사명에 대한 자각 없이는 삶의 의미와 우선순위를 확정할 수 없습니다. 상황에 휘둘리고, 고립감에 빠질 우려가 큽니다.

예배와 기도를 통해 하나님이 주신 소명을 발견해야 합니다. 그래야 주도적인 인생을 살 수 있습니다. 사명을 인식하지 못하면 곁길로 새기 마련입니다. 마귀도 삼손의 약점을 알고 집중 공략했습니다. 우왕좌왕하던 그는 마침내 치명적 한계를 드러냈던 이성 문제에 걸려 넘어지고 말았습니다. 인생은 은혜로 지탱됩니다. 삼손은 불순종으로 말미암아 은혜를 잃었습니다. 그 결과 성(聖)과 속(俗)의 측면에서 모두 실패하고 말았습니다. 또 외롭고 고독한 삶을 살았습니다.

만군의 여호와는 전능하신 하나님입니다. 누구도 하나님이 주신 사명을 피할 수 없습니다. 자아를 내려놓고 기쁜 마

음으로 순종해야 합니다. 하나님 명령에 순복하면 늘 형통합니다. 항상 깨어 기도하면서 부르심에 예민하게 반응해야 합니다. 그리고 사명을 수행하는 데 지체함이 없어야 합니다. 이것이 삼손의 씁쓸한 퇴장이 전하는 본질적인 메시지입니다.

> 내가 달려갈 길과 주 예수께 받은 사명 곧 하나님의 은혜의 복음을 증언하는 일을 마치려 함에는 나의 생명조차 조금도 귀한 것으로 여기지 아니하노라
>
> (행 20:24)

4.

세속주의자,

에서

—— 인본주의의 쓴 뿌리

'아무것도 하지 않는 것'이 죄가 된다는 말은 잘 와닿지 않습니다. 보통은 남에게 해악을 끼쳐야 죄라고 생각하기 때문입니다. 하지만 의무가 부여돼 있다면 이야기가 다릅니다. 무고한 시민이 '묻지마 폭행'을 당하는데 경찰관이 팔짱만 끼고 있거나, 소방관이 불타는 건물을 보고도 그대로 지나친다면 이들은 아무것도 하지 않는 죄를 범하게 됩니다. 무언가 해야 할 의무가 있다면, 마땅히 할 일을 하지 않은 부작위(不作爲)도 범죄가 됩니다.

신앙도 마찬가지입니다. 창조 섭리에 따라 인류는 하나님을 적극적으로 찾고, 그분의 말씀에 귀 기울여야 할 의무가 있습니다. 성경은 누구든지 주를 사랑하지 않으면 저주를 받는다고 말합니다(고전 16:22). 인간은 하나님과 교제하고, 하나님을 찬양하기 위해 창조되었습니다. 이것은 만세 전부터 예정된 숙명입니다. 온 마음을 다해 하나님을 찾고, 예배하는 것은 호불호(好不好)에 따라 선택할 수 있는 문제가 아닙니다.

> 이스라엘아 네 하나님 여호와께서 네게 요구하시는 것이 무엇이냐 곧
> 네 하나님 여호와를 경외하여 그의 모든 도를 행하고 그를 사랑하며
> 마음을 다하고 뜻을 다하여 네 하나님 여호와를 섬기고
> (신 10:12)

인본주의 토대에서 최상위 주체는 인간입니다. 사람이 모든 가치 판단의 중심입니다. 이러한 사상 근저에는 인간이 스스로 존엄한 존재라는 마귀적 생각이 자리합니다. 하지만 틀렸습니다. 만물의 가치는 인간이 아니라 창조주 하나님이 판단합니다. 만유의 주재이신 하나님이 모든 것의 의미와 용처를 결정합니다. 따라서 윤리와 규범을 판가름하는 척도는 인간들이 만들어 낸 이론이나 신념이 아닌, 영존하는 말씀에서 찾아야 합니다.

'우리 입맛에 맞는, 우리가 원하는 신'은 존재하지 않습니다. 이런 생각은 완벽한 모순입니다. 피조물은 창조주가 부여한 만큼의 가치를 갖습니다. 도공은 자신이 만든 도자기

를 어디에, 어떻게 쓸지 정할 수 있습니다. 볼품없는 막사발을 귀하게 여길 수 있고, 값비싼 청화백자를 천하게 쓸 수도 있습니다. 그것은 도자기를 빚은 도공의 특권입니다.

만일 하나님이 돌고래를 만물의 영장으로 삼겠다고 결정하시면, 그대로 이루어지게 됩니다. 피조물들이 모여서 정한 가치와 기준은 한낱 부의(浮議)에 불과합니다. 하나님은 창조주이고, 인간은 피조물입니다. 이 필연적 관계가 모든 실존의 전제이자 출발점입니다. 전능하신 하나님 앞에서 인간은 어떤 권리도 주장할 수 없습니다.

이 같은 섭리를 전복시켜 인간의 기준에 하나님을 끼워 맞추려 하는 인본주의 사고방식이 우상숭배의 시발점입니다. 인간의 마음에는 하나님을 부정하고 미워하는 역심(逆心)이 있습니다. 내가 내 삶의 주인이고 가장 소중하며, 아무도 내게 이래라저래라 할 권리가 없다는 생각은 매력적입니다. 마귀는 교만한 자아를 자극하며 하나님을 부인하도록 유인합니다. 마귀가 설파하는 메시지는 "하나님은 없다. 인간이 운명의 주인이다. 욕망을 따라 마음껏 즐기며 살아라"로 요약할 수 있습니다. 이러한 인본주의적 생각의 늪에서 벗어나야 합니다. 순리대로 하나님 기준에 우리를 맞춰야 합니다. 말씀이 불편할지라도, 따르고 순종해야 합니다. 그렇지 않으면 자꾸만 내게 유익이 되는, 내가 원하는 신을 찾게 됩니다. 종교든, 이데올로기든 형태를 막론하고 나의 이기적인 목적과 유익을 위해 설정된 존재가 바로 우상입니다.

또 인류의 지식과 도덕은 온전하지 않습니다. 사회적 합의를 통해 도입한 규범과 법률은 시대정신을 반영합니다. 이러한 시대정신은 하나님의 공의와 결이 다릅니다. 일치할 수 있지만, 그렇지 않을 수도 있습니다. 뿌리가 다르기 때문입니다. 열매의 모양은 비슷할 수 있어도, 본질은 다릅니다. 특히 세상이 마지막 때를 향해 질주하는 시기에는 시대정신과 말씀이 강하게 충돌합니다.

많은 사람이 사회진화론과 유물론에 근거해 기술과 경제 발달을 역사의 발전으로 착각합니다. 또 시대정신을 새로운 것이라 여기며 맹종하는 경향이 있습니다. 하지만 이는 사실이 아닙니다. 하늘 아래 새것은 존재하지 않습니다. 이미 있던 것이 다시 등장하고, 일어난 일이 시차를 두고 반복될 뿐입니다(전 1:9). 시대정신은 인간의 욕망에 뿌리를 두고 있습니다. 원초적 욕구는 현대인이나 고대인이나 차이가 없습니다. 과거 사람들도 오늘날 우리가 가지고 있는 탐심과 욕정을 똑같이 지녔습니다. 다만 시대를 거듭하면서 정욕을 그럴싸하게 포장하는 기술만 늘었을 뿐입니다.

예컨대, 현대의 미디어는 동성애 수용을 마치 진일보한 시대정신처럼 선전합니다. 그러나 옛적 소돔과 고모라 사람들도 동성애를 주류 문화로 받아들이고, 그것에 탐닉했습니다. 그리고 심판을 받아 절멸당했습니다. 지금 우리는 이것을 '성적 지향', '성소수자'라고 부릅니다. 하나님 명령에 어긋나는 죄악을 정당화하기 위한 수사적 장치로, 사람들이 자연스레 동성애를 받아들이도록 교묘하게 유도하고 있습니다.

말씀을 통해 우리는 동성애 확산이 어떤 열매를 맺는지 정확히 알고 있습니다. 하지만 또다시 눈과 귀를 가리고 유황불로 뛰어드는 선택을 하고 있습니다. 같은 실수를 반복하던 사사기 백성의 모습 그대로입니다.

> 노아의 때에 된 것과 같이 인자의 때에도 그러하리라 / 노아가 방주에 들어가던 날까지 사람들이 먹고 마시고 장가들고 시집가더니 홍수가 나서 그들을 다 멸망시켰으며 / 또 롯의 때와 같으리니 사람들이 먹고 마시고 사고 팔고 심고 집을 짓더니 / 롯이 소돔에서 나가던 날에 하늘로부터 불과 유황이 비 오듯 하여 그들을 멸망시켰느니라
>
> (눅 17:26-29)

── 무관심도 죄다

'하나님을 찾지 않은 죄'를 언급할 때 '그게 어떻게 죄가 되느냐?'고 발끈한다면, 여전히 인본주의 시각을 가진 것입니다. 많은 사람이 자신을 세상의 중심으로 여깁니다. 그리고 하나님이 내 삶의 주권을 가지고 있다는 점을 불쾌히 여깁니다. 이들은 하나님이 '내'게 찾아와, '나'를 설득하셔서, '내'가 원하는 것을 안겨주길 기대합니다. 이런 믿음은 싸구려 기복신앙에 불과합니다. 하나님은 천국을 세일즈하는 외판원이 아닙니다. 지극히 높으시며, 거룩하고 존귀하신 분입니다. 우리는 마땅히 하나님을 두려워하고 경외해야 합니다.

> 여호와는 위대하시니 극진히 찬양할 것이요 모든 신보다 경외할 것임
> 이여
>
> (대상 16:25)

성경에는 하나님을 찾지 않은 죄를 저지른 대표적인 부작위범이 등장합니다. 야곱의 쌍둥이 형인 에서(עֵשָׂו)입니다. 아브라함의 장손이자, 이삭의 맏아들인 에서는 여러 방면에서 야곱보다 우월했습니다. 몸이 붉고 털이 성성한 에서는

근면하고 강인한 사냥꾼이었습니다. 아버지 이삭은 에서가 잡아온 고기를 즐겨 먹었고, 둘째 야곱보다 더 사랑했습니다(창 25:28). 힘센 무리를 이끌고 험한 들판에서 활시위를 당기는 강건한 에서는 가족의 생명과 재산을 보호하는 믿음직한 방파제였습니다.

이삭은 씩씩한 에서가 언약의 상속자가 되기 바랐습니다. 하지만 에서는 영적인 것에 전혀 관심이 없었습니다. 그는 눈에 보이는 것만 믿고 따랐습니다. 그리고 하나님이 아닌, 손에 쥐고 있는 칼을 신뢰했습니다. 성경에는 에서 입에서 하나님을 찾는 장면이 한 번도 등장하지 않습니다. 힘들 때마다 하나님께 부르짖던 동생 야곱과 상반됩니다.

에서는 믿음의 조상 아브라함의 맏손자입니다. 원래는 언약을 이어나갈 적장자 신분을 가지고 태어났습니다. 하지만 하나님을 무시하고, 세속적 삶을 추구했습니다. 팥죽 한 그릇에 장자의 명분을 넘기고, 우상을 숭배하는 이방 여인을 장막에 맞아들였습니다. 또 칼과 폭력에 의존하는 삶을 살았습니다. 세상 관점에서는 성공한 부족 리더로 비추어졌을지 모릅니다. 그러나 하나님을 소홀히 여긴 죄로 말미암아 에서와 그의 후손들은 버림을 받았습니다.

에서는 지위, 명예, 힘, 재물을 맹목적으로 추종하는 사회적 강자(强者)의 모습을 대변합니다. 하지만 영성 없는 번영은 재앙입니다. 평화는 방종으로, 풍요는 타락으로 쉽게 변질합니다. 말씀이 없으면 국가든 가정이든 오래가지 않습니다. 반면 가난해도 하나님을 경외하면 형통하게 됩니다. 여호와의 눈은 온 땅을 두루 감찰하사, 전심으로 자기를 향하는 자들을 위하여 능력을 베푸시기 때문입니다(대하 16:9).

> 내가 야곱은 사랑하였고 / 에서는 미워하였으며 그의 산들을 황폐하게 하였고 그의 산업을 광야의 이리들에게 넘겼느니라
>
> {말 1:2(끝절)-3}

과거 에돔 왕국이 있었던 세일 산맥의 모습 ©alamy stock photo

—— 복은 가치를 아는 사람에게 돌아간다

에서는 팥죽과 장자권을 맞바꾼 일화로 유명합니다. 어느 날 들판에 나갔다 돌아온 에서는 몹시 피곤했습니다. 마침 부엌에서 요리하던 동생 야곱을 보고 먹을 것을 달라고 청했습니다. 야곱은 자신이 쑨 팥죽을 주며 "장자의 명분을 넘겨달라"고 했습니다. 이를 대수롭지 않게 여긴 에서는 장자권을 팥죽 한 그릇에 넘겨버렸습니다. 그는 자신이 저지른 행동의 의미를 알지 못했습니다. 하나님은 그런 에서에게 침묵하셨습니다. 침묵은 수위 높은 징벌입니다. 하나님이 그 대상을 향하여 낯을 돌리시는 것이기 때문입니다.

> 주께서 낯을 숨기신즉 그들이 떨고 주께서 그들의 호흡을 거두신즉 그
> 들이 죽어 먼지로 돌아가나이다
>
> (시 104:29)

하나님은 에서가 실수할 때마다 부랴부랴 현신(現身)하셔서 친절하게 의미를 설명하고, 교정해 주지 않으셨습니다. 있는 그대로 내버려 두셨습니다. 하나님은 구글(Google)이나 AI 챗봇이 아닙니다. '금쪽이'를 어르고 달래는 보모도 아닙니다. 거룩하신 하나님을 나의 유익을 위한 부수적 존재로 인식하는 것은 큰 잘못입니다. 하나님이 나를 위해 해주실 수 있는 것을 찾지 말고, 내가 하나님을 위해 무엇을 할 수 있을지 고민해야 합니다. 지극히 높으신 하나님은 오로지 경배와 찬양을 받기에만 합당하신 분이기 때문입니다.

에서는 하나님을 의식하며 자신의 행동을 살피지 않았습니다. 그저 감정과 욕망에 충실한 삶을 살았습니다. 에서는 야곱이 쑤어준 팥죽을 게걸스레 먹으면서 동생이 값비싼 물건이나 돈을 요구하지 않은 것을 다행이라 여겼을지 모릅니다. 동생이 형에게 음식을 양보하고, 형이 그것을 먹는 장면은 평범한 일상 풍경입니다. 하지만 영적으로는 언약의 주체가 바뀌고, 메시아의 계보가 달라지는 변곡점이었습니다. 에서가 잠깐이나마 언약을 의식해 그 팥죽을 먹지 않았다면, 우리는 예수님 족보를 유다가 아닌 엘리바스*에서 찾았

---

* 에서의 첫째 아들(창 36:4). 이스라엘의 가장 큰 대적 중 하나인 아말렉이 엘리바스의 허리에서 나왔다.

을지 모릅니다. 이러한 에서의 경솔함에 대해 성경은 다음과 같이 냉정하게 평가합니다.

> 야곱이 떡과 팥죽을 에서에게 주매 에서가 먹으며 마시고 일어나 갔으니 에서가 장자의 명분을 가볍게 여김이었더라
>
> (창 25:34)

에서가 장자의 명분을 팔아넘긴 거래는 우발적으로 이뤄지지 않았습니다. 기본적으로 영적인 것을 우습게 아는 태도가 깔려있었기에 가능했습니다.

하찮게 여김을 받은 것은 장자권만이 아닙니다. 언약의 상대방인 하나님도 함께 무시당했습니다. 장자의 권리는 혈통에 근거합니다. 에서가 권리를 상속받은 배경에는 하나님이 아브라함과 맺은 약속이 자리하고 있습니다. 하나님은 아브라함에게 "네 씨를 통해 복을 주겠노라"고 말씀하셨습니다(창 22:17). 언약의 구속력은 아들 이삭을 거쳐 장손 에서에게 넘어왔습니다. 하지만 에서는 자신의 권리를 허무하게 내팽개쳤습니다. 장자의 명분에 담긴 영적 함의를 알지 못한 까닭입니다. 에서는 눈에 보이는 것만 중시했습니다. 보이지 않는 것의 가치는 무시했습니다. 만일 야곱이 팥죽의

대가로 에서에게 금 한 덩어리를 요구했다면 버럭 역정을 내며 거절했을 것입니다.

"팥죽 한 그릇에 금 한 덩이라니, 그게 말이나 되는 소리냐!"

언약은 황금보다 더 귀한 가치를 가지고 있습니다. 하지만 지혜가 부족한 에서는 그 값어치를 알아보지 못했습니다. 지혜는 여호와를 경외하는 마음에서 생겨나기 때문입니다(잠 9:10). 하나님을 경외하지 않으면, 돈과 권력을 맹종하게 됩니다. 에서처럼 하나님을 업신여기고, 썩어 없어질 지푸라기에 '올인'하는 삶을 살게 됩니다.

한때 저는 인본주의 철학에 심취한 적이 있었습니다. 동양이든 서양이든 대부분의 철학은 '사물(인간)의 본질을 알고 싶다'라는 생각에서 시작해, '사물(인간)의 본질을 깨닫는다'라는 방향으로 귀결됩니다. 이른바 격물치지(格物致知)입니다. 과학적 방법론을 취하면 자연과 물질 요소에 대한 분석과 탐구로 이어지고, 형이상학적 방법론을 취하면 사물의 기원과 현상 너머의 세계로 사유가 확장합니다.

그러나 세상 철학은 한계가 뚜렷합니다. 인간의 인식 범위를 넘어서는 영역에 대해서는 알 수 있는 게 별로 없습니다. 불행히도 인간의 인식 범주는 그리 넓지 않습니다. 반면 하나님이 창조하신 만유와 실재는 무궁무진합니다. 결국 철학적 사유에 있어 최선의 앎은 '아무것도 알지 못한다'라는 부지(不知)에 관한 지(知)밖에 남지 않습니다. 그래서 지구상 어떤 인간보다 지혜로웠던 솔로몬은 다음과 같은 말을 남겼습니다.

> 내가 내 마음속으로 말하여 이르기를 보라 내가 크게 되고 지혜를 더 많이 얻었으므로 나보다 먼저 예루살렘에 있던 모든 사람들보다 낫다 하였나니 내 마음이 지혜와 지식을 많이 만나 보았음이라 / 내가 다시 지혜를 알고자 하며 미친 것들과 미련한 것들을 알고자 하여 마음을 썼으나 이것도 바람을 잡으려는 것인 줄을 깨달았도다 / 지혜가 많으면 번뇌도 많으니 지식을 더하는 자는 근심을 더하느니라
>
> (전 1:16-18)

가장 높은 지혜는 하나님을 경외하는 마음입니다. 천지를 지으시고, 만유를 주재하는 하나님을 예배하는 행동은 인간 본연의 한계를 뛰어넘는 극의(極意)에 해당합니다. 인애하신 하나님이 우리에게 찬양과 경배드릴 기회를 주신 것이야말로 놀라운 은혜가 아닐 수 없습니다.

야곱이 좋지 못한 방법으로 장자의 명분을 빼앗아 간 것은 사실입니다. 하지만 평소 하나님을 소홀히 여기던 형을 지켜봤기 때문에 그렇게 행동할 수 있었습니다. 만일 에서가 하나님을 경외하는 모습을 보였다면 감히 "팥죽과 장자권을 바꾸자"라는 말을 꺼내지 못했을 것입니다. 하나님을 의식하던 야곱은 선구안이 있었습니다. 동생은 가치를 알아봤고, 형은 몰랐습니다. 복은 가치를 알아보는 사람에게 돌아갑니다.

2016년 영국 더비셔에서 열린 핸슨스 경매에서는 300년 된 중국 도자기가 65만 파운드에 낙찰됐습니다. 우리 돈으로 따지면 약 10억 원에 달합니다. 도자기를 소유한 부부는 고모에게 물려받은 이 물건을 애물단지로 여겼습니다. 30년 넘게 꽃병이나 현관문을 괴어놓는 받침으로 사용했습니다. 어느 날 주인은 꽃병이 쓸모없다고 여겨 벼룩시장에 헐값에 팔기로 했습니다. 하지만 밑져야 본전이라는 생각에 속는 셈 치고 골동품 감정을 받았습니다. 그런데 뜻밖의 대박이 터졌습니다. 그 꽃병의 정체는 18세기 청나라 건륭제 시절 제작된 황궁 도자기였던 것입니다. 이처럼 아무리 귀한 보물을 가지고 있어도 가치를 알아볼 수 있는 안목이 없으면 의미가 없습니다. 10억 원짜리 도자기도 현관문 받침이 되고 맙니다.

> 거룩한 것을 개에게 주지 말며 너희 진주를 돼지 앞에 던지지 말라 그
> 들이 그것을 발로 밟고 돌이켜 너희를 찢어 상하게 할까 염려하라
>
> (마 7:6)

복음도 마찬가지입니다. 우리는 대형평수 아파트와 고급 슈퍼카를 소유한 사람을 선망의 눈길로 쳐다봅니다. 하지만 이런 것들이 복음에 비할 바는 아닙니다. 지혜가 임하여 복음의 가치를 깨닫게 되면, 누구든지 가진 것을 다 팔아 천국을 붙들려 할 것입니다. 예수님을 알고 하나님을 사랑하는 사람은 그 어떤 재벌과 권력자보다 더 큰 보화를 소유한 셈입니다.

> 천국은 마치 밭에 감추인 보화 같으니 사람이 이를 발견한 후 숨겨 두
> 고 기뻐하며 돌아가서 자기의 소유를 다 팔아 그 밭을 사느니라
>
> (마 13:44)

── 야곱과 에서의 차이

에서는 자기 멋대로 언약의 상속권을 동생에게 넘겼습니다. 이는 권리를 부여한 존재를 욕보인 것이나 다름없습니다.

쌍둥이 형제인 야곱과 에서는 어려서부터 아브라함과 이삭을 통해 언약에 대한 이야기를 들어왔습니다. 성서고고학자 윌리엄 올브라이트^{William Foxwell Albright, 1891~1971} 연대기에 따르면, 아브라함의 생존 시기는 기원전 20~19세기로 추정됩니다. 아브라함은 에서와 야곱에 태어났을 당시 150세로, 175세에 세상을 떠나기 전까지 약 25년간 함께 생존했습니다. 이 시기 아브라함은 기력이 쇠하여 바깥일을 보기 힘들었을 것입니다. 그래도 자신이 겪은 놀라운 이야기를 손자들에게 전해주었을 가능성이 높습니다. 따라서 에서와 야곱은 하나님이 베푸신 은혜와 아브라함이 겪은 신비하고 기적 같은 이야기, 그리고 하나님과 맺은 언약의 존재를 알고 있었습니다. 고금을 막론하고 동생은 형이 가진 것을 탐내기 마련입니다. 야곱은 언약에 관한 이야기를 듣고 부러운 눈빛으로 형을 쳐다봤을지 모릅니다.

"할아버지와 아버지가 받은 복을 내가 이어갈 수 있다면 얼마나 좋을까?"

훗날 야곱이 에서에게 팥죽을 건네주면서 왜 눈에 보이지 않는 장자의 명분을 요구했는지 짐작할 수 있는 대목입니다. 야곱은 태어날 때부터 형에게 속한 '하나님의 약속'이 탐났던 것입니다. 반면 에서는 자신의 권리를 대수롭지 않게 여겼습니다. 에서는 아브라함이나 이삭으로부터 언약에 관한 이야기를 듣고도 '뭐야, 언약은 그다지 도움이 되는 게 아니군'이라고 판단했거나, 콧방귀를 뀌며 '어리석기는, 도대체 요즘 누가 하나님을 믿는담…' 이렇게 생각했을지 모릅니다. 지금도 주변에서 이런 사람을 많이 볼 수 있습니다. 돈과 권력이 전부라 여기면, 에서처럼 경거망동하게 됩니다.

물질주의가 생각을 잠식하면 '보이지 않는 것'의 가치, 특히 복음에 대해 거부 반응을 보입니다. 유물론과 물질 만능 사상을 퍼뜨리고 장려하는 존재가 마귀이기 때문입니다. 영적 문제를 가볍게 여기면 하나님과 말씀에 무관심해집니다. 그러면 하나님 앞에서 큰 실수를 저지를 수 있습니다.

아론의 두 아들 나답과 아비후는 하나님이 명령하지 않은 엉뚱한 불로 여호와 앞에 분향했습니다. 그 불은 즉시 나답과 아비후를 삼켜버렸습니다(민 26:61). 이방 족속의 불씨를 함부로 사용한 것이 아닌가 추정됩니다.

> 아론의 아들 나답과 아비후가 각기 향로를 가져다가 여호와께서 명령
> 하시지 아니하신 다른 불을 담아 여호와 앞에 분향하였더니 / 불이 여
> 호와 앞에서 나와 그들을 삼키매 그들이 여호와 앞에서 죽은지라
> (레 10:1-2)

웃사는 여호와의 궤에 함부로 손을 댔다가 그 자리에서 찢겨 죽고 말았습니다(삼하 6:6-7). 그는 블레셋에 빼앗긴 여호와의 궤를 다시 가져오는 과정에서 언약궤를 수레에 실었습니다. 그런데 타작마당에 이르러 소들이 날뛰자, 성궤를 손으로 붙들었다가 죽임을 당했습니다. 성궤를 이동시키는 방법은 율법에 따로 정해져 있습니다. 궤의 고리에 막대를 넣어 꿴 상태로 메고 다녀야 합니다(출 25:12-15). 그런데 웃사는 하나님의 명령을 우습게 알았습니다. 그는 성궤를 수레에 담아 이동했습니다. 그리고 함부로 손을 댔습니다. 하나님을 경외하지 않았기 때문입니다. 이런 경망스러운 행동으로 말미암아 웃사는 죽고 말았습니다.

여호와 하나님이 웃사가 잘못함으로 말미암아 진노하사 그를 그곳에
서 치시니 그가 거기 하나님의 궤 곁에서 죽으니라

(삼하 6:7)

아나니아와 삽비라는 자기 소유를 팔아 바치는 과정에서
약간의 금전을 착복했습니다. 베드로가 이를 책망하자, 곧바
로 고꾸라져 죽었습니다. 성령을 속이려 했다가 심판을 받
은 것입니다.

베드로가 이르되 아나니아야 어찌하여 사탄이 네 마음에 가득하여 네
가 성령을 속이고 땅 값 얼마를 감추었느냐 / 땅이 그대로 있을 때에
는 네 땅이 아니며 판 후에도 네 마음대로 할 수가 없더냐 어찌하여
이 일을 네 마음에 두었느냐 사람에게 거짓말한 것이 아니요 하나님
께로다 / 아나니아가 이 말을 듣고 엎드러져 혼이 떠나니 이 일을 듣는
사람이 다 크게 두려워하더라

(행 5:3-5)

이들이 허망하게 죽은 이유는 거룩하신 하나님을 두려워
하지 않았기 때문입니다. 나답과 아비후는 여호와께 분향을
올리는 소임을 맡고 있었습니다. 하지만 '이 정도는 괜찮겠

지'라고 생각하며 허락되지 않은 불을 담았습니다. 웃사도 '그냥 편한 대로 옮기자'라는 생각에 언약궤를 수레에 담았습니다. 또 여호와의 궤를 아무 때나 만져도 되는 목곽으로 여겼습니다. 아나니아와 삽비라는 '원래 내 돈이었는데, 뭐 어때'라는 심정이었을 것입니다.

우리는 하나님 앞에서 늘 겸비해야 합니다. 내 멋대로 생각하고, 행동해선 안 됩니다. 항상 '하나님이 어떻게 보실까'라는 생각을 품어야 합니다. 하나님은 거룩하고 존귀한 분입니다. 지극히 높고 두려운 분입니다. 하나님과 관련된 내용에 대해서는 말 한마디와 행동 하나하나를 조심해야 합니다. 장난이라도 하나님을 업신여기거나, 성령을 속이려 하면 안 됩니다. 그러면 나답, 아비후, 웃사, 아나니아와 같은 최후를 맞이할 수 있습니다.

반면 하나님을 경외하는 사람은 하나님을 기쁘시게 합니다. 야곱도 순전한 인물은 아닙니다. 우리와 똑같은 죄인이었습니다. 거짓말쟁이에, 비겁하고 간사했습니다. 그러나 적어도 하나님을 두려워할 줄 알았습니다(창 28:17). 바로 이 점이 야곱과 에서를 구별 짓는 경계였습니다. 야곱은 평생 하나님 존재를 의식하며 살았습니다. 그리고 언약을 사모했습니다. 인간적인 허물이 많았지만 하나님을 경외하였고, 그

곁에 머무르려 애썼습니다. 그러한 마음 덕분에 은혜를 입을 수 있었습니다.

> 여호와는 그를 경외하는 자 곧 그의 인자하심을 바라는 자를 살피사
>
> (시 33:18)

── 신앙의 배반자

에서와 같이 훌륭한 신앙 가문에서 태어나 자라도 하나님께 버림을 받을 수 있습니다. 아버지가 신 포도를 먹었다고 아들의 이가 시리지는 않습니다(겔 18:2). 누구나 각기 행한 대로 하나님 판단을 받게 되어있습니다. 호부견자(虎父犬者)는 아무도 못 말립니다. 조상의 훌륭한 믿음도 영적인 패륜아를 구원할 순 없습니다.

> 범죄하는 그 영혼은 죽을지라 아들은 아버지의 죄악을 담당하지 아니
>
> 할 것이요 아버지는 아들의 죄악을 담당하지 아니하리니 의인의 공의
>
> 도 자기에게로 돌아가고 악인의 악도 자기에게로 돌아가리라
>
> (겔 18:20)

우리 근대사에도 가문의 신앙을 배반한 인물이 등장합니다. 나중에 김일성으로 둔갑하는 김성주(1912~1994)는 1912년 4월 15일 평안남도 대동군 고평면에서 태어났습니다. 아버지는 독립운동을 했던 반공주의자 김형직이고, 어머니는 강반석입니다. 어머니 이름에서 알 수 있듯이 김일성의 외가는 독실한 기독교 집안이었습니다. 조선 말기 서양 문물에 극도로 배타적이었던 사회 분위기에서도 신앙을 지키며 사는 보기 드문 집안이었습니다.

김형직은 훗날 장인이 되는 강돈욱 장로[1871~1943]의 도움으로 기독교 계열의 숭실학교에 입학합니다. 그리고 신식 교육을 받은 뒤 미국인 선교사 넬슨 벨[Nelson Bel, 1894~1973]의 주선으로 강반석과 백년가약을 맺었습니다. 강반석의 본명은 강신희입니다. 그녀 역시 벨의 권유를 받아 '베드로'를 뜻하는 반석으로 이름을 바꾸었습니다. 벨의 사위가 전도자로 유명한 빌리 그래함[Billy Graham, 1918~2018] 목사입니다. 김일성은 외할아버지가 세운 창덕소학교에 다니며 직접 한문과 성경을 배웠습니다.

그의 어머니 강반석은 각박한 환경 속에서도 신앙을 잃지 않았습니다. 죽을 고생을 하면서도 성경책을 손에서 놓지 않았다고 합니다. 김일성은 1932년에 어머니를 마지막으

로 만났습니다. 그는 늘 어머니 머리맡에 놓여있던 성경이 없는 것을 보고 크게 놀라기도 했습니다.[*]

그러나 김일성은 선조들이 피땀 흘려 지켜낸 숭고한 신앙을 배신했습니다. 그리고 여로보암과 가룟 유다의 길을 걸었습니다. 김일성은 청소년 시기에 공산주의를 접하고 무신론자로 변절했으며, 1941년 소련으로 넘어가 테렌티 시티코프Терентий Фомич Штыков, 1907~1964 중장 휘하의 제88독립보병여단에 배치됩니다. 만주를 떠돌던 시절에는 별다른 전공이 없었습니다. 하지만 스탈린의 눈에 띄어 차기 소련의 위성국 북한을 이끌 꼭두각시 지도자로 낙점되었습니다. 남로당 당수인 박헌영1900~1956처럼 주관이 뚜렷한 인물은 쉽사리 통제하기 어렵다고 판단한 까닭입니다. 1945년 9월 소련의 '붉은군대'와 함께 귀국한 김일성은 33살의 새파란 애송이에 불과했습니다. 하지만 이때부터 '불세출의 영웅 김일성 장군'으로 신분을 세탁합니다.

당시 민가에는 만주에서 일본군을 무찌르고 다니는 김일성 장군에 대한 전설 같은 이야기가 퍼져있었습니다. 김일성 장군의 진짜 정체에 대해서는 정확하게 알려진 바가 없습니다. 다만 특정 인물을 지칭하기보다는 1920년대부터 무

---

[*]   유순호,《김일성(上)》(2020), 304면

장투쟁을 벌이던 김경천 장군 등 여러 독립운동가의 활약상을 모티프로 삼고 있으며, 이것이 확대 재생산되는 과정에서 다분히 설화적 존재로 가공됐다고 보는 게 정확합니다.

실제로 해방 이후 김성주가 '김일성'이라는 이름을 달고 평양 공설운동장에 처음 모습을 드러냈을 때, 사람들 사이에서는 "저거 완전 가짜 아니야?"와 같은 실망스러운 반응이 주류를 이뤘습니다. 그도 그럴 것이 사람들은 김일성 장군이 백발이 성성한 백전노장일 것이라고 기대했습니다. 그런데 웬 30대 초반의 젊은이가 나타나 전설의 '김일성 장군'이라고 하니 어처구니가 없었던 것입니다.

1945년 10월 14일 열린 평양시 민중대회에서 소련군과 함께 연단에 선 김일성

딱히 내세울 게 없었던 김일성은 빌려 입은 헐렁한 양복에 소련에서 받은 적기 훈장을 착용하고 연단에 섰습니다. 평양사령부 부사령관이었던 레베데프 Николай Георгиевич Лебедев, 1901~1992는 "소련 훈장은 인민들에게 좋지 않은 인상을 줄 수 있으니 떼어내라"고 말했지만, 김일성은 듣지 않았습니다.

김일성은 자신의 보잘것없는 경력과 어린 나이를 극복하기 위해 소련의 정치 장교들과 짜고 민가에 떠돌던 김일성 장군 신화를 활용했습니다. 어차피 사실과 허구가 뒤섞여 실체가 모호하니 마음껏 조작해도 누가 뭐랄 게 없었습니다. 김일성은 자신의 경험에 그럴싸한 허풍을 섞고 각색하면서 스스로 신격화하기 시작했습니다.

공산화되기 전까지 평양 일대는 '동방의 예루살렘'으로 불리며 경건한 신앙인들이 다수 거주하고 있었습니다. 하지만 김일성은 집권 후 이들을 무차별 탄압합니다. 급기야 6.25 전쟁을 일으켜 동족상잔의 비극까지 초래했습니다. 지금 북한은 신앙을 갖거나 성경을 소지한다는 이유만으로 처벌을 받는 철저한 기독교 박해 국가가 되었습니다.

믿음의 길을 걸었던 외조부와 아버지, 그리고 어머니 슬하에서 자란 김일성은 귀하게 쓰임 받을 수도 있었습니다. 그러나 그는 배도자의 길로 향했습니다. 그 결과 민족을 망친 사악한 전쟁범죄자이자 최악의 독재자가 되었습니다. 신앙 가문에서 태어났으나, 하나님을 거스르고 큰 재앙을 불러왔다는 점에서 김일성은 하나님께 버림받은 사람들과 공통점이 많습니다.

—— 무엇을 신뢰하는가

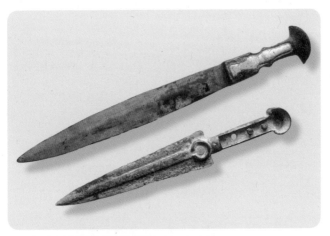

B.C. 15세기경 제작된 메소포타미아의 단검   ©Alamy Stock Photo

"칼자루를 쥐고 있다"라는 말이 있습니다. 생사여탈의 권
리를 갖는다는 의미입니다. 어떤 표현도 이보다 칼의 속성

을 명쾌하게 설명하지 못합니다. 칼은 눈에 보이는 권력이고, 그 힘의 원천은 폭력입니다.

칼은 존재 의의가 확실합니다. 폭력이 요구되지 않으면 칼도 필요 없습니다.

하나님은 에서에게 "칼을 믿고 살 것"이라고 말씀하셨습니다. 칼은 눈에 보이는 세속적 힘과 폭력을 상징합니다. 따라서 이 말씀에는 하나님을 의지하지 않고 자신의 힘을 신뢰한다는 책망의 뜻이 담겨있습니다.

> 너는 칼을 믿고 생활하겠고 네 아우를 섬길 것이며 네가 매임을 벗을
> 때에는 그 멍에를 네 목에서 떨쳐버리리라 하였더라
>
> (창 27:40)

목축과 장사를 통해 부를 축적한 아브라함, 이삭과 달리 에서는 전투와 폭력을 수반하는 약탈 경제를 추구했습니다. 전사의 면모가 강한 '들사람(野人)'이기 때문입니다(창 25:27). 그는 힘으로 상대를 공격하고 빼앗는 데 익숙했습니다. 에서는 훗날 호리 부족이 거주하던 세일 산 일대를 정복합니다(신 2:12). 그리고 그곳을 자신의 근거지로 삼았습니다. 이후 하나님 말씀대로 줄곧 칼에 의지해 살았고, 그러한 삶의

방식은 후손들에게 이어졌습니다.

수백 년 후 출애굽한 이스라엘 백성이 세일 산 인근을 지나려 했을 때도 에서의 후손들은 '칼'을 앞세우며 길을 막았습니다. 이스라엘 백성이 통행료를 낼 테니 지나가게 해달라고 사정했지만, 에돔은 이마저도 거부합니다.

> 에돔 왕이 대답하되 너는 우리 가운데로 지나가지 못하리라 내가 칼을 들고 나아가 너를 대적할까 하노라 / 이스라엘 자손이 이르되 우리가 큰길로만 지나가겠고 우리나 우리 짐승이 당신의 물을 마시면 그 값을 낼 것이라 우리가 도보로 지나갈 뿐인즉 아무 일도 없으리이다 하나 / 그는 이르되 너는 지나가지 못하리라 하고 에돔 왕이 많은 백성을 거느리고 나와서 강한 손으로 막으니
>
> (민 20:18-20)

폭력은 증오와 분노를 자양분으로 삼습니다. 장차 더 큰 문제를 일으킬 수 있는 씨앗이 뿌려집니다. 폭력을 행사하면, 반대급부로 더한 폭력이 나오게 됩니다. 무엇을 심든지 뿌린 대로 거두기 마련입니다(갈 6:7). 복음을 심으면 사랑과 평화의 열매를 맺고, 폭력을 심으면 분열과 전쟁으로 끝을 맺습니다.

흔히 '칼의 나라'라고 하면 일본을 떠올립니다. 사무라이와 카타나(かたな, 일본도)가 상징하는 그들의 숭무(崇武) 의식은 가히 종교적입니다. 고대부터 근대까지 일본 열도의 역사는 피와 살육으로 얼룩져 있습니다. 살생을 업으로 삼는 무사 계급이 오랜 세월 지배 계층으로 군림했으며, 할복자살과 같은 독특한 죽음의 미학이 존재했습니다. 20세기 초 일본이 군국주의를 추종하며 태평양 전쟁(1941~1945)을 일으킨 것은 우연이 아닙니다. 칼을 숭배하며 끝없이 전쟁을 반복하던 역사적 맥락이 자연스레 이어진 결과입니다.

'칼의 영'에 지배당한 일제는 인권을 철저하게 무시하고 억압했습니다. 전쟁터에서 자신의 목숨을 버리는 행동을 의(義)로 여기며, 자살 행위를 권장하고 미화했습니다. 그 결과 옥쇄돌격이나 가미카제와 같은 기괴한 자살 공격을 일삼았습니다. 이러한 행동은 의로운 희생이라 볼 수 없습니다. 강요에 의한 살인 또는 정신병적 충동에 가깝습니다.

1945년 5월 나치 독일이 패망한 후에도 일제는 '1억 총옥쇄'를 운운하며 여전히 전쟁에 광분했습니다. 패배가 기정사실이 되었지만, 이를 인정하지 않았습니다. 결국 일제는 원자폭탄을 두 발이나 맞은 뒤에야 항복하고 말았습니다. 칼과 폭력의 쓴 열매를 맛보게 된 것입니다.

칼에 의존해서는 안 됩니다. 무력에 기반한 통치는 오래 가지 못합니다. 동양의 노자는 "모든 전쟁 무기는 상서롭지 못한 것이니, 군자는 이를 쓰지 않는다(兵者不祥之器 非君子之器)"라고 했습니다. 칼로 흥한 자는 칼로 망하게 됩니다. 이 것은 만고불변의 진리입니다.

에돔의 운명도 '칼의 운명'에서 벗어나지 못했습니다. 외 적의 손에 흔적도 없이 멸망 당하고 말았습니다. 하나님 은 에돔이 칼로 그의 형제를 쫓아가며, 긍휼을 버리고 맹렬 한 화와 분노를 품었기 때문에 벌했다고 말씀하셨습니다(암 1:11). 되도록 나라 안팎에 평화와 화평의 씨앗을 뿌려야 합 니다. 예수님은 베드로를 향해 "칼을 칼집에 도로 넣으라"고 말씀하셨습니다. 우리는 이 말씀에 귀를 기울일 필요가 있 습니다.

> 이에 예수께서 이르시되 네 칼을 도로 칼집에 꽂으라 칼을 가지는 자 는 다 칼로 망하느니라
>
> (마 26:52)

── 헷 족속과 통혼하다

에서는 용맹하고 리더십이 강했습니다. 하지만 잔인한 성품을 가졌으며 영적으로 무지했습니다. 무엇보다 하나님을 의지하지 않고, 세속적인 삶을 추구했습니다. 그는 칼의 힘을 믿고 기대었습니다. 빛이 없으면 어둠이 틈타게 됩니다. 하나님의 그늘에서 벗어난 에돔은 이후 우상숭배의 땅으로 전락했습니다. 이는 에서의 잘못된 결혼이 화근이었습니다.

에서는 사십 세에 가나안의 토착 세력인 헷(Heth) 족속 여인들을 아내로 맞이합니다. 그는 배우자를 선택하는 과정에서 하나님을 의식하지 않았습니다. 그 결과 에서가 아내로 맞이한 이방 여인들은 이삭과 리브가의 근심거리가 되었습니다.

> 에서가 사십 세에 헷 족속 브에리의 딸 유딧과 헷 족속 엘론의 딸 바스맛을 아내로 맞이하였더니 / 그들이 이삭과 리브가의 마음에 근심이 되었더라
>
> (창 26:34-35)

마귀는 거룩한 것과 더러운 것을 섞어 아예 못쓰게 만드

는 전략을 선호합니다. 신앙을 가진 사람도 하나님을 믿지 않는 사람과 결혼하면 차츰 믿음의 색이 바래집니다.

에서는 이방 여인을 아내로 삼았습니다. 하나님의 진노를 불러일으킬 수 있는 행동이었지만 거리낌이 없었습니다. 이 것만 살펴봐도 에서가 하나님을 얼마나 경홀히 여겼는지 알 수 있습니다. 에서가 데려온 아내들은 헷 족속 출신입니다. 그녀들은 자기 민족이 숭배하던 우상을 이삭의 장막에 유입 시켰습니다.

족장 시대 등장하는 가나안 지역의 헷 사람은 후일 이집 트와 패권을 다툰 히타이트 제국[B.C. 19~B.C. 12]을 세운 민족과 같 은 민족으로 알려져 있습니다. 창세기 10장의 계보에 따르 면, 함의 아들 가나안이 헷을 낳은 것으로 나옵니다(창 10:15). '바람과 철의 제국'으로 불리는 히타이트는 아나톨리아 반 도에 있는 하투샤(Hattusas, 오늘날 터키의 보가즈쾨이)를 중심으 로 대제국을 세웠습니다. 고대 제국의 심장부가 대부분 강 가를 중심으로 성장한 것과 달리, 히타이트는 독특하게 고 원 지대에 도읍지를 마련했습니다. 이와 관련해서는 하투샤 가 철광석 산지와 인접해 있고, 바람이 강해 철을 제련하기 위한 풀무질에 유리했기 때문이라는 견해가 있습니다.

고대 히타이트 제국은 하투실리 1세[B.C. 1650~1620년경]가 주변 지역을 점령하면서 강력한 세력을 형성했습니다. 이후 무와탈리 2세[B.C. 1295~1272년경]에 이르러서는 이집트와 근동의 패자(霸者) 자리를 놓고 다툴 정도로 성장했습니다. 두 국가가 맞붙은 '카데시 전투'는 고대 근동에서 발생한 최대의 격전으로 꼽힙니다. 하지만 제국은 기원전 11세기경 바다 민족(Sea People)으로 불린 해양 세력의 침공으로 멸망했습니다. 이후 시리아 북부와 가나안 지역에서 작은 국가를 이루며 명맥을 유지하다, 훗날 페르시아에 의해 완전히 멸절되었습니다.

이삭과 에서가 활동하던 시기는 히타이트 제국이 본격적으로 성장했던 시대보다 조금 앞섭니다. 에서와 통혼한 헷 사람들은 아브라함 이전에 가나안 지역에 정착하여 살던 원족속인 선 하티(Hatti)인들의 일부로 보입니다. 함의 아들 가나안은 장자 시돈과 헷을 낳았고(창 10:15), 이후 가나안 자손의 족속은 흩어져 나아갔다고 성경에 기록돼 있습니다(창 10:18). 헷 사람들은 팔레스타인과 아나톨리아 지역에 걸쳐 광대하게 분포하고 있었으며, 이중 아나톨리아로 진출했던 헷 사람들이 훗날 대제국의 주축 세력이 되었습니다.

헷 사람들은 메소포타미아의 영향을 받아 바람과 비의 신 테숩(Teshub)과 태양의 여신 헤밧(Hebat)을 섬겼습니다.*

* 알프레드 J. 허트 외, 《고대근동문화》, CLC, 214면

고고학계는 테슙과 헤밧을 가나안 지역에 널리 퍼져있던 비와 바람의 신 바알(Ba'al)과 여신 아스다롯(Ashtoreth)의 다른 형태로 인식하고 있습니다. 헷 출신인 에서의 아내들도 이와 비슷한 우상을 숭배했을 가능성이 높습니다. 보지도 듣지도 못하는 잡신이지만, 하나님을 노엽게 하기 충분합니다.

히타이트의 신 테슙의 부조　©alamy stock photo, Zev Radovan

여기서 에서가 헷 여인들을 아내로 맞이한 이유를 한번 생각해 볼 필요가 있습니다. 당시 헷 족속은 가나안 일대에서 큰 세력을 형성하고 있었습니다. 에서의 할아버지 아브라함은 아내 사라를 장사 지내기 위해 헷 부족 사람 에브론에게 막벨라 동굴을 매입했습니다(창 23:3-4). 그 과정에서 스스로 '나그네'라 칭하며 매우 겸손한 태도를 취했습니다. 이처럼 헷 족속은 무시할 수 없는 위상을 갖추고 있었습니다. 에서는 헷 사람과의 연대를 공고히 하기 위해 정략결혼을 했을 가능성이 높습니다. 세력 확장을 꿈꾸던 야심가 에서가 헷과 손을 잡는 것은 당연한 선택이었습니다. 고대 사회에서 혼인 동맹은 부족 간 결속을 다지는 보편적 수단이었기 때문입니다.

헷 족속과의 전략적 연대는 에서에게 적지 않은 이득을 안겨주었습니다. 그러나 영적으로는 하나님과 더 멀어지는 결과를 초래했습니다. 헷 출신 어머니에게 태어나 자란 에서의 후손들은 이후 하나님과 동떨어진 삶을 살았습니다. 그리고 하나님의 선택을 받지 못했습니다.

하나님은 스스로의 능력을 과신하거나 정치적 역학관계를 이용하려는 태도를 경멸하십니다. 훗날 되풀이되는 이스라엘과 유다 왕국의 멸망도 하나님을 의지하지 않고, 이웃 국가와의 전략적 외교 관계를 신봉하던 기회주의적 태도에서 비롯되었습니다.

도움을 구하러 애굽으로 내려가는 자들은 화 있을진저 그들은 말을 의

지하며 병거의 많음과 마병의 심히 강함을 의지하고 이스라엘의 거룩

하신 이를 앙모하지 아니하며 여호와를 구하지 아니하나니

(사 31:1)

에서가 결혼할 당시 이삭은 멀쩡히 생존해 있었습니다. '약속의 아들'이자, 하나님께 순종하던 이삭에게 장남의 이방 혼인은 재앙이었습니다. 이삭의 아버지 아브라함은 아들의 배우자를 구하기 위해 한참 멀리 떨어진 메소포타미아에까지 사람을 보냈습니다. 이유는 하나입니다. 우상을 숭배하는 가나안 주민과 통혼하지 않기 위해서입니다.

아브라함은 한때 "아들을 주겠다"라는 하나님 약속을 신뢰하지 않은 잘못이 있습니다. 그러나 99세에 기적처럼 아들을 얻었고, 이후 신앙적으로 더 단단해졌습니다. 아브라함은 외아들 이삭의 배우자를 구하는 과정에서 하나님만 의지했습니다. 언약의 무게와 소중함을 절감했기 때문입니다.

하늘의 하나님 여호와께서 나를 내 아버지의 집과 내 고향을 떠나게

하시고 내게 말씀하시며 내게 맹세하여 이르기를 이 땅을 네 씨에게

주리라 하셨으니 그가 그 사자를 너보다 앞서 보내실지라 네가 거기서

내 아들을 위하여 아내를 택할지니라

(창 24:7)

아브라함의 종이 메소포타미아에 도착하자마자 리브가를 만난 것은 우연이 아닙니다. 하나님은 아브라함의 종이 도착하기도 전에 이삭의 배우자를 지정해 놓으셨습니다. 믿음이 없다면 모든 행사가 우연의 일치처럼 보입니다. 그러나 세상에 우연이란 존재하지 않습니다. 범사에 하나님이 개입하시고, 그 의지를 관철하시기 때문입니다. 누구도 하나님 뜻에서 벗어날 수 없습니다.

참새 두 마리가 한 앗사리온에 팔리는 것이 아니냐 그러나 너희 아버지께서 허락하지 아니하시면 그 하나라도 땅에 떨어지지 아니하리라

(마 10:29)

하나님의 섬세한 손길 아래 살아가던 이삭과 리브가는 에서의 무람없는 행보에 두려움을 느꼈습니다. 무엇보다 언약의 순결성이 훼손될 것을 염려했습니다. 하나님을 경외하지 않고, 인간적인 방식대로 대소사를 처리하는 에서 때문에 부부는 걱정이 커졌습니다. 마침 야곱을 에서와 떼어놓

기 위해 적절한 핑곗거리를 찾던 리브가가 이삭을 설득합니다.

> 리브가가 이삭에게 이르되 내가 헷 사람의 딸들로 말미암아 내 삶이 싫어졌거늘 야곱이 만일 이 땅의 딸들 곧 그들과 같은 헷 사람의 딸들 중에서 아내를 맞이하면 내 삶이 내게 무슨 재미가 있으리이까
> (창 27:46)

리브가의 목적은 야곱과 에서를 떨어뜨리는 것이었습니다. 하지만 이삭도 거부하지 않습니다. 적어도 둘째 아들의 결혼에 대해서는 이삭과 리브가 사이에 무언의 공감대가 형성돼 있었습니다. 이삭은 헷 족속 여인을 맞이한 에서에게 크게 실망했습니다. 이삭은 야곱을 불러 다시 축복하고, 가나안 사람의 딸과 결혼하지 말 것을 신신당부합니다. 그리고 외삼촌 라반의 집을 찾아가 그 딸들과 결혼하라고 말합니다. 과거 이삭도 이와 같은 방식으로 반려자를 얻었습니다. 고지식한 이삭은 자신이 밟은 과정을 그대로 걷게 함으로써 야곱이 동일한 축복을 받기 원했습니다.

> 이삭이 야곱을 불러 그에게 축복하고 또 당부하여 이르되 너는 가나안

사람의 딸들 중에서 아내를 맞이하지 말고 / 일어나 밧단아람으로 가서 네 외조부 브두엘의 집에 이르러 거기서 네 외삼촌 라반의 딸 중에서 아내를 맞이하라 / 전능하신 하나님이 네게 복을 주시어 네가 생육하고 번성하게 하여 네가 여러 족속을 이루게 하시고 / 아브라함에게 허락하신 복을 네게 주시되 너와 너와 함께 네 자손에게도 주사 하나님이 아브라함에게 주신 땅 곧 네가 거류하는 땅을 네가 차지하게 하시기를 원하노라

(창 28:1-4)

—— 큰 자가 작은 자를 섬기리라

한때 야곱은 형의 축복을 빼앗기 위해 리브가와 짜고 눈이 침침한 아버지를 속인 적이 있습니다. 야곱은 에서가 사냥을 나간 사이, 염소 가죽을 손과 목에 둘러 털이 많은 에서처럼 꾸몄습니다. 그리고 에서라고 거짓말을 해서 아버지의 축복을 받았습니다. 뒤늦게 에서가 돌아오자 이삭은 크게 떨면서 "네 아우가 속여 네 복을 빼앗아 갔다"고 말합니다.

그러나 이삭은 자신을 속인 야곱을 불러 다시 축복하고,

밧단아람으로 떠나 라반의 딸과 결혼할 것을 명합니다. 여기서 이삭의 관대함이 지나치다는 생각도 듭니다. 고대 사회에서 가부장(Patriarch)이 식솔에게 갖는 권위를 생각할 때 의구심은 더 커집니다. 아버지를 기만해 형의 축복을 가로챈 것만으로도 야곱은 장막에서 축출당하거나 죽임을 당해도 할 말이 없었습니다.

유순한 이삭이 아들을 죽이거나 내쫓지 않았어도, 다시 불러 축복을 해주고 결혼까지 주선하는 장면은 분명 고개를 갸우뚱하게 만듭니다. 이 물음에 대한 실마리는 창세기 25장 23절에서 찾아볼 수 있습니다.

이삭이 그의 아내가 임신하지 못하므로 그를 위하여 여호와께 간구하매 여호와께서 그의 간구를 들으셨으므로 그의 아내 리브가가 임신하였더니 / 그 아들들이 그의 태 속에서 서로 싸우는지라 그가 이르되 이럴 경우에는 내가 어찌할꼬 하고 가서 여호와께 묻자온대 / 여호와께서 그에게 이르시되 두 국민이 네 태중에 있구나 두 민족이 네 복중에서 나누이리라 이 족속이 저 족속보다 강하겠고 큰 자가 어린 자를 섬기리라 하셨더라

(창 25:21-23)

사실 이삭도 리브가가 임신 중 받은 계시를 통해 하나님의 뜻이 큰아들이 아닌 작은아들에게 있다는 사실을 알고 있습니다. 그러나 이삭은 하나님 뜻에 맞지 않는 방향으로 움직였습니다. 인간적인 시각에서 장남 에서가 더 낫다고 생각했기 때문입니다. 이에 이삭은 하나님께 여쭈어 보지도 않고 에서에 대한 축복을 독단적으로 밀어붙였습니다.

> 내가 즐기는 별미를 만들어 내게로 가져와서 먹게 하여 내가 죽기 전에 내 마음껏 네게 축복하게 하라
>
> (창 27:4)

이삭은 태중에 받은 예언 때문에 마음 한구석이 늘 꺼림칙했습니다. "큰 자가 어린 자를 섬기리라"라는 지엄한 말씀이 있었기 때문입니다. 하지만 자식을 키우며 살다 보니, 이삭의 마음에 들었던 것은 역시나 든든한 사냥꾼 에서였습니다. 이삭의 눈에는 당차고 기운 센 에서가 가문의 당주로서 가업을 잇기 충분해 보였습니다.

이삭은 일대에서 큰 부를 축적한 성공한 족장이었습니다 (창 26:13). 약탈과 폭력이 횡행하던 당대 현실을 고려할 때, 내성적인 야곱은 영 미덥지 않았습니다. 남자답지 못한 데

다, 용기도 부족했습니다. 그런 둘째에게 기업을 물려줬다가는 그동안 쌓은 부를 날릴 수 있다는 불안감이 엄습했습니다.

결국 이삭은 자신의 판단을 믿고 장남에 대한 축복을 밀어붙였습니다. 동시에 하나님께서도 정하신 계획을 강행하셨습니다. 결과적으로 이삭의 의도와 달리, 두 아들에 대한 축복은 엇갈리고 말았습니다. 우리는 야곱이 이삭을 속인 사실을 알고 있습니다. 하지만 이삭도 하나님 뜻을 거스르려 했던 사실은 잘 모릅니다.

축복은 야곱에게 돌아갔습니다. 사필귀정(事必歸正)입니다. 사람을 속일 수는 있어도 하나님을 속일 순 없습니다. 이삭은 뒤늦게 하나님 마음이 누구에게 있는지 깨달은 것 같습니다. 따라서 자신을 속인 야곱을 용서하고 축복한 뒤 떠나보냄으로써 가나안 여인과 몸을 섞지 않도록 배려했습니다.

하나님께 속한 사람과 그렇지 못한 사람이 같은 장막 아래 거하는 것은 바람직하지 못합니다. 믿지 않는 사람을 배우자로 맞이하면, 자녀들까지 불신의 멍에를 지게 됩니다.

너희는 믿지 않는 자와 멍에를 함께 메지 말라 의와 불법이 어찌 함께

하며 빛과 어둠이 어찌 사귀며 / 그리스도와 벨리알이 어찌 조화되며

믿는 자와 믿지 않는 자가 어찌 상관하며

(고후 6:14-15)

에서의 이방 혼인으로 이삭의 장막에 불신앙의 씨앗이 뿌려졌습니다. 이삭과 리브가가 세상을 떠난 뒤 장막의 안주인은 헷 여인들이 차지했습니다. 장막을 접수한 그녀들은 그동안 드러내지 못했던 토속 신앙을 대놓고 숭배했을 개연성이 높습니다. 세속적인 에서는 늘 그래 왔듯 가문의 신앙 문제를 대수롭지 않게 여겼을 것입니다. 이때를 기점으로 영적 소속이 바뀌었습니다. 하나님의 품을 떠나 세상의 손아귀에 떨어진 것입니다.

지금도 마찬가지입니다. 세속주의와 대중문화를 앞세운 마귀의 강력한 공세로 수많은 가정의 신앙이 무너지고 있습니다. 많은 교회의 유초등부와 주일학교가 이미 문을 닫았습니다. 샘이 마르고 하늘 문이 닫히듯 믿음의 맥이 끊어지고 있습니다. 이는 기성세대가 에서처럼 행동하며, 자녀들에게 하나님을 경외하는 법을 제대로 가르치지 못했기 때문입니다. 앞선 세대의 많은 부모가 성공과 출세만 중시하며 경건한 신앙을 유업으로 남기지 못했습니다. 입시에 열중하라

며 자녀들이 예배도 드리지 않게 하고, 결혼할 때도 상대의 신앙보다는 세속적으로 좋은 직업과 학벌을 가졌는지에 더 많은 관심을 가졌습니다.

이러한 통속적 세계관은 자녀 세대에 그대로 이어졌습니다. 믿음이 꽤 좋은 것처럼 보이는 사람도 막상 결혼 적령기가 되면 신앙보다 세상 가치를 우선합니다. 이들에게 신앙은 옵션에 불과합니다. 있으면 좋고, 아니어도 어쩔 수 없다는 자세입니다. 불신 배우자와 만난 성도는 아내와 남편을 믿음의 길로 인도하기보다 본인이 종교 다원주의자가 되어 교회를 떠날 확률이 더 높습니다. 세상이 점점 악해지면서 하나님을 업신여기고, 마귀와 그의 생각을 추앙하는 문화가 크게 번성하고 있기 때문입니다.

사회생활과 교류에 있어서도 주의할 점이 많습니다. 평생 그리스도인만 사귀고 만날 순 없습니다. 그러나 굳이 믿음 없는 사람들과 어울리며 그들의 문화와 행동을 흉내 낼 필요도 없습니다. 범사에 헤아려 좋은 것을 취하고, 악은 어떤 모양이라도 버려야 합니다(살전 5:21-22).

처음에는 별생각 없이, 혹은 쿨한 척하기 위해 세상과 어울리게 됩니다. 그러나 사탄의 권세 아래 놓인 세상은 제 발로 굴러온 먹잇감을 움켜쥐고 절대 놓지 않습니다. 모든 수단을 동원해 영혼을 삼키려 합니다. 사람들이 좋아하는 문화 권력을 통해 "하나님은 없다"고 외칩니다. 그리고 자발적으로 믿음을 포기하도록 서서히 질식시켜 나갑니다. 지금 수많은 미디어 콘텐츠에서 기독교를 악역으로 묘사합니다. 교회를 독선과 아집이 가득한 집단으로, 그리스도인은 위선적이고 어리석은 인물로 그리는 데 여념이 없습니다. 넷플릭스 등 세계적으로 큰 인기를 끌고 있는 OTT 서비스에서 상위에 이름을 올린 콘텐츠들을 살펴보면 이 같은 레퍼토리를 발견할 수 있습니다.

주류 미디어에서 기독교 조롱은 하나의 밈(Meme)이 되었습니다. 반면 동성애를 미화하고, 배금주의를 확산하는 프로그램은 호평을 받으며 높은 인기를 얻습니다. 마귀는 이 같은 방식으로 사람들이 자연스레 복음에 반감을 갖고, 순리에 역행하는 행동에 호감을 느끼도록 조장합니다.

거짓 메시지에 속아서는 안 됩니다. 우리는 선한 것이 악한 것으로, 악한 것이 선한 것으로 대접받는 시대에 살고 있습니다. 사탄은 권리를 빙자해 탐욕을 권장합니다. 인권을 빙자해 동성애를 퍼뜨립니다. 자유를 빙자해 음란과 우상숭배를 조장합니다. 그리고 영화와 드라마를 통해 군중에게 자신들의 프로파간다를 주입합니다. 마귀의 선전 메시지가 가득한 작금의 인터넷과 방송 미디어는 영적 독버섯이나 다름없습니다.

뱀은 하와에게 선악과를 권하며 "너희가 하나님과 같이 될 수 있다"고 유혹했습니다. 인간을 위하는 마음에서 부추긴 게 아닙니다. 하나님과 인간의 관계를 끊어내고 노예로 삼기 위해서입니다. 오늘날에도 사탄(뱀)은 인간에게 '자유'와 '권리'와 '인권'을 보장해 준다며, 그 자리에 '성적 방탕'과 '물신숭배'와 '동성애'를 끼워 넣습니다. 이제 성적 문란을 꾸짖는 말씀은 인간의 자유를 모독하는 말이 되었고, 물신숭배를 경계하라는 말씀은 행복할 권리를 짓밟는 말이 되었으며, 동성애를 금하라는 말씀은 인권을 침해하는 말이 되어버렸습니다. 마귀의 최종 목적은 인간의 욕망을 충동하여 하나님과 멀어지게 하는 것입니다. 안타깝지만 우리는 지금도 속고 또 속고 있습니다.

—— 카인의 분노

뒤늦게 야곱이 아버지의 축복을 가로챈 것을 알게 된 에서는 크게 분노했습니다. 그리고 아우를 죽이리라 결심했습니다. 머리부터 발끝까지 치밀어오른 분노가 그를 지배했습니다. 분노의 근원에는 형제를 향한 시기와 질투가 있었습니다.

> 그의 아버지가 야곱에게 축복한 그 축복으로 말미암아 에서가 야곱을
>
> 미워하여 심중에 이르기를 아버지를 곡할 때가 가까웠은즉 내가 내 아
>
> 우 야곱을 죽이리라 하였더니
>
> (창 27:41)

시기는 분노를, 분노는 살인을 낳습니다. 경찰청 통계에 따르면, 살인 범죄의 32.9%가 우발적 동기에 의해 자행된다

고 합니다.[*] 이는 모든 범행 동기 중 가장 높은 수치입니다. 순간적으로 치솟는 분노를 통제하지 못하면 살인으로 이어질 수 있습니다.

분노를 유발하는 가장 큰 원인은 질투심입니다. 형제, 자매, 동기, 친구 등 항렬이 비슷한 사람이 본인보다 잘 나갈 때 끓어오르는 짝패 갈등이 그 본질입니다. 이러한 관점에서 에서의 분노는 카인의 질투와 닮은꼴입니다. 인류 최초의 살인도 동생에 대한 형의 질투 때문에 벌어졌습니다.

카인과 아벨의 이야기에서 사람들은 하나님이 왜 카인의 제사는 받지 않으시고, 아벨의 제사만 흠향하셨는지 궁금해 합니다. 여기에 대해 성경은 특별히 설명하지 않습니다. 그래서 대부분 하나님에 대한 정성과 봉헌물 그리고 예배드리는 자세에 대한 교훈으로 마무리합니다. 이런 추론이 잘못됐다고 생각하지는 않습니다. 그러나 저는 다른 각도에서 접근하고 싶습니다. 카인과 아벨 이야기는 절대자 하나님의 헤아림을 우리가 다 알 수 없다는 메시지를 함축하고 있습니다. 창조주의 생각을 피조물이 재단할 순 없습니다. 간장 종지에 바닷물을 담을 수 없는 것과 같은 이치입니다. 일의 결과가 마음에 들지 않는다고 하나님을 원망하거나 이웃과

[*]   경찰청, '2014 범죄통계' 참조.

형제에게 분을 품어서는 안 됩니다. 때로는 써도 삼켜야 할 때가 있습니다. 이것이 올바른 신본주의자의 자세입니다.

창세기 4장은 하나님이 카인의 제사를 받지 않은 이유보다 제사 이후 카인의 태도에 대해 더 많은 내용을 할애합니다. 하나님은 "너의 제사에는 무엇이 문제였으니, 앞으로는 그걸 시정하라"고 하지 않으셨습니다. 그 대신 죄를 다스리라고 타이르셨습니다. 분노가 영혼을 잠식하지 않도록 주의하라고 엄하게 경고하셨습니다.

예배의 열납 여부는 전적으로 하나님의 주권적 판단에 달려있습니다. 미움을 받을지, 사랑을 받을지도 마찬가지입니다. 피조물이 왈가왈부할 계제가 아닙니다. 하지만 카인은 하나님의 뜻을 받아들이지 못하고 분노에 휩싸이고 말았습니다.

> 여호와께서 이르시되 네가 분하여 함은 어찌 됨이며 안색이 변함은 어찌 됨이냐 네가 선을 행하면 어찌 낯을 들지 못하겠느냐 선을 행하지 아니하면 죄가 문에 엎드려 있느니라 죄가 너를 원하나 너는 죄를 다스릴지니라
>
> (창 4:6-7)

최선을 다했지만 내 생각만큼 하나님께 열납되지 않을 수도 있습니다. 하나님은 나의 행동과 의도에 기계적으로 응답하는 분이 아닙니다. 그러한 생각은 큰 교만입니다.

누군가는 태어나면서부터 다리를 절고, 앞을 보지 못합니다. 누군가는 세상에 나오기도 전에 태 안에서 죽습니다. 반대로 어떤 사람은 부귀와 영화를 누리며 살아갑니다. 그리고 장수합니다. 이 때문에 많은 사람이 하나님은 공평하지 않다고 불평합니다.

그러나 우리는 높으신 하나님 뜻을 다 알 수 없습니다. 하나님의 공평을 인간의 저울로 측량할 순 없습니다. 이해할 수 없는 현상을 마주했을 때 가장 합리적인 자세는 다소 무겁게 느껴지더라도 하나님 뜻에 순종하는 것입니다.

하나님은 분석과 판단의 대상이 아닙니다. 믿음과 경배의 대상입니다. 전능자 하나님이 하시는 일의 시종(始終)과 목적은 우리가 가늠할 길이 없습니다.

> 하나님이 모든 것을 지으시되 때를 따라 아름답게 하셨고 또 사람들에게는 영원을 사모하는 마음을 주셨느니라 그러나 하나님이 하시는 일의 시종을 사람으로 측량할 수 없게 하셨도다
>
> (전 3:11)

충성을 다했지만 초라한 열매를 맺을 수 있습니다. 악인이 형통하고 죄인이 은혜를 입는 모습을 볼 수도 있습니다. 이럴 때 우리는 이상하게 여기거나 시기하지 말고, 거룩하신 하나님 뜻에 순복해야 합니다. 마찬가지로 하나님이 내가 아닌 형제나 친구 등 다른 사람을 선택하시고 그를 더 높이신다고 해서 질투하면 안 됩니다. 하나님의 행사는 궁극적으로 한 치의 오차 없이 공평하고 정의롭습니다. 이점을 믿고 신뢰해야 합니다. 카인은 자신보다 더 많은 은혜를 누린 동생을 질투했습니다. 시기심은 죄입니다. 죄는 선한 결과로 이어질 수 없습니다. 하나님의 선택을 받은 동생을 보며 살의(殺意)를 품게 된 에서에게 카인의 그림자가 어른거립니다.

에서의 분노는 자아에 기원을 두고 있습니다. 본래 자아는 교만하고 자기중심적입니다. 에서는 하나님과의 언약을 무겁게 여겨 화를 낸 것이 아닙니다. 에서의 분노는 시기와 질투에 방점이 찍혀있습니다. 영적 센스가 없는 에서는 모든 일을 자신의 입장에서, 그리고 인간적 시각에서 바라봤습니다. 이에 에서는 인간적인 술수를 부려 인척인 이스마엘의 딸을 새로운 아내로 맞아들였습니다.

이에 에서가 이스마엘에게 가서 그 본처들 외에 아브라함의 아들 이스

마엘의 딸이요 느바욧의 누이인 마할랏을 아내로 맞이하였더라

(창 28:9)

에서가 마할랏을 데려온 이유에 주목할 필요가 있습니다. 에서는 이삭이 야곱을 축복하고 가나안 사람의 딸과 혼인하지 말라고 말한 장면을 목격했습니다(창 28:6). 그리고 헷 부족 출신 부인들이 아버지 이삭의 마음을 기쁘게 하지 못하게 했다는 사실을 깨달았습니다(창 28:8). 샘이 난 에서는 인척 결혼을 해서 부모를 만족시켜 주려 했습니다.

하지만 헷 부족 여인들도 그대로 두었습니다. 에서가 새로 결혼한 것은 하나님 앞에서 자신의 잘못을 뉘우쳤기 때문이 아닙니다. 전략적 차원에서 부모의 마음을 얻고자 행한 조치입니다. 이 장면을 통해 에서의 사고와 행동 패턴이 가나안 사람들과 동일하다는 점을 알 수 있습니다. 그는 결혼을 신성한 결합으로 생각하지 않았습니다. 목적을 이루기 위한 수단으로 바라봤습니다.

비록 이삭과 리브가를 기쁘게 하기 위해 이스마엘의 딸을 데려오기는 했지만, 헷 족속 아내와도 결별하지 않았습니다. 결과적으로는 쓸데없이 축첩(畜妾)만 한 꼴이 되었습

니다. 애초에 하나님을 믿는 여인을 맞이하느냐, 그렇지 않느냐가 중요했지, 인척 결혼 자체는 본질이 아니었습니다. 지혜가 없는 에서는 다시 헛발질을 하고 말았습니다.

사냥한 가젤을 들고가는 헷 족속 남성　©alamy stock photo

—— 말에 담긴 세계관

나이가 들어도 바꾸지 못하는 습관이 있습니다. 바로 언행입니다. 말버릇은 오랜 세월 쌓여 형성됩니다. 쉽게 교정되지 않습니다. 사용하는 어휘와 화법을 보면 화자의 마음가짐을 알 수 있습니다. 입안에 욕설과 비아냥이 가득하면 경박한 사람입니다. 험담과 이간질을 즐기는 사람도 마찬가지입니다. 거리를 두어야 합니다. 반대로 늘 다른 사람을 높이고 신중하게 말하는 사람은 복을 받습니다.

> 온순한 혀는 곧 생명 나무이지만 패역한 혀는 마음을 상하게 하느니라
>
> (잠 15:4)

대화를 나누면 상대방의 세계관을 엿볼 수 있습니다. 사

람은 마음속에 가득한 것을 입으로 내뱉기 때문입니다. 돈에 관한 생각이 가득하면 대화 주제도 늘 물질을 향해 있습니다. 아파트 평수는 어떻게 되는지, 연봉은 얼마인지, 주식과 코인에 얼마를 투자했는지 등의 세속적 화제만 꺼냅니다. 정치 욕심이 강한 사람은 항상 선거나 시사 이슈를 대화의 소재로 삼습니다. 색욕이 넘치는 사람은 습관적으로 음담패설을 입에 담습니다.

> 독사의 자식들아 너희는 악하니 어찌 선한 것을 말할 수 있느냐 이는 마음에 가득한 것을 입으로 말함이라
>
> (마 12:34)

이런 시각에서 브니엘에서 야곱과 에서의 재회 장면은 대단히 흥미롭습니다. 성경은 두 형제가 나눈 대화를 비교적 상세하게 묘사하고 있습니다. 그리고 객관적 장면을 통해 두 형제의 마음이 어디를 향하고 있는지 넌지시 알려줍니다.

사기꾼 야곱은 자기보다 더 지독한 라반을 만나 호된 곤욕을 치렀습니다. 인생의 쓴맛과 단맛을 모두 경험한 야곱은 얍복 강가에서 은혜를 입고 한결 마음이 부드러워진 상

태웠습니다. 반면 무장한 사람 400명을 이끌고 나타난 에서
는 전에 없이 위풍당당한 모습이었습니다. 한 부족의 족장
이자 강력한 리더로 손색이 없는 풍모입니다. 오랜만에 야
곱과 마주한 에서는 '눈을 들어' 무언가를 보았습니다. 그리
고 입을 열어 질문을 던졌습니다.

> 에서가 눈을 들어 여인들과 자식들을 보고 묻되 너와 함께 한 이들은
> 누구냐 야곱이 이르되 하나님이 주의 종에게 은혜로 주신 자식들이니
> 이다
>
> (창 33:5)

오랜 시간이 흘렀지만 에서는 변함없이 눈에 보이는 것
에 집중했습니다. 그는 준수한 야곱의 소유물과 일행을 보
자 의아하게 여긴 것 같습니다. 자신을 피해 빈손으로 줄행
랑쳤던 동생의 과거를 생각하면 에서의 의문이 충분히 납득
이 갑니다.

'어쭈, 사람 구실 못하고 살 줄 알았는데 제법이구먼.'

아마 이렇게 생각했던 것 같습니다. 에서는 야곱이 일군 풍요의 배경이 무엇인지 궁금해했습니다. 거듭난 야곱은 에서의 세속적인 질문에 "하나님이 주의 종에게 은혜롭게 주신 것"이라고 대답합니다. 야곱은 자신의 복이 어디서 기인했는지 확실하게 알고 있었습니다. 야곱이 밝힌 풍요의 원천은 하나님이었고, 복을 받은 이유는 은혜 때문이었습니다. 야곱은 자신의 공로를 드러내거나 뽐내지 않았습니다. 이를 통해 물질적 축복을 받은 사람이 저지를 수 있는 실수를 피해갈 수 있었습니다.

세상에 나의 것은 존재하지 않습니다. 모든 소유가 하나님께 속합니다. 내가 먹고, 입고, 쓰는 것은 모두 하나님이 잠시 맡기신 것입니다. 세상 소풍을 마치는 날에는 남김없이 내려놓고 떠나야 합니다. 이 땅에서 누리는 것들이 내 것이고, 이 땅에서 이룬 것이 다 나의 공로라고 생각하는 순간 불행이 시작됩니다. 바빌로니아 제국의 느부갓네살 왕은 자신이 누리는 모든 권세와 풍요를 스스로 얻었다고 뽐내다, 7년 동안 저주를 받았습니다.

> 나 왕이 말하여 이르되 이 큰 바벨론은 내가 능력과 권세로 건설하여
> 나의 도성으로 삼고 이것으로 내 위엄의 영광을 나타낸 것 아니냐 하

였더니 / 이 말이 아직도 나 왕의 입에 있을 때에 하늘에서 소리가 내려 이르되 느부갓네살 왕아 네게 말하노니 나라의 왕위가 네게서 떠났느니라 / 네가 사람에게서 쫓겨나서 들짐승과 함께 살면서 소처럼 풀을 먹을 것이요 이와 같이 일곱 때를 지내서 지극히 높으신 이가 사람의 나라를 다스리시며 자기의 뜻대로 그것을 누구에게든지 주시는 줄을 알기까지 이르리라 하더라

(단 4:30-32)

교만하던 느부갓네살은 저주를 받아 짐승과 같이 되었습니다. 머리털이 독수리 털과 같이 자랐고, 손톱은 새의 발톱과 같이 되었습니다. 그리고 풀을 뜯어 먹었습니다. 광인(狂人)이 된 것입니다. 일곱 해가 지나자 다시 총명이 돌아왔습니다. 제정신을 차린 느부갓네살은 그제야 지극히 높으신 하나님을 찬양하며 자신을 낮추었습니다. 비로소 자신이 아무것도 아니라는 사실을 깨달은 것입니다.

그러므로 지금 나 느부갓네살은 하늘의 왕을 찬양하며 칭송하며 경배하노니 그의 일이 다 진실하고 그의 행하심이 의로우시므로 교만하게 행하는 자를 그가 능히 낮추심이라

(단 4:37)

월리엄 블레이크(William Blake), 1795년, '느부갓네살'

　　에서의 우문(愚問)에 야곱은 현답(賢答)으로 응수했습니다. 야곱의 답변은 지혜로웠습니다. 그는 하나님을 높이고, 자신은 낮추었습니다. 하나님께 모든 영광을 돌려 경외하는 마음을 감추지 않았습니다. 그러나 세속주의자 에서는 야곱의 대답에 별다른 대꾸 없이 다시 예물로 마련한 양 떼로 시선을 옮깁니다. 그의 눈은 항상 물질을 향해 있었습니다.

> 에서가 또 이르되 내가 만난 바 이 모든 떼는 무슨 까닭이냐
>
> (창 33:8 상반절)

이 질문은 "무엇하러 이런 예물을 마련했느냐"는 취지로 볼 수 있습니다. 하지만 근간에는 "부족한 네가 어떻게 이런 재물을 내게 줄 수 있느냐"는 생각이 깔려있습니다. 야곱을 한 수 아래로 내려보는 에서의 속마음이 은연중에 드러납니다. 남자답지 못하고 겁 많던 야곱이 많은 재물을 모아 금의환향하자, 에서는 납득하기 어려워하는 모습을 보였습니다.

현실주의적 관점이 무조건 나쁘다고만 볼 순 없습니다. 때로는 하나님 백성도 뱀처럼 지혜롭게 처신해야 할 때가 있습니다. 그러나 현실에 매몰돼 하나님을 잊어버리면 안 됩니다. 사람이 가진 모든 것은 결정적 순간에 전능하신 하나님께 영광을 돌리기 위해 존재합니다. 지위와 재물을 누리고 있다면, 하나님의 계획에 쓰임 받기 위해 잠시 부여된 것입니다. 내가 잘나서가 아닙니다. 모든 힘과 능력은 하나님의 타이밍에, 하나님이 원하시는 방법으로, 하나님 역사를 실현하기 위해 사용해야 합니다. 역사와 운명의 주인은 하나님이십니다.

제임스 카비젤James Caviezel은 할리우드에서 촉망받던 배우였습니다. 2차 세계대전 당시 태평양 전선 이야기를 다룬 〈씬 레드 라인〉(1998)과 〈몬테크리스토 백작〉(2002), 〈엔젤 아이즈〉(2002)의 주연을 맡으며 평단의 주목을 받았습니다. 어느 날 그에게 인생의 전환점이 찾아왔습니다. 예수님의 수난을 다룬 영화 〈패션 오브 크라이스트〉에서 예수 그리스도 역을 맡지 않겠느냐는 제안을 받은 것입니다.

하지만 할리우드 영화계는 반기독교 분위기가 어느 곳보다 강한 곳입니다. 감독인 멜 깁슨도 배역을 제안하며 "당신이 예수님 역할을 맡으면 이 바닥에서 영원히 일을 못 하게 될 수도 있다"라고 경고했습니다. 카비젤은 잠시 고민했습니다. 그리고 이내 배역을 맡기로 결심합니다. 그는 '나를 이곳에 보내신 분도 하나님이고 재능을 주신 분도 하나님'이라고 생각했습니다. 카비젤은 멜 깁슨에게 "우리 모두에게는 각자 져야 할 십자가가 있다"며 "그것을 지지 않으면 삶이 무너지게 된다"라고 답했습니다.

카비젤은 영화에서 예수님 역할을 맡아 잘 소화해 냈습니다. 영화는 흥행에도 성공했습니다. 현재까지도 〈패션 오브 크라이스트〉는 예수님 수난을 가장 잘 그려낸 수작이라는 평가를 받고 있습니다. 훗날 카비젤은 영화를 찍는 내내 영적인 공격에 시달렸지만, 하나님 보호와 임재를 경험하는 강렬한 신앙 체험을 했다고 고백했습니다.[*]

---

[*] 〈패션 오브 크라이스트〉 짐 카비젤 간증
    (https://www.youtube.com/watch?v=o9oTkOAzAu0)」

하지만 멜 깁슨의 우려대로 카비젤은 할리우드에서 차츰 잊혀가는 배우가 되고 말았습니다. 많은 영화기획사와 감독들이 카비젤을 기용하기 꺼려했습니다. 마귀의 영이 지배하는 할리우드에서 예수님을 연기하며 당당하게 자신의 신앙을 밝힌 배우는 설 자리가 없었습니다.

그러나 이 같은 상황을 각오하고 있던 카비젤은 개의치 않았습니다. 그 대신 기독교 영화와 몇 편의 드라마에 출연하며 꾸준히 필모그래피를 쌓았습니다. 그리고 2024년에는 세계 곳곳에서 자행되는 인신매매를 다룬 영화 〈사운드 오브 프리덤〉에서 주연을 맡아 다시 주목을 받았습니다. 그는 타락한 영화계에서 선한 영향력을 발휘하는 몇 안 되는 배우 중 하나입니다.

카비젤은 예수님 역할을 맡는 것이 배우 커리어에 치명타가 될 것이라는 사실을 알고 있었습니다. 실제로 그러한 우려는 현실이 되었습니다. 만일 그가 〈패션 오브 크라이스트〉 출연을 거절했다면 지금보다 더 많은 부와 명성을 얻을 수 있었을 것입니다. 하지만 그것은 마귀가 주는 왕관입니다. 얼마 지나지 않아 썩어 없어질 거짓 영광에 불과합니다.

마귀가 또 그를 데리고 지극히 높은 산으로 가서 천하 만국과 그 영광

을 보여 / 이르되 만일 내게 엎드려 경배하면 이 모든 것을 네게 주리
라

(마 4:8-9)

카비젤은 지혜로운 선택을 했습니다. 잠깐뿐인 부귀보다
는 영원을 사모하는 선택을 내렸기 때문입니다. 이 땅의 가
진 자들이 한 번쯤 새겨보아야 할 사례입니다.

—— 거룩한 분리

창세기 33장의 대화에서 야곱은 하나님이 주신 은혜를
거듭 강조했습니다. 야곱은 하나님과의 관계에서 자신의 위
치를 아는 사람이었습니다. 그는 형보다 훨씬 슬기로웠습니
다. 사기꾼에 겁쟁이였던 야곱은 이처럼 하나님과의 관계
에 집중해 이스라엘로 거듭날 수 있었습니다. 반면 에서는
척박하고 메마른 땅에 거주하게 되었습니다. 그리고 아우를
섬기는 신세로 격하되었습니다(창 27:39-40).

야곱과 나눈 대화에서 에서는 단 한 번도 하나님을 언급
하지 않았습니다. 야곱이 하나님께 영광을 돌린 것을 형식

적 겸손으로 이해했거나, 혹은 "이 녀석 여전하네" 하고 피식 웃었을지 모릅니다. 에서의 마음에는 하나님 대신 거대한 자아가 신상처럼 우뚝 서 있었습니다.

이제 형제는 헤어져 각자 갈 길을 떠납니다. 에서는 야곱에게 함께 갈 것을 권하지만 야곱은 거절했습니다. 에서는 자신의 근거지인 세일 산으로 돌아가고, 야곱은 숙곳에 가서 장막을 칩니다. 그 뒤 세겜 성읍에 도착해 제단을 쌓고 '하나님, 이스라엘의 하나님'이란 뜻을 지닌 '엘엘로헤이스라엘'이라 불렀습니다. 거룩한 분리입니다. 이후 에서의 후예들은 하나님의 그늘에서 벗어났습니다. 에돔은 줄곧 세상의 편에 속하다가 허무하게 사라지고 말았습니다.

무관심은 상대방을 얕보는 태도입니다. 때로는 조롱이나 경멸보다 더 악합니다. 증오는 관심을 전제하지만, 무관심은 아예 의식조차 하지 않기 때문입니다. 실제로도 기독교를 싫어하는 '안티'보다 무관심한 사람을 전도하기 더 어렵습니다.

우리는 날마다 하나님께 관심을 기울이지 않는 죄를 범합니다. 하나님을 향한 사랑과 관심은 선택사항이 아닙니다. 마땅히 행해야 하는 인간의 의무입니다.

하나님께 무관심했던 에서는 끝내 버림을 받았습니다. 그

는 메시아의 계보를 이어갈 그릇이 되지 못했습니다. 아브
라함의 장손이라는 고귀한 혈통도 그의 방패가 될 수 없었
습니다. 세속적인 에서는 하나님께 무관심한 현대인의 자화
상입니다. 그의 삶을 반면교사로 삼아 시선을 늘 하나님께
두고 풍성한 은혜를 간구해야 합니다.

> 만일 누구든지 주를 사랑하지 아니하거든 저주를 받을지어다 우리 주
> 여 오시옵소서
>
> (고전 16:22)

5.

위선적인 활동가,

유다

—— 배신자 가룟 유다

성경에는 여러 난제가 있습니다. 그중 하나가 예수님의 열두 제자 중 한 명이었던 가룟 유다의 배신입니다. 유다는 성경을 통틀어 가장 미스터리한 인물입니다. 유다가 예수님 제자에 합류하게 된 경위는 불분명합니다. 예수님이 행하신 여러 이적을 보고 감명을 받아 쫓아다니게 된 사람 중 한 명이라고 추측할 따름입니다. 유다의 아버지 역시 가룟 사람 시몬이라 나오지만(요 6:71), 그 외 별다른 설명이 없어 출신 성분을 정확하게 알기 어렵습니다.

인류 역사상 최악의 선택으로 손꼽히는 유다의 배반 원인을 두고 많은 사람이 논쟁을 벌였습니다. 가장 널리 알려진 주장은 돈 때문에 예수님을 팔았다는 가설입니다. 실제로 유다는 예수님 사역에서 재정과 회계를 맡았고(요 13:29), 예수님을 배반한 대가로 대제사장에게 은전 삼십을 받았습니다.

> 그때에 열둘 중의 하나인 가룟 유다라 하는 자가 대제사장들에게 가서 말하되 / 내가 예수를 너희에게 넘겨주리니 얼마나 주려느냐 하니 그들이 은 삼십을 달아주거늘 / 그가 그때부터 예수를 넘겨줄 기회를 찾더라
>
> (마 26:14-16)

한번은 예수님 발에 값비싼 향유를 붓고 발을 닦아드린 마리아를 유다가 책망한 적이 있습니다. 그는 "향유를 팔아 가난한 사람에게 나눠줬으면 더 좋았을 것"이라며 화를 냈습니다. 얼핏 보면 도덕적인 발언을 한 것처럼 보입니다. 하지만 사실은 남을 비판하며 자신의 의로움을 과시한 것에 지나지 않았습니다. 요즘으로 말하면 '정치적 올바름(Political Correctness)'을 적당히 뽐낸 것에 불과합니다. 그의 실제 본심은 정의와 거리가 멀었습니다. 내심 유다는 향유에 쓰인 돈이 아까웠습니다. 재정을 맡은 유다는 공금에 자주 손을 대곤 했습니다. 그는 값비싼 향유를 예수님을 위해 쓰는 모습을 보고, 자기 몫이 줄었다고 생각한 것입니다.

이렇게 말함은 가난한 자들을 생각함이 아니요 그는 도둑이라 돈궤를 맡고 거기 넣는 것을 훔쳐감이러라

(요 12:6)

이 말씀은 상당히 중요한 의미를 가집니다. 유다의 속성과 본질을 가장 잘 드러내기 때문입니다. 유다는 겉과 속이 다른 인물입니다. 사람들 눈을 의식해 짐짓 의로운 척하는 위선은 유다가 하나님께 버림받은 이유 중 하나입니다. 유다는 사리사욕이 강한 데 멈추지 않고, 위선으로 자신을 포장하는 데에도 능했습니다.

복음서의 말씀을 종합할 때, 유다가 돈에 대한 집착이 있었다는 점은 부인하기 어렵습니다. 하지만 오로지 돈 때문에 예수님을 배신했다는 주장은 선뜻 받아들이기 어렵습니다. 무엇보다 은전 삼십은 합리적인 흥정 대가로 보기에 너무 적었습니다. 유다가 작정하고 몸값을 책정했다면 나올 수 없는 금액입니다. 모세의 율법에 따르면 은 삼십 세겔은 남종이나 여종의 몸값입니다(출 21:32). '사는 자'인 대제사장 입장에서는 몸값을 헐하게 매겨 예수님을 멸시하려는 욕구를 표출하려 했다고 해도, '파는 자'로서는 적정 수준으로 금액을 높여야 합니다. 하지만 유다는 대제사장이 제안한 액

수를 별다른 이의 없이 즉흥적으로 수락했습니다. 따라서 금액과 관계없이 처음부터 예수님을 팔아넘길 생각으로 찾아갔다고 보는 게 타당합니다. 물론 영적 측면에서 보면 사탄이 유다 몸에 들어가 책동한 결과입니다(요 13:27).

인류의 구세주를 팔아넘기는 이 엄청난 뒷거래에서 돈은 결정적인 요소가 아니었습니다. 막상 예수님이 붙잡혀 고초를 당하자, 유다는 깊이 후회하면서 은전을 돌려주려 했습니다. 하지만 대제사장은 돌려받기를 거부했습니다. 그러자 유다는 은전을 성소에 던져버리고 뛰쳐나온 뒤 스스로 목을 매어 죽었습니다.

유다가 예수님의 사역에 실망해 배신했다는 주장도 제기됩니다. 유다는 '가룟 사람'으로 불립니다. 한글 성경에 가룟으로 번역된 이스카리옷(Iscariot)은 로마에 협력한 부역자나 권력층을 상대로 보복 테러를 가하던 민족주의자 시카리(Sicarii) 집단에서 유래했다는 견해가 있습니다. 또 이스라엘 남부의 그리욧(Kerioth) 지방 사람을 의미한다거나, 잇사갈 지파 사람(Isscharite)을 뜻한다는 학설도 있습니다. 가룟의 의미는 아직 명확하게 드러나지 않았습니다.

다만 강력한 민족주의 정서가 예수님 제자들 사이에서 뿌리내리고 있었다는 점은 확실합니다. 제자들은 외세 침략

자인 로마와, 정통성이 부족했던 헤롯 정권을 부정적으로 인식했습니다. 헤롯 왕은 다윗 왕가와 무관한 혈통으로, 에돔의 후예인 이두매 출신입니다.

바벨론에 의해 유다 왕국이 멸망한 후 유대인들은 끊임없는 외세의 침략과 압제에 시달렸습니다. 혼란한 정국이 계속 이어지자 민중 사이에서는 민족주의 이데올로기가 발흥했습니다. 예수님 제자 중에도 이 같은 민족주의자가 꽤 많이 있었다는 점(대표적인 예가 '열심당원' 시몬)을 고려할 때, 유다도 그러한 '활동가' 중 한 명이었을 가능성이 높습니다.

당시 제자들 사이에서는 예수님이 정통 유대 왕조를 재건하리라는 기대가 널리 퍼져있었습니다. 그들은 예수님이 건국할 나라에서 누가 '큰 자'가 될지, 또 누가 높은 서열을 갖게 될지에 대해 관심이 많았습니다. 이 때문에 성경에는 제자들의 가족이 예수님을 찾아와 자리 청탁을 하는 웃지 못할 장면도 나옵니다.

> 그때에 세배대의 아들의 어머니가 그 아들들을 데리고 예수께 와서 절하며 무엇을 구하니 / 예수께서 이르시되 무엇을 원하느냐 이르되 나의 이 두 아들을 주의 나라에서 하나는 주의 우편에 하나는 주의 좌편에 앉게 명하소서 / 예수께서 대답하여 이르시되 너희는 너희가 구하

는 것을 알지 못하는도다 내가 마시려는 잔을 너희가 마실 수 있느냐 그들이 말하되 할 수 있나이다

(마 20:20-22)

애당초 제자들은 예수님이 행하실 십자가 사역을 온전하게 이해하지 못했습니다. 예수님이 말한 하나님 나라를 그저 지상에 세워지는 국가(State)로만 이해했습니다. 그래서 예수님도 "너희는 너희가 구하는 것을 알지 못한다"고 책망하셨던 것입니다.

가룟 유다 또한 유대 민족의 독립을 꿈꾸었습니다. 예수님이 일종의 군사적 메시아로서 로마 제국을 몰아내고 다윗 왕조를 재건할 사람이라 여겼습니다. 하지만 공생애 막바지에 이르러 예수님이 '하나님 나라'와 '십자가 죽음'을 언급하자 크게 실망했습니다. 그 마음을 틈타 마귀가 예수님을 팔려는 생각을 넣었고, 마침내 배신을 결심했습니다(요 13:2).

유다의 변절은 이와 같은 맥락에서 보는 게 타당합니다. 큰 틀에서 유다는 복음이 아닌 시대정신과 사회정의를 좇았습니다. 하늘보다 땅을, 영원보다 현실을, 하나님 뜻보다 인간의 시각을 우선했기 때문입니다. 그 결과 처음에는 열두 제자 중 한 명으로 세워지는 영광을 누렸으나, 마지막 순간

에 버림받고 말았습니다.

오늘날 우리에게도 유다 앞에 놓여있던 선택지가 똑같이 주어져 있습니다. 세상이 추어올리는 시대정신을 따를 것인지, 아니면 영존하는 하나님의 말씀을 붙들 것인지 정해야 합니다. 만일 하나님 말씀을 따르지 않고 세상을 선택하면 생명책에서 이름이 지워집니다. 그리고 마귀와 함께 영원한 불 못에 떨어지게 됩니다. 그곳은 죽고 싶어도 죽지 못하고, 불도 영원히 꺼지지 않는 고통스러운 공간입니다.

> 만일 네 눈이 너를 범죄하게 하거든 빼버리라 한 눈으로 하나님의 나라에 들어가는 것이 두 눈을 가지고 지옥에 던져지는 것보다 나으니라 / 거기에서는 구더기도 죽지 않고 불도 꺼지지 아니하느니라 / 사람마다 불로써 소금 치듯 함을 받으리라
>
> (막 9:47-49)

시대적 관점에서 성경 말씀은 세련되지 않았습니다. 늘 투박하고 불편합니다. 반면 마귀의 목소리는 달콤하기 그지없습니다. 인본주의 사상의 요체는 '내 인생은 나의 것'입니다. 감수성이 넘치고 댄디(Dandy)하며, 자아를 한껏 높여줍니다. 세상 가르침을 따라가면 멋지고 행복한 삶이 영원할

것만 같습니다.

　하지만 이는 마귀의 속임수입니다. 땅에 뿌리내린 이념 중 선한 것은 하나도 없습니다. 그들의 뿌리는 썩었고, 열매는 부패합니다. 황금잔에 담긴 오물에 불과합니다. 시대정신은 인간의 욕망과 탐심을 그럴싸한 말로 포장할 따름입니다. 상황 논리에 따라 그때그때 달라지는 헛된 가라지입니다.

　최근에는 많은 크리스천이 세속적 사회정의와 성경적 가치를 혼동하고 있습니다. 사회정의는 표면적으로 각종 차별 철폐와 제도적 평등을 추구합니다. 유물사관에 뿌리를 둔 네오마르크시즘과 그 아류 이데올로기들, 래디컬 페미니즘, LGBTQ+(레즈비언, 게이, 바이섹슈얼, 트랜스젠더, 퀴어 등) 테마가 현대 사회정의 운동의 대종을 이루고 있습니다.

　이러한 사상들은 명확하게 반그리스도적 가치를 품고 있습니다. 하지만 군중의 지지를 받으며 새로운 주류 이념으로 자리 잡았고, 이제는 반론을 제기하기 힘들 정도로 권력화되었습니다. 수많은 정치인과 명사들이 노골적으로 동성애를 찬양하며, 트렌디한 것으로 선전합니다. 그러나 본질은 옛적 소돔과 고모라에서 정점을 찍었던 타락 문화의 재탕에 불과합니다. 그럼에도 세계 곳곳에서 법과 제도를 바꿔 아이들에게 동성애를 가르치고 권장하는 일이 일어나고 있습니다. 이에 반대하면 문화 권력을 손에 쥔 세력들이 '혐오주의자' 딱지를 붙여 사회에서 매장해 버립니다. 어리석은 군중은 하나님의 명령과 규례와 법도를 거북하게 여기며 들으려 하지 않습니다. 그 대신 허랑한 소견에 따라 제멋대로 판단하고, 쾌락을 좇으려 합니다. 결국 많은 사람이 말씀을 버리고 땅의 가르침을 따라 가룟 유다의 길을 걷고 있습니다.

사회정의 이데올로기는 이제 기독교의 가장 큰 위협으로 자리를 잡았습니다. 무신론에 바탕을 둔 이념들은 선함을 추구하는 것처럼 교묘하게 위장합니다. 하지만 치명적인 독소를 포함하고 있습니다. 땅의 이념은 갈등과 분쟁만 양산할 뿐 절대로 선한 열매를 맺을 수 없습니다. 사상의 뿌리를 증오와 질투심에 두고, 선동과 혐오주의를 줄기로 삼기 때문입니다.

이러한 사상은 빈곤과 불평등이 존재하는 이유를 타자에게 전가합니다. 여성은 남성 때문에 불행하고, 흑인은 백인 때문에 불행하며, 후진국은 선진국 때문에 불행하고, 가난한 사람은 부유한 사람 때문에 힘들다는 자못 선명한 논리를 제시합니다. 자기중심적인 인간은 남을 탓하는 데 익숙하고 스스로를 돌아보는 데 인색합니다. 따라서 상대방을 탓하고 증오하게 만드는 이런 논리는 사실 여부와 관계없이 높은 호소력을 갖습니다.

현대 민주주의는 21세기 들어 중우(衆愚)정치로 변질되고 있습니다. 이제는 성숙한 민주 의식이 자리 잡은 것으로 알려진 국가에서도 '갈라치기' 선동과 포퓰리즘에 능숙한 극단적인 정치 세력이 빠르게 득세하고 있습니다. 이들은 대중들 사이에 잠재된 혐오 감정을 자극하고 여기에 불을 지피는 방식으로 표를 얻습니다. 기성 정치인들도 공동체가 무너지든 말든 '나만 당선되면 그만'이라는 이기심 때문에 바른 소리를 내지 않습니다.

민주주의가 건강하게 운영되려면 유권자 개개인이 합리적으로 판단하고 이성적으로 행동해야 합니다. 이것이 가장 큰 전제입니다. 하지만 실제로는 그렇지 않습니다. 군중은 어리석고 감정적이며, 이기적이고 포악합니다. 이를 잘 알고 있는 정치꾼들은 늘 갈등을 일으키고, 사람들에게 피해의식을 주입합니다. 그래야 수월하게 권력을 잡을 수 있기 때문입니다.

"네가 불행한 것은 다 저들 때문이야, 그러니 나한테 힘을 실어줘."

화려한 수사로 치장된 사회정의 추종 세력의 주장은 대부분 위의 논리에 색채만 다르게 덧입혔습니다. 이런 메시지는 마약과 같습니다. 내면에 가득한 질투와 열등감을 가장 저열하고 파괴적인 방법으로 해소해 주기 때문입니다.

정의로 포장된 증오 이데올로기 때문에 남성과 여성이, 백인과 흑인이, 중산층과 서민이 서로 미워하게 되었습니다. 나아가 땅의 이념은 이러한 혐오 감정과 분노가 사회정의와 일치한다는 환상을 심어줍니다. 따라서 사회정의 중독자들은 온갖 무례와 패악을 저지르면서도, 스스로는 마치 정의를 수행하고 있다는 명분에 취해 자신에게 '셀프' 면죄부를 부여합니다. 이런 정서가 낙숫물처럼 모여 군중심리를 이루면 인종청소 같은 끔찍한 만행을 가능케 합니다.

폴 포트Pol Pot, 1928~1998는 프랑스 지배를 받던 시절의 캄보디아에서 태어났습니다. 본명은 살롯 사입니다. 부농의 아들이었던 그는 유복한 유년 시절을 보냈습니다. 이후 프랑스 파리 유학 시절 공산 사상과 유물론을 접한 뒤 공산주의자로 전향합니다. 귀국 후 그는 소년병과 원주민들로 구성된 무장 공산 단체 크메르루주Khmers rouges를 만들고 투쟁 전선에 뛰어들었습니다. 크메르루주는 론 놀이 이끄는 군부정권에 실망한 민심을 파고들었습니다. 야금야금 세력을 확장하던 크메르루주는 1975년 캄보디아 수도 프놈펜을 점령하고 민주 캄푸치아 정권을 수립합니다. 그리고 극단적인 공산주의 관념에 입각해 인간과 사회를 개조하려 들었습니다. 캄푸치아 정권은 온 국민을 농촌으로 이주시킨 뒤, 집단농장에서 강제 노동을 시켰습니다. 이어 사유재산을 폐지하고 화폐도 없앴습니다. 문화적으로는 전통적 가족 개념과 언어 체계를 파괴하고 수학과 과학 등 서구 문물로 의심되는 학문은 모조리 퇴출했습니다. 또 다른 나라와의 무역 행위도 금지했습니다.

얼마 지나지 않아 국가 경제가 거덜 나고 민생은 심각한 수준으로 낙후되었습니다. 학정에 반대하는 소요와 저항이 빗발쳤습니다. 그러자 폴 포트는 200만 명 가까운 국민을 죽이는 '킬링필드' 만행을 저질렀습니다. 3년 반 동안 캄보디아 전역에서 끔찍한 살육이 자행됐습니다. 그 결과 지식인뿐만 아니라 평범한 농민과 여성, 어린이들이 영문도 모른 채 죽임당하고 말았습니다.

정권을 뺏긴 다음에도 폴 포트와 크메르루주 잔당은 밀림으로 들어가 1990년대까지 유격전을 이어나갔습니다. 폴 포트는 실각 이후 가진 외신과의 인터뷰에서 자신이 일으킨 범죄에 대해 반성하는 모습을 보이지 않았습니다. 심지어

"내가 캄보디아를 외세에서 구했다"라며 자화자찬하기도 했습니다. 말년에 폴 포트는 부하들 손에 축출된 뒤 사망합니다. 폴 포트에 대한 존경심이 남아있지 않았던 그의 부하들은 시신을 폐타이어와 함께 불태워 버렸습니다. 폴 포트와 크메르루주 세력이 보여준 잔혹성과 뻔뻔함은 의롭다 함을 참칭하는 무리들이 어디까지 악해질 수 있는지 보여주는 씁쓸한 장면입니다.

사회정의 추종 세력은 자신들이 생각하는 '정의'와 '공평'에 맞지 않으면 잔혹하게 돌변합니다. 성경 말씀도 가차 없이 변개하고 왜곡합니다. 말씀을 기준으로 삶을 변화시키는 게 아니라, 자신의 기준에 맞춰 성경을 왜곡하고 끼워 맞추려 합니다.

미국의 3대 대통령인 토머스 제퍼슨Thomas Jefferson, 1743~1826은 복음서에 기록된 예수님의 이적과 부활 장면을 반지성적이라고 폄하했습니다. 그리고 자신의 입맛에 맞게 성경을 편집하고 잘라 '제퍼슨 성경'을 만들었습니다. 그는 예수님의 제자들이 "못 배우고 무식한 사람들이었기 때문에, 예수의 가르침이 잘못 진술되어 있다"라고 단언했습니다. 지적 허영심과 오만이 가득한 현대의 사회정의 활동가들과 유사한 모습입니다.

캄보디아 프놈펜에 보관 중인 '킬링필드' 희생자의 유골들 ©alamy stock photo

하나님 말씀은 유일무이한 진리이며 오류가 없고 완전합니다. 성경이 "맞다"라고 하면 맞는 것이고, "틀리다"라고 하면 틀린 것입니다. 말씀이 인간의 불완전성과 죄의식을 자극해 불편하게 할지라도, 끝까지 순종해야 합니다. 인간적인 생각으로 말씀을 가감하고 편집해서는 안 됩니다.

> 내가 너희에게 명령하는 말을 너희는 가감하지 말고 내가 너희에게 내리는 너희 하나님 여호와의 명령을 지키라
>
> (신 4:2)

> 내가 이 두루마리의 예언의 말씀을 듣는 모든 사람에게 증언하노니 만일 누구든지 이것들 외에 더하면 하나님이 이 두루마리에 기록된 재앙들을 그에게 더하실 것이요 / 만일 누구든지 이 두루마리의 예언의 말씀에서 제하여 버리면 하나님이 이 두루마리에 기록된 생명나무와 및 거룩한 성에 참여함을 제하여 버리시리라
>
> (계 22:18-19)

성경 외에는 구원에 이르게 할 진리의 말씀이 없습니다. 십자가의 보혈 외에는 지옥의 심판을 면할 방도가 없습니다. 유일한 해방구는 오직 예수님뿐입니다. 말세에 이르러

마귀는 시대정신을 이용해 성경적 정의를 파괴하고, 사람들이 하나님에게서 멀어지도록 유인합니다. 이는 자기의 때가 얼마 남지 않았음을 알게 된 사탄의 최후 몸부림입니다.

지금은 롯과 노아의 때입니다(눅 17:28). 모든 사물과 사태의 경계가 흐릿해지고, 극단적인 주관주의와 이기심이 땅 위에 관영합니다. 죄악이 차고 넘쳐 도처에서 펄펄 끓고 있습니다. 온 나라에 썩은 내가 나지 않은 곳이 없습니다. 올바른 신앙을 지키는 일은 점점 더 힘들어지고 있습니다. 조만간 강력한 박해의 시기가 도래할 것입니다. 국가는 '사회정의'의 이름으로 동성애를 수용하라고 할 것이며, '사회정의'의 이름으로 낙태와 성적 방종을 종용할 것이고, '사회정의'의 이름으로 예수가 유일한 구원의 길이라는 신념을 포기하라고 할 것입니다. 앞으로는 성경을 읽고, 복음을 전하는 일이 불법으로 취급될 수도 있습니다. 만일 이에 따르지 않으면 악한 권세가 핍박을 가할 것입니다.

머지않아 그리스도인들은 엄중한 선택의 시간을 맞이하게 될 것입니다. 사회의 압력과 제도적 박해를 견디며 참된 신앙을 지킬 것인지, 아니면 세상으로 발길을 돌려 가룟 유다의 길을 걸어갈 것인지 택해야 합니다. 그리스도인에게는 어둠의 시대가 되겠지만, 장차 다가올 영광에 비하면 이때

받는 고난은 아무것도 아닙니다(롬 8:18). 마음을 지키고, 끝까지 싸워 하나님의 영광에 참여해야 합니다.

> 또 너희가 내 이름으로 말미암아 모든 사람에게 미움을 받을 것이나
>
> 끝까지 견디는 자는 구원을 얻으리라
>
> (마 10:22)

—— 보암직한 땅의 이념들

모든 사상은 크게 두 종류로 나뉩니다. 하나는 말씀과 복음에 뿌리를 둔 생각이고, 다른 하나는 세상에 뿌리를 둔 땅의 이념입니다.

땅의 이데올로기는 대부분 무신론적 유물사관에 기초합니다. '삶 너머의 삶'에는 관심을 기울이지 않고, 세속적 힘을 추앙합니다. 인간사에서 발생하는 허다한 모순을 관념적인 제도로 해결할 수 있다고 믿습니다. 따라서 국가 권력을 중시하는 경향이 있습니다. 그러나 제도와 법률은 그것을 실천적으로 운용하는 개인과 권력자의 의지에 따라 얼마든지 무력화되거나 변질할 수 있습니다.

나치 독일은 근대 헌법의 효시로 일컬어지는 바이마르 헌법을 계수했지만, 히틀러 집권 이후 그 실효성을 잃었습니다. 북한도 헌법을 두고 인간의 기본권과 신앙의 자유를 보장한다고 선언합니다.* 그러나 현실은 절대다수의 인민이 인간으로서 누려야 할 최소한의 자유와 권리마저 박탈당한 세습노예 국가에 불과합니다. 관념적인 법과 제도가 인간의 죄성과 실체적인 폭력 앞에서 얼마나 무력한지 보여주는 단적인 예입니다.

구소련을 비롯한 공산주의 국가들의 헌법도 마찬가지였습니다. 이들의 말은 회칠한 무덤(마 23:27)과 같습니다. 번지르르한 말과 화려한 수사로 점철되어 있으나, 실제로는 아무런 효능이 없는 죽은 언어에 불과합니다. 오로지 독재자와 극소수 특권층의 자의(自意)에 따라 움직일 따름이었습니다. '인본주의 끝판왕'인 공산주의는 이처럼 '인간을 위한, 인간에 의한, 인간의 이데올로기'를 표방하지만, 아이러니하게도 인간성을 가장 말살하는 방향으로 나아갔습니다.

공산 사상의 뿌리는 루소의 그릇된 전제에서 출발합니다. 반기독교주의자였던 장 자크 루소Jean Jacques Rousseau, 1712~1778는 자연 상태에서의 인간은 선하고 자유로운데, 문명과 제도 때문에 악덕이 생겨났다고 가정했습니다. 이러한 전제에서

---

* 「조선인민민주주의공화국 사회주의 헌법」 제64조 "국가는 모든 공민에게 참다운 민주주의적 권리와 자유, 행복한 물질문화생활을 실질적으로 보장한다", 제68조 "공민은 신앙의 자유를 가진다. 이 권리는 종교건물을 짓거나 종교의식 같은 것을 허용하는 것으로 보장된다"

는 제도만 바꾸면 구조적 모순이 해결되고, 모두에게 이익이 결과를 얻을 수 있다는 이론적 결론에 다다릅니다. 루소는 자신의 주장을 강화하기 위해 일반의지(General Will)라고 하는 사변적인 개념을 창출했습니다. 그가 상정한 일반의지는 불가분의 단일한 의지로서 절대적으로 선하고 정의로운 것이었습니다. 루소는 개인이 국가공동체에 자신의 권리와 존재를 완전하게 바침으로써 일반의지와 합일할 수 있다고 봤습니다. 그리고 모든 인민이 일반의지에 무조건 복종해야 자유와 해방을 얻는다는 모순된 주장을 펼쳤습니다.

> "우리는 각자 일반의지의 최고 감독하에 자신의 신체와 모든 힘을 공동체의 것으로 만든다. 우리는 각 구성원을 전체의 불가분의 한 부분으로 대접한다."
>
> - 루소, 사회계약론(제6장 사회계약) 중

이런 방식으로 루소는 상상 속의 관념 조각을 짜 맞추면서, '하나는 전체를 위해, 전체는 하나를 위해'라는 전체주의 정치 철학의 이론적 토대를 마련해 주었습니다.

일반의지는 철학적 추론을 통해 만들어 낸 가설이어서 관념적인 차원에서는 설명력을 갖지만 실존하지는 않습니다. 설명을 위한 설명에 불과하기 때문에 본질적으로 공허한 개념입니다. 이처럼 실체 없는 말들은 총칼을 앞세운 권력과 힘에 의해 얼마든지 악용될 수 있습니다. 애당초 일반의지 자체가 존재하지 않는 공상의 산물이었기 때문에, 현실에서는 무소불위의 권력을 쥔 독재자들이 자신을 '일반의지의 총화이자 대리인'으로 자처해 남용하는 일이 비일비재하게 발생했습니다. 루소식의 사고 체계에서 일반의지는 절대 선이기 때문에, 독재자가 무슨 짓을 저지르든 인민들은 군말 없이 따라야 하는 이론의 감옥에 갇히게 된 것입니다. 그 결과 루소의 사상을 악의적으로 계승한 독재 이데올로기들은 역사 속에서 스탈린, 김일성, 폴 포트와 같은 정치 괴물만 양산해 내었습니다.

우리는 좋은 것과 선한 것을 구분해야 합니다. 좋은 것은 인본주의 관점에서 옳다고 보는 것입니다. 반면 선한 것은 하나님 시각에서의 올바름입니다. 좋은 것은 하나님 말씀과 일치할 수도 있고, 그렇지 않을 수도 있습니다. 전자는 시대에 따라 기준이 바뀌지만, 후자는 그렇지 않습니다.

사람들이 자기 소견에 따라 옳다고 느끼는 것(삿 17:6, 21:25)과 하나님 기준은 일치하지 않을 때가 많습니다. 그러나 우매한 군중은 하나님 기준과 반대되는 주장이 나올 때마다 열렬히 환호합니다. 자신들의 비루한 욕망을 대변해 주기 때문입니다. 빌라도의 법정에서 군중은 무죄한 예수님을 풀어달라고 요구하지 않았습니다. 그 대신 '바라바'를 풀어달라고 외쳤습니다. 이것이 우리의 본모습입니다. 인간은 긍휼과 애정의 대상은 될 수 있으나, 신뢰할 수 있는 존재는 아닙니다.

> 마음에서 나오는 것은 악한 생각과 살인과 간음과 음란과 도둑질과 거짓 증언과 비방이니
>
> (마 15:19)

> 내 속 곧 내 육신에 선한 것이 거하지 아니하는 줄을 아노니 원함은 내게 있으나 선을 행하는 것은 없노라 / 내가 원하는 바 선은 행하지 아니하고 도리어 원하지 아니하는 바 악을 행하는도다
>
> (롬 7:18-19)

하나님 말씀과 사회정의가 일치할 때 우리는 그것을 공개적으로 지지하고, 자랑스럽게 이야기합니다. '거짓말을 하지 말라', '네 부모를 공경하라'와 같은 가르침이 여기 해당합니다. 하지만 '오직 예수 그리스도만이 유일한 구원의 길'

이라는 핵심 진리는 그렇지 않습니다. 반진화론, 반동성애 가르침도 마찬가지입니다. 사람들의 시선을 의식해 우물쭈물하거나, 비판받을 것이 두려워 어물쩍 넘어가곤 합니다. 이러한 행동은 하나님보다 세상을 더 사랑하는 마음에서 비롯됐습니다. 이는 가룟 유다가 지니고 있던 자세였습니다. 알곡과 가라지를 구별하는 기준이 여기 있습니다.

기독교는 시대정신과 타협해 대중을 교화하는 시민 윤리가 아닙니다. 인간적 생각과 욕망이 아닌, 창조주 하나님의 말씀이며 구원의 메시지가 담긴 참된 복음입니다. 따라서 실존보다 앞선 자명한 공리(公理)이자, 거부할 수 없는 진리에 해당합니다. 이보다 더 높은 권위를 가진 규범과 사상은 존재하지 않습니다. 말씀은 모든 도덕과 윤리에 앞서는 섭리와 근본규범을 이룹니다. 인간에게는 단지 순종하느냐, 마느냐의 선택지만 놓여있을 따름입니다.

출애굽 백성들은 하나님을 원망하다가 불뱀에 물리는 심판을 받았습니다(민 21:6). 그때 장대에 높이 매달린 놋뱀을 쳐다보면 살고, 보지 않으면 죽었습니다. 놋뱀을 쳐다보는 게 어려운 일은 아닙니다. 다만 쳐다보고자 하는 마음을 갖는 게 쉽지 않을 뿐입니다. 불신앙과 반항심으로 가득한 자아를 극복해야 하기 때문입니다.

마귀는 참 부지런합니다. 태초부터 하나님과 인간의 관계를 끊기 위해 노력해 왔습니다. 마귀의 열심은 말세에 이르러 큰 영향력을 확보하는 데 이르렀습니다. 마귀는 하나님의 성품과 말씀의 흔적을 없애기 위해 부단히 움직입니다. 자신과 함께 영원한 불못에 들어갈 영혼을 끌어모으기 위해서입니다.

> 때가 이르리니 사람이 바른 교훈을 받지 아니하며 귀가 가려워서 자기의 사욕을 따를 스승을 많이 두고 / 또 그 귀를 진리에서 돌이켜 허탄한 이야기를 따르리라
>
> (딤후 4:3-4)

마귀의 전략은 단순합니다. 하나님 뜻과 반대로 행하며, 그것이 선한 것이라고 선동하는 것입니다. 하나님이 남자와 여자의 결합을 창조 섭리로 정하시면(마 19:4-6), 마귀는 'LGBTQ'를 띄워 동성애와 양성애, 트랜스젠더가 '좋은 것'이라고 선전합니다. 성경이 '예수님만이 구원의 길'이라고 선포하면(행 4:12), 예수 외에도 다른 길이 많으며 영생과 부활은 없다고 떠벌립니다.

하나님이 모태에서 우리 생명을 지으셨다고 말씀하시면

(시 139:13), 태아의 생명을 죽이는 낙태가 좋은 것이고 멋진 행동이며 여성의 인권을 높이는 것이라고 꾀어냅니다.

모든 성경이 하나님의 감동으로 기록된 것이라고 말하면 (딤후 3:16), 성경은 후대에 짜깁기되었으며 가부장적 논리를 재확산한다고 비난합니다.

이것이 마귀의 행동방식입니다. 청개구리처럼 하나님이 보시기에 좋았던 것과 반대로 행하며, 말씀을 전복시켜 버립니다. 그리고 이 모든 일이 '인간을 위한 것'이라고 속입니다. 그렇게 악한 것은 선한 것이 되고, 선한 것은 악한 것이 되고 맙니다. 물론 마귀에게도 믿는 구석은 있습니다. 마귀의 메시지는 인간의 탐욕과 대체로 일치합니다. 그렇기에 많은 사람이 그 유혹을 견뎌내지 못합니다.

> 악을 선하다 하며 선을 악하다 하며 흑암으로 광명을 삼으며 광명으로 흑암을 삼으며 쓴 것으로 단 것을 삼으며 단 것으로 쓴 것을 삼는 자들은 화 있을진저
>
> (사 5:20)

땅의 이념에 사로잡혔던 가룟 유다는 베드로와 달리 예수님께 진실한 신앙고백을 한 적이 없습니다. 예수님의 주

되심을 시인하거나, 그리스도라고 고백하지 않았습니다. 마지막 순간까지 가룟 유다가 예수님을 부르던 호칭은 '랍비'였습니다. 랍비는 선생님이라는 뜻입니다. 가룟 유다는 예수님을 그리스도가 아닌 체제 전복을 노린 혁명가로 인식했습니다. 예수님의 신성을 부인하며 사회 변혁을 꿈꾼 활동가나 정치지도자 정도로 해석하려는 '역사적 예수' 논쟁도 이와 비슷한 맥락입니다.

현대 그리스도인 중에도 가룟 유다와 같은 마음을 가진 사람들이 꽤 많습니다. 이들은 천국과 부활을 믿지 않으며, 그저 세상에서 좋은 일을 하면서 사회 개혁을 이루는 게 최선이라고 생각합니다. 나이스하고 쿨한 신앙인으로 보일수록 이런 경향이 두드러집니다. 동성애에 대해서도 개방적이고, 유신 진화론과 같은 타협안과 손잡으며 스스로 '지식인'이라고 자부합니다. 하지만 하나님 관점에서는 차지도, 덥지도 않으며 세상 눈치만 보는 우둔한 존재일 뿐입니다.

> 내가 네 행위를 아노니 네가 차지도 아니하고 뜨겁지도 아니하도다 네가 차든지 뜨겁든지 하기를 원하노라 / 네가 이같이 미지근하여 뜨겁지도 아니하고 차지도 아니하니 내 입에서 너를 토하여 버리리라
>
> (계 3:15-16)

그리스도인은 하나님 말씀을 기준으로 생각하고, 말하고, 행동해야 합니다. 척도가 바뀌면 시각이 바뀌고, 시각이 바뀌면 행동이 바뀝니다. 우리는 영존하는 말씀을 신뢰하고 따라야 합니다. 기준만 놓치지 않으면 아무리 거친 파도가 와도 다시 일어설 수 있습니다. 반대로 기준을 잃어버리면 모든 것을 잃게 됩니다. 말씀이 없는 교회 건물과 헌금은 부질이 없습니다. 하지만 이 모든 것이 없어도, 말씀만 굳건히 붙들고 있다면 다시 일어설 수 있습니다.

하나님 말씀은 공평한 저울이자 완전한 기준입니다. 진리를 담고 있으며 구원의 섭리를 품고 있습니다. 마귀는 그러한 말씀을 변개하거나 없애려고 부단히 애쓰고 있습니다. 하지만 하나님 말씀은 결단코 땅에 떨어지지 않습니다. 오히려 말씀을 거부하고 조롱하는 자들이 지옥으로 쓸려나갈 뿐입니다.

그는 반석이시니 그가 하신 일이 완전하고 그의 모든 길이 정의롭고 진실하고 거짓이 없으신 하나님이시니 공의로우시고 바르시도다

(신 32:4)

현세대에서는 다원주의와 상대주의가 큰 힘을 얻고 있습

니다. 정답이 하나만 있는 게 아니라는 취지입니다. 다원적 세계관에서는 예수 그리스도만 유일한 진리라고 설파하는 기독교가 독선적으로 비추어집니다. 이 때문에 기독교는 차츰 환영받지 못하고 있습니다. 특히 미혹의 영이 대중문화를 잠식한 뒤로는 교회와 십자가를 향하여 어느 때보다 강력한 비방 공세를 퍼붓고 있습니다. 로마가 원형 경기장에 그리스도인들을 가두고 사자를 풀어 물어뜯기게 했다면, 지금은 인터넷과 여론 광장에 몰아세우고 악랄하게 공격합니다. 마귀의 사술에 걸려든 군중들은 큰소리를 지르며 귀를 막고 일제히 달려들게 됩니다(행 7:57).

현대의 크리스천은 세상과 대중의 이목을 지나치게 의식합니다. 적당히 세상에 영합하는 가르침만 취사선택하고, 힘껏 부르짖어야 하는 복음의 핵심 진리에 대해서는 입을 굳게 다물고 있습니다. 교회는 사회정의를 실현하기 위해 활동가들이 모인 단체가 아닙니다. 구원의 말씀을 듣고, 진리를 설파하는 공간입니다. 진리는 오직 하나뿐입니다. 예수 그리스도만이 참된 구원자이며 하나님께 돌아갈 수 있는 유일한 해방구입니다. 그 외의 길은 없습니다. 유사 복음과 궤변에 속지 말고 성경의 가르침 안에 머물러야 합니다. 누구든지 "예수 외에 구원의 길이 있을 수 있다"라고 주장한다면 그 사람이 어떤 신분을 지녔던 그리스도인이라 부를 수 없습니다. 그는 하나님과 아무런 관계가 없는 사람입니다.

> 그들이 너희에게 말하기를 마지막 때에 자기의 경건하지 않은 정욕대로 행하며 조롱하는 자들이 있으리라 하였나니 / 이 사람들은 분열을 일으키는 자며 육에 속한 자며 성령이 없는 자니라 / 사랑하는 자들아 너희는 너희의 지극히 거룩한 믿음 위에 자신을 세우며 성령으로 기도하며 / 하나님의 사랑 안에서 자신을 지키며 영생에 이르도록 우리 주 예수 그리스도의 긍휼을 기다리라
>
> (유 1:18-21)

—— 생각의 방향이 달랐던 유다

복음과 세상의 메시지가 섞인 혼종 신학은 '대안', '인간 중심', '제3의 길' 등 부드러운 수식어로 포장돼 있습니다. 대부분 부담 없이 받아들여지는 미사여구입니다. 이들은 민족의식을 자극하거나, 사회정의를 주장하며 사람들을 끌어모읍니다. 그런데 전파하는 내용을 자세히 들어보면 성경 말씀은 액세서리일 뿐, 실제로는 사회 체제를 유물론적 시스

템으로 바꾸는 데 온 관심이 쏠려있습니다. 더 나아가 복음이 지상의 불평등을 해결하기 위해 등장한 것처럼 묘사하면서 성경을 왜곡합니다.

물론 그리스도인의 사회참여는 악한 일이 아닙니다. 마땅히 권장하고 힘써야 할 일입니다. 우리는 하나님의 공의에 따라 이웃을 내 몸과 같이 사랑해야 합니다(레 19:18, 마 19:19). 나그네와 고아, 과부를 먹고 배부르게 해야 하고(신 14:29, 신 24:19), 가난한 자와 궁핍한 자를 구제해야 합니다(시 82:4).

그러나 복음을 사회·정치 활동이나 개혁 운동과 동일시해서는 안 됩니다. 복음은 원죄로부터의 해방과 천국에서의 영원한 생명을 보장하는 지극히 크고 높은 가치입니다.

> 우리가 주목하는 것은 보이는 것이 아니요 보이지 않는 것이니 보이는 것은 잠깐이요 보이지 않는 것은 영원함이라
>
> (고후 4:18)

평화와 번영은 이러한 복음의 가치가 뿌리내려, 하나님의 공의가 실천될 때 따라오는 시혜적인 축복입니다.

마침내 위에서부터 영을 우리에게 부어주시리니 광야가 아름다운 밭

이 되며 아름다운 밭을 숲으로 여기게 되리라 / 그때에 정의가 광야에 거하며 공의가 아름다운 밭에 거하리니 / 공의의 열매는 화평이요 공의의 결과는 영원한 평안과 안전이라

(사 32:15-17)

원인과 결과를 헛갈리거나 뒤집으면 안 됩니다. 나의 생각, 나의 의지, 나의 욕망이 아닌 하나님 생각, 하나님 의지, 하나님이 주신 소명을 우선하고 실천하고자 노력해야 합니다. 정확 무오한 성경 말씀 외에 '제3의 길'은 존재하지 않습니다.

가룟 유다도 복음의 본질과 시대정신 사이에서 갈피를 잡지 못했습니다. 당시 유대민족이 처한 상황은 피와 눈물로 얼룩져 있었습니다. 남유다 멸망 후 백성들은 적국에 포로로 끌려갔으며, 복귀 후에도 끝없는 외세 침략과 압제에 시달려야 했습니다. 이런 토양에서는 민족을 우선하는 이데올로기가 상위선으로 작동할 가능성이 높습니다. 그 틈새에서 민족주의와 말씀이 뒤섞인 정체불명의 혼종 신앙이 싹을 틔웠습니다. 혼탁했던 정치 상황이 민족주의 정서와 맞물리면서 변질된 인본주의적 메시아 신앙이 등장했습니다.

유다의 행적을 보면 그도 예수님의 사역을 이스라엘 국

가의 독립과 다윗 왕조의 재건 차원으로 이해했던 것으로 보입니다. 메시아의 역할을 로마의 압제를 물리치고, 이스라엘의 정통 왕조를 복구하는 것으로 오해한 까닭입니다.

그러나 하나님의 생각은 사람보다 훨씬 높습니다(사 55:9). 하나님은 모든 인류를 구원하시기 위해 독생자 예수 그리스도를 이 땅에 보내셨습니다. 그러나 유대인들은 이 같은 하나님의 기이하고 높은 계획을 알지 못했습니다. 그저 압제에서 자신들을 해방해 줄 '정치·군사적 메시아'의 출현만 고대했습니다. 백성들은 말씀에 인간의 욕망을 투영했고, 자기 소견에 따라 믿고 싶은 대로 믿었습니다. 따라서 하나님의 현현(顯現)을 보고도 깨닫지 못했습니다.

열두 제자 중 한 명이었던 가룟 유다는 예수님의 여러 행적을 직접 목격하고 경험했습니다. 물 위를 걸으시고, 오병이어로 5천 명을 먹이셨으며, 죽은 사람을 살리신 권능을 체험했습니다. 따라서 예수님의 능력에 대해서는 별다른 의심이 없었을 것입니다.

그러나 생각의 방향은 전혀 달랐습니다. 유다는 예수님이 자신의 능력을 바탕으로 로마와 헤롯 정권을 몰아내는 정치적 행보를 걷기 바랐습니다. 어쩌면 새로운 왕조에서 한자리 차지하는 게 그의 최종 목표였을지도 모릅니다. 그런데 공생애의 마지막 단계에 이르러 예수님이 십자가 사역을 언급하자 크게 실망했습니다. 이 깊은 좌절감을 마귀가 놓칠 리 없습니다. 유다의 마음에 빈틈이 생기자, 마귀가 잽싸게 들어가 자기가 할 일을 했습니다.

> 조각을 받은 후 곧 사탄이 그 속에 들어간지라 이에 예수께서 유다에게 이르시되 네가 하는 일을 속히 하라 하시니
>
> (요 13:27)

말씀과 세상 이데올로기의 어설픈 결합은 대단히 위험합니다. 복음의 본질을 파괴하기 때문입니다. 파시즘 정권의 어용 신학과 세상 이데올로기가 가미된 해방 신학, 민중 신학의 해악성은 매우 높습니다. 이러한 사상은 교회에 침투한 사탄의 트로이 목마이자, 누룩입니다. 이념의 뿌리가 유물론과 인본주의에 터 잡고 있으며, 하나님 중심의 신본주의를 전복하는 데 악용되고 있습니다.

소외된 사람을 돕고 빈곤의 문제를 개선하는 데 힘쓰는 것은 마땅히 격려받아야 합니다. 하지만 민중이 곧 예수고, 예수가 곧 민중이며, 인간의 힘으로 이 땅에 지상낙원을 이룩할 수 있다는 거짓된 신앙관은 절대로 동의할 수 없습니

다. 선의를 가장한 프로파간다 속에 간교한 뱀의 혓바닥이 숨겨져 있습니다. 체제 전환과 계급 구조의 전복, 성 평등은 기독교의 목적이 아닙니다. 이것들은 신앙을 무너뜨리기 위해 측면에서 지원하는 사상 공격의 도구일 뿐입니다.

본말(本末)이 전도된 정치 신학의 결말은 가룟 유다의 말로와 같습니다. 유다는 자신이 생각한 '훌륭한 비전'과 일치하지 않는다는 이유로 예수님을 배신했습니다. 그리고 예수님께 "차라리 태어나지 않았으면 더 좋았을 사람"이라는 평가를 받았습니다(마 26:24). 이 같은 예수님의 냉정한 평가는 오늘날 세속 이데올로기와 결합한 가라지에게 동일하게 적용되고 있습니다.

> 또 누구든지 나를 믿는 이 작은 자들 중 하나라도 실족하게 하면 차라리 연자맷돌이 그 목에 매여 바다에 던져지는 것이 나으니라
>
> (막 9:42)

—— 약자를 위한다는 착각

바야흐로 위선이 넘치는 시대입니다. 남을 헐뜯고 모함하면서, 자신은 아닌 척하느라 진땀 빼는 모습을 어디서든 발견할 수 있습니다. 위선은 '스스로 의롭다'고 여기는 교만과 환상의 단짝이며, 모든 인본주의 사상이 담지하고 있는 본질적인 속성이기도 합니다.

위선은 인본주의가 선한 열매를 맺을 수 없는 이유를 명확하게 설명해 줍니다. 인간은 아무리 노력해도 하나님의 높은 기준에 도달할 수 없습니다. 율법의 모든 내용과 인류 역사가 이를 증거합니다.

죄와 허물이 가득한 인간은 참된 실재이자, 절대 선인 하나님께 다가갈 수조차 없습니다. 스스로 죗값을 치를 능력이 없기 때문입니다. 따라서 모든 사람은 심판을 받은 뒤 영원한 지옥에서 고통을 받을 운명에 놓여있습니다. 그러나 하나님은 독생자 예수 그리스도를 보내주셔서 구원을 받을 길을 마련해 주셨습니다. 흠 없는 어린양의 대속으로 말미암아, 마침내 살 수 있게 되었던 것입니다. 진실로 큰 은혜이자, 복된 소식이 아닐 수 없습니다.

그런데 위선은 예수님께 향하는 길을 가로막습니다. "우리가 왜 죄인인가, 인간은 선하다, 스스로 구원받을 수 있다"라는 메시지를 반복적으로 내서 훼방을 놓습니다. 그리고 죄성을 부인하기 위해 삶에 가식과 위선을 더하게 됩니다. 죄인이지만 아닌 척, 구원받을 수 없지만 있는 척, 악하지만 선한 척을 하며 살게 만드는 것입니다.

예수님은 외식하는 사람들을 끔찍이 싫어하셨습니다. 죄인들보다 위선자를 더 강하게 책망했습니다. 창녀와 세리는 구원받을 수 있어도, 바리새인은 그렇지 않다고도 하셨습니다. 이유는 하나입니다. 위선은 스스로 의인이라 착각하게 만들기 때문입니다. 위선은 자신의 죄를 시인하지 않게 유도합니다. 죄악이 드러나도 뻔뻔하게 우기면서 억지 논리를 지어내거나, 다른 사람에게 책임을 전가하게 합니다. 또한, 고등교육을 받은 식자층과 사회 지도층에서 두드러지는 특성이 있습니다.

화 있을진저 외식하는 서기관들과 바리새인들이여 회칠한 무덤 같으
니 겉으로는 아름답게 보이나 그 안에는 죽은 사람의 뼈와 모든 더러
운 것이 가득하도다 / 이와 같이 너희도 겉으로는 사람에게 옳게 보이
되 안으로는 외식과 불법이 가득하도다

(마 23:27-28)

우리는 모두 죄인이며, 죄인 중에서도 괴수입니다(딤전
1:15). 은혜를 입기 위해서는 이를 사무치게 깨닫고 회개해야
합니다. 그리고 보혈의 능력을 의지해야 합니다. 그것 외에
는 심판을 피할 길이 없습니다. 지옥을 면할 수 있는 유일한
방법은 그리스도의 보혈에 기대어 은혜를 구하는 길뿐입니
다. 하지만 위선은 교만한 마음을 심어주어 은혜를 거부하
게 만듭니다.

사회정의 세력의 가장 큰 문제도 바로 위선입니다. 그들
은 '피해자를 위한다는 착각', '약자를 위한다는 착각', '사
회적 선을 위해 나선다는 착각'에 강렬하게 사로잡혀 있습
니다. 아이러니하게도 마음속에 자기 의가 가득하면, 타인
을 향한 공격과 혐오를 서슴지 않습니다. 자기의 생각과 행
동을 의롭고 정당하게 여기므로, 반대의 목소리를 반동이나
백래시(Backlash)로 취급하게 됩니다.

따라서 사회정의에 심취한 인본주의 세력은 끝이 좋지 않습니다. 선한 마음보다는 질투심과 증오 이데올로기에 의존하기 때문에, 사랑과 화평의 열매를 맺을 수 없습니다. 노동자·농민을 위한 '지상천국'을 만들겠다던 공산주의자들은 자신들의 슬로건과 정반대의 결과를 몰고 왔습니다. 가능하지도 않고, 가능할 리도 없는 '모두가 평등한 세상'을 만든다며 수많은 사람의 목숨을 참살한 결과, 남은 것은 증오와 빈곤뿐이었습니다. 그 허망한 신기루를 좇던 나라 중 좋은 열매를 맺은 곳은 한 곳도 없습니다.

완장을 차고 가족과 이웃을 죽이며 스스로 '의롭다'고 떠벌리던 무리들은, 실제로는 남들이 가진 권력과 소유물을 탐냈을 뿐입니다. 약자를 위한다는 구호는 권력을 얻기 위한 허울에 불과했습니다. 콩 심은 데 콩 나고, 팥 심은 데 팥이 납니다. 공산주의가 이러한 열매를 맺은 이유는 애초에 사상의 토대가 마귀적 무신론에 근거하고 있기 때문입니다. 무신론의 토양에서는 살인과 파괴, 혐오밖에 나올 게 없습니다.

인본주의자들의 위선은 가룟 유다의 그것과도 매우 닮아 있습니다. 유다도 내심 자신의 탐욕을 채우고 싶어 하면서, 겉으로는 정의로운 척 위선을 떨었습니다.

제자 중 하나로서 예수를 잡아 줄 가룟 유다가 말하되 / 이 향유를 어찌하여 삼백 데나리온에 팔아 가난한 자들에게 주지 아니하였느냐 하니 / 이렇게 말함은 가난한 자들을 생각함이 아니요 그는 도둑이라 돈 궤를 맡고 거기 넣는 것을 훔쳐 감이러라

(요 12:4-6)

유다는 종종 공금을 횡령했습니다. 그가 빼돌린 돈을 어디에 썼는지는 구체적으로 알 수 없습니다. 확실한 것은 자기의 유익을 위해 썼을 것이라는 점입니다. 그럼에도 유다는 짐짓 '가난한 자들'을 내세웠습니다. 주위의 눈을 의식해 명분을 찾았던 것입니다. 하지만 유다의 본심은 이것이었습니다.

"그 돈을 아껴야 내가 챙길 수 있는데, 왜 아깝게 예수님께 바쳤느냐."

표면적으로는 약자를 앞세웠지만, 내심 사리사욕을 챙길 기회를 놓쳤다는 아쉬움이 컸습니다. 그 뒤틀린 심보는 분노의 형태로 표출되었습니다. 오늘날에도 분노에 사로잡혀 정의를 외치는 사람은 각별히 주의해야 합니다. 각자의 자리에서 묵묵하게 빛과 소금 역할을 다하는 사람들은 화내지

않습니다. 애써 자신의 존재를 드러내려 하지도 않습니다. 약자를 팔아서 한몫 챙겨보겠다는 사람일수록 유독 시끄럽습니다. 이들은 바리새인보다 더 악독한 누룩입니다.

—— 어리석은 군중들

#1

이스라엘 자손 온 회중이 그 광야에서 모세와 아론을 원망하여 /

이스라엘 자손이 그들에게 이르되 우리가 애굽 땅에서 고기 가마

곁에 앉아있던 때와 떡을 배불리 먹던 때에 여호와의 손에 죽었더

라면 좋았을 것을 너희가 이 광야로 우리를 인도해 내어 이 온 회중

이 주려 죽게 하는도다 (출 16:2-3)

#2

백성이 사무엘의 말 듣기를 거절하여 이르되 아니로소이다 우리도

우리 왕이 있어야 하리니 / 우리도 다른 나라들 같이 되어 우리의

왕이 우리를 다스리며 우리 앞에 나가서 우리의 싸움을 싸워야 할

것이니이다 하는지라 (삼상 8:19-20)

#3

무리가 일제히 소리 질러 이르되 이 사람을 없이하고 바라바를 우리에게 놓아주소서 하니 / 이 바라바는 성중에서 일어난 민란과 살인으로 말미암아 옥에 갇힌 자러라 (눅 23:18-19)

위 장면들은 군중, 나아가 인간의 본성을 잘 드러내고 있습니다. 인간은 스스로 지혜롭게 여기나 실제로는 자기중심적이고, 우매하고, 음란하고, 쉽게 분노합니다. 이러한 본유적 속성은 아무리 오랜 시간이 지나도 달라지지 않습니다. 수천 년 전에 쓰인 헤로도토스의 《역사》나 투키뒤데스의 《펠로폰네소스 전쟁사》에 등장하는 인물의 사고방식이나 행동 패턴은 현대인과 큰 차이가 없습니다. 그들은 모략을 써서 정적을 실각시켰으며, 소유와 재산을 늘리기 위해 남을 해쳤습니다. 사랑에 빠지기도 하고 배신하기도 했습니다.

성경은 사람의 마음이 계획하는 바가 어려서부터 악하며 (창 8:21) 의인도 없고, 깨닫는 자도 없고, 하나님을 찾는 자도 없고, 선을 행하는 자도 없다고 말합니다(롬 3:10-12). 따라서 예수 그리스도의 대속과 보혈의 은혜 없이는 구원받을 길이 없다고 가르칩니다.

반면 인본주의 사상은 '인간은 선하고 옳다'라는 전제를 수용합니다. 이 같은 생각은 굉장히 위험합니다. 태초에 마귀가 "눈이 밝아져 하나님같이 되리라"라고 말한 속임수와 맥락이 닿아있기 때문입니다. 이러한 메시지가 마음에 뿌리를 내리면, 스스로 신의 자리에 오르려는 시도로 이어지게 됩니다. 이방 종교의 교리들을 살펴보면 대체로 '내 안의 신성을 계발해 스스로 깨달음을 얻고, 신(神)의 반열에 오른다'라는 구조로 이뤄져 있습니다. 하지만 현실에서 그런 존재가 나오지 않으니, 환생과 윤회라는 말도 안 되는 논리를 지어내 '인생을 여러 번 반복하면 언젠가는 깨닫는다'라는 식으로 가르칩니다. 진화론의 영적 버전이라고 볼 수 있습니다.

하지만 수백, 수천 년이 지난다고 한들 인간이 신이 되지는 않습니다. 오랜 시간이 지난다고 개미가 인간이 되지 않는 것과 마찬가지입니다. 인생 경험이 쌓이면 처세술과 지식이 늘어날 순 있습니다. 하지만 스스로 구원에 이를 능력은 얻을 수 없습니다. 구원에 이를 수 있는 길은 예수 그리스도의 보혈의 은혜를 입는 길뿐입니다.

성경에는 사람들이 옳은 선택을 하는 장면이 거의 나오지 않습니다. 출애굽 백성들은 모세가 그들을 이끌고 나온 순간부터 불평을 쏟아냈습니다. 군중들은 사소한 불편도 참지 못하고 작은 문제가 생길 때마다 상황을 비관하며 하나님과 모세를 원망했습니다.

> 거기서 백성이 목이 말라 물을 찾으매 그들이 모세에게 대하여 원망하여 이르되 당신이 어찌하여 우리를 애굽에서 인도해 내어서 우리와 우리 자녀와 우리 가축이 목말라 죽게 하느냐
> (출 17:3)

미쁘신 하나님은 이스라엘이 난관을 마주할 때마다 신실하게 해결해 주셨습니다. 하지만 백성들은 원망을 그치지 않았습니다. 쉴새 없이 불평과 불만을 쏟아내어 마침내 하나님을 진노케 했습니다. 구약에는 '원망'이라는 단어가 29번이나 나오는데, 대부분 하나님을 향한 백성의 입에서 나온 것입니다.

> 여호와께서 또 내게 말씀하여 이르시되 내가 이 백성을 보았노라 보라 이는 목이 곧은 백성이니라
> (신 9:13)

사사기 말엽에는 사무엘을 찾아가 "왕을 달라"고 떼를 썼

습니다. 이는 하나님을 믿지 못하는 불신앙에서 비롯됐습니다. 반석과 같은 하나님은 수많은 위기에서 흔들림 없이 이스라엘을 지켜주셨습니다. 하지만 백성들은 눈에 보이는 제왕을 원했습니다. 이방 민족처럼 화려한 갑옷을 입고, 권세를 떨치는 왕을 부러워했습니다. 하나님은 사무엘을 통해 왕정의 해악과 단점을 알려주셨지만 막무가내였습니다. 백성들은 끝까지 어리석은 선택을 고집했습니다.

> 여호와께서 사무엘에게 이르시되 백성이 네게 한 말을 다 들으라 이를 그들이 너를 버림이 아니요 나를 버려 자기들의 왕이 되지 못하게 함이니라
>
> (삼상 8:7)

인간의 어리석음은 빌라도의 재판에서 절정에 다다릅니다. 바라바와 무죄한 예수 중 누구를 풀어주기 원하느냐는 총독의 말에 군중은 "바라바를 달라"고 소리쳐 외칩니다. 이들은 불과 며칠 전 나귀를 타고 예루살렘에 오신 예수님께 호산나를 외치던 무리였습니다. 하지만 금세 대제사장 일당에게 선동당해 악다구니를 썼습니다. 물론 이들은 자신들이 저지르는 행동의 의미를 몰랐고, 결과도 알지 못했습니다.

유월절이면 내가 너희에게 한 사람을 놓아주는 전례가 있으니 그러면 너희는 내가 유대인의 왕을 너희에게 놓아주기를 원하느냐 하니 / 그들이 또 소리 질러 이르되 이 사람이 아니라 바라바라 하니 바라바는 강도였더라

(요 18:39-40)

뭇사람의 욕망과 감정은 해변의 모래알과 같습니다. 이들의 마음을 의지하면 안 됩니다. 오로지 하나님을 신뢰해야 합니다. 우리가 기대야 할 반석은 하나님의 약속과 말씀뿐입니다.

지금은 롯과 노아의 때입니다. 그리고 가룟 유다의 시대입니다. 주류 문화와 미디어는 선한 것을 악하다 하고, 악한 것을 선하다고 말하며, 사람들은 하나님의 품성과 성경적 가치를 잃어버리기 시작했습니다. 성적 방종과 타락은 소돔과 고모라 시절만큼 극에 달하고 있습니다.

어린 시절 롯의 이야기를 읽으면서, 동성애자들이 우르르 몰려다니며 나그네를 내놓으라는 장면이 선뜻 이해되지 않았습니다. 내심 '이렇게까지 동성애가 넘칠 수 있다고?'라며 반신반의했던 것 같습니다.

하지만 이제는 납득이 갑니다. 현대의 LGBTQ 선전 전략

을 살펴보면 그들은 자신들의 쾌락적 권리를 인정받는 데 그치지 않고, 최대한 많은 사람을 'LGBTQ화'하는 데 목적이 있음을 알 수 있습니다. 그래서 어린이들을 대상으로 동성애 교육을 실시하고, 청년들을 상대로 퀴어 문화를 선전하는 것입니다. 어려서부터 동성애에 대해 긍정적인 교육을 받고, 동성애를 접하게 되면 동성애자로 자라날 가능성이 높기 때문입니다.

남성끼리의 항문성교가 에이즈를 비롯한 수많은 질병의 원인이 되는 것은 과학적 진실에 해당하지만,* 동성애 단체들은 그러한 정보를 은폐하는 데 사력을 다합니다. 반기독교 세력에게 과학은 하나님을 부정하는 데만 쓰입니다. 만일 자신들의 어젠다를 유포하는 데 도움이 되지 않는다면 과학적 주장도 힘을 잃습니다. 철저하게 숨기고 덮으려 하기 때문입니다.

각종 영화와 드라마에서는 동성애자들이 하나같이 피해자이거나 선량한 존재로 비추어집니다. 동성애가 '정상'이라고 홍보하기 위해 드라마 도중 각주까지 달아 설명하는 가증스런 수고를 아끼지 않습니다. 반대로 크리스천은 이들을 핍박하는 가해자이거나 악한 존재로 묘사되고 있습니다.

* 김지연, 《덮으려는 자, 펼치려는 자》(2019), 157-162면

동성애의 부정적인 측면은 어떠한 경우에도 조명하지 않습니다. 그들에게 중요한 것은 진실이 아닙니다. 무슨 수를 써서라도 하나님의 법도를 무너뜨리고, 복음이 전파되는 것을 막는 게 목적입니다. 이들은 누구보다 하나님과 성경을 혐오하면서도, 정작 그리스도인과 교회를 향하여 혐오주의자라는 낙인을 찍습니다. 이같은 더러운 가르침에 중독되어 자란 세대는 결국 악한 세력이 뿌려놓은 생각의 덫에 걸릴 가능성이 높습니다.

> 그와 같이 남자들도 순리대로 여자 쓰기를 버리고 서로 향하여 음욕이 불 일 듯 하매 남자가 남자와 더불어 부끄러운 일을 행하여 그들의 그릇됨에 상당한 보응을 그들 자신이 받았느니라
>
> (롬 1:27)

—— 담담하게 말씀을 전하라

교회가 점점 무력해지고 있습니다. 어느 순간부터 시대적 코드에 반하는 민감한 주제에 대해서는 설교를 꺼리고 있습니다. 천국과 지옥에 관한 말씀도 줄었습니다. 그 대신 사회

적 성공을 말하는 번영 신학이나 인본주의가 섞인 가르침이 그 빈자리를 채우고 있습니다. 안타까운 현실입니다.

한번은 유튜브를 통해 10분짜리 스탠드업 코미디를 본 적이 있습니다. 그곳에 등장한 연사는 "서울역에서 예수천 국 불신지옥을 외치면 누가 교회를 가겠느냐", "장사를 할 생각이 있느냐, 없느냐"라며 조롱했습니다. 회중들은 낄낄대 고 재밌다고 연신 박수를 보냅니다. 이들은 크리스천이 조 금 더 세상에 아부해야 교회가 잘되지 않겠느냐는 내용을 전달하고 있습니다. "나에게 절을 하라"고 했던 마귀의 메시 지와 일치합니다.

> 먼저 이것을 알지니 말세에 조롱하는 자들이 와서 자기의 정욕을 따라 행하며 조롱하여 / 이르되 주께서 강림하신다는 약속이 어디 있느냐 조상들이 잔 후로부터 만물이 처음 창조될 때와 같이 그냥 있다 하니 / 이는 하늘이 옛적부터 있는 것과 땅이 물에서 나와 물로 성립된 것도 하나님의 말씀으로 된 것을 그들이 일부러 잊으려 함이로다
>
> (벧후 3:3-5)

영상을 보며 군중에게 변증법적 방식으로 다가가려는 시 도에는 한계가 있다는 점을 깨달았습니다. 물론 그러한 노

력도 귀하지만, 초월적인 은혜의 본질을 전달하는 데에는 제한이 있기 때문입니다.

옛 선지자들과 예수님의 제자들은 담담하게 하나님 말씀을 선포했습니다. 과학적 근거와 세상적 논리로 사람들을 설득하려 하지 않았습니다. 가타부타 군중에게 아부하거나, 영합하려는 비굴한 자세를 보이지도 않았습니다. 우리는 하나님의 능력을 믿어야 합니다. 하나님 말씀은 영존하며, 결코 땅에 떨어지지 않습니다. 말씀은 살아있고 활력이 있어 좌우에 날 선 어떤 검보다도 예리하며, 혼과 영과 관절과 골수를 찔러 쪼개기까지 합니다(히 4:12).

> 여호와여 주의 말씀은 영원히 하늘에 굳게 섰사오며
>
> (시 119:89)

우리는 마귀가 깔아놓은 좁은 경기장 안에서 애쓸 필요가 없습니다. 예수 그리스도의 이름은 그러한 패러다임 자체를 깨뜨릴 권세와 능력이 있습니다. 빛과 진리의 서치라이트를 환히 밝히는 순간, 어둠은 그 힘을 잃게 됩니다.

따라서 복음의 진리를 선포할 때 사람들의 반응을 염려할 필요가 없습니다. 우리의 역할은 씨앗을 뿌리는 일입니다. 그들이 구원을 받을지, 아니면 지옥에 갈지는 하나님 손에 달려있습니다. 우리는 구원의 말씀을 '있는 그대로' 전하면 됩니다. 상대방의 비위를 맞추기 위해서 복음에 설탕을 바를 필요가 없습니다. 섣부르게 행동하면 오히려 복음을 망칠 수 있습니다. 하나님 말씀에는 더하고 뺄 것이 없습니다. 예수 그리스도만이 유일한 구원의 길이고, 보혈의 능력 외에는 지옥을 면할 길이 없다는 사실을 선포하면 그만입니다. 그것이 우리의 역할이자 순종하는 종의 모습입니다.

> 그런즉 심는 이나 물주는 이는 아무것도 아니로되 오직 자라게 하시는 하나님뿐이니라
>
> (고전 3:7)

우리는 성경적 진리 위에 굳건하게 서서 낙태와 동성애, 무신론적 사상에 바탕을 둔 세속 이념에 대해 단호하게 대처해야 합니다. 받아들이지 않는 것을 떠나, 그러한 죄악을 사회와 가정에서 축출하기 위해 능동적으로 움직여야 합니다. 어렵고 힘든 길이지만, 말세에는 성도 한 명 한 명이 모두 선지자의 소명을 가졌다는 자세로 임해야 합니다.

또 너희가 내 이름으로 말미암아 모든 사람에게 미움을 받을 것이나

끝까지 견디는 자는 구원을 얻으리라

(마 10:22)

　우리가 진리의 말씀을 증거할 때 세상은 더 미워하고, 죽이려 할 것입니다. 진리를 선포할수록 마귀는 더 심하게 발악하고, 분노합니다. 마귀는 자신이 가진 권력을 적극 활용합니다. 법률과 제도를 바꾸고, 미디어를 동원해 성경과 교회를 조롱하고 억압할 것입니다. 성도에게는 불편하고 괴로운 시기가 도래할 수 있습니다. 끔찍한 신성모독은 지켜보는 것 자체로도 고통스럽습니다. 하지만 두려워할 필요가 없습니다. 마귀의 운명은 이미 결정되어 있습니다.

또 그들을 미혹하는 마귀가 불과 유황 못에 던져지니 거기는 그 짐승과

거짓 선지자도 있어 세세토록 밤낮 괴로움을 받으리라

(계 20:10)

　장차 새 하늘과 새 땅이 임할 때 고난을 극복하고 하나님의 말씀을 붙든 성도들은 큰 영광을 받을 것입니다. 굳세게 믿음을 유지해 나가야 합니다. 가룟 유다의 길을 버리고 오

직 예수 그리스도만 붙들며 담대하게 살아가십시오. 여호와께서 자기 백성의 상처를 싸매시며 맞은 자리를 고치시는 날에는 달빛이 햇빛 같겠고, 햇빛은 일곱 배가 되어 일곱 날의 빛과 같을 것입니다(사 30:26).

내가 들으니 보좌에서 큰 음성이 나서 이르되 보라 하나님의 장막이 사람들과 함께 있으매 하나님이 그들과 함께 계시리니 그들은 하나님의 백성이 되고 하나님은 친히 그들과 함께 계셔서 / 모든 눈물을 그 눈에서 닦아주시니 다시는 사망이 없고 애통하는 것이나 곡하는 것이나 아픈 것이 다시 있지 아니하리니 처음 것들이 다 지나갔음이러라

(계 21:3-4)

믿음의 선한 싸움을 싸우라 영생을 취하라

이를 위하여 네가 부르심을 받았고

많은 증인 앞에서 선한 증언을 하였도다

(딤전 6:12)

하나님이 버린 사람들

초판 1쇄 발행 2024년 10월 21일

지은이 신성민

디자인 필크로우
펴낸이 류태연
펴낸곳 렛츠북
주소 서울시 영등포구 문래북로 116, 1005호
등록 2015년 05월 15일 제2018-000065호
전화 070-4786-4823 | **팩스** 070-7610-2823
홈페이지 http://www.letsbook21.co.kr | **이메일** letsbook2@naver.com
블로그 https://blog.naver.com/letsbook2 | **인스타그램** @letsbook2

ISBN 979-11-6054-728-3 (02230)